부자 은행, 가난한 사회

부자 은행, 가난한 사회

ⓒ 더늠, 2022

초판 제2쇄 인쇄 2025년 8월
초판 제1쇄 발행 2025년 3월 20일

지은이 임수강
펴낸곳 더늠
디자인 이미영

등록 제2022-000038호
주소 서울시 동대문구 용두동 253
전화 02-953-2527
팩스 0504-363-2527
전자우편 linsk@hanmail.net

ISBN 979-11-980732-0-4(03320)

"생산적 금융" 이야기

금융 성장의 역설

부자 은행 가난한 사회

임수강 지음

차례

서론 … 07

제1장 과잉 금융, 무너지는 금융 공공성

- 은행이 돈 많이 버는 사회는 위험하다 … 020
- 가계부채 증가로 누가 이익을 얻는가? … 034
- 은행에서 50만 원을 못 빌리는 사람들 … 051
- 새마을금고 사태가 일깨운 금융 공공성 … 065

제2장 금융은 정치다

- 금융투자소득세보다 금융거래세가 낫다 … 078
- 문재인 정부, 세금으로 집값 잡으려다 실패 … 093
- 공적자금을 통한 부실 금융기관 구제의 딜레마 … 108
- 중국 봉쇄를 부추기는 투키디데스 함정론 … 122
- 우경화로 대선 패배한 미국 민주당, 한국은? … 132

제3장 금융은 규제다

- 홍콩 H지수 주가연계증권(ELS) 사태와 금융감독 … 148
- 사모펀드가 온통 지배하는 세상 … 164
- BIS 비율 8%, 금융 이익을 지키는 숫자 … 179
- 은행의 자산금융 규제해야 가계부채 문제 해결 … 194

제4장 금융이 키우는 불평등

- 밸류업, 한물 간 신자유주의 프로그램 ··· 210
- 부의 집중을 부채질하는 가상자산 ··· 225
- 다주택자에게 혜택 돌아가는 특례보금자리론 ··· 240
- 국민 지원금, 그리고 돈 풀면 물가 오른다는 신화 ··· 246

제5장 중앙은행의 정치적 독립성은 허구

- 중앙은행의 정치적 독립성 따위는 없다 ··· 264
- 노동자를 옥죄는 물가안정목표제 ··· 279
- 노동조합은 정책금리 인하를 요구해야 하는가? ··· 292
- 부동산 투기와 중앙은행 책임: 이와타-오키나 논쟁 ··· 306

부록
- 한국 금융 현실과 대안으로서 금융 민주주의 ··· 322

일러두기

1. 여기에 모은 글은 저자가 평론 형식으로 프레시안에 쓴 기고문들이다(마지막 글인 "부동산 투기와 중앙은행 책임"은 민플러스에 쓴 기고문).
2. 부록은 『후기산업사회연구』 제5호(2024.02.29.)에 실린 글을 그대로 옮겨온 것이다.
3. 오타를 수정하거나 통계 수치를 업데이트한 몇 군데를 빼고는 대부분 원문을 그대로 실었다 (통일성을 꾀하기 위해 제목을 수정한 곳은 여럿 있다).

서론

2023년 3월부터 프레시안에 "진보금융 찾기"라는 코너 이름으로 평론 형식의 기고문을 쓰기 시작했다. 한 달에 한 번꼴이었다. 모아놓고 보니 20편이다. 24편이어야 할 텐데 네 번은 빼먹은 모양이다. 이 20편에다 유사한 글 두 편을 보태서 함께 모아 책으로 엮는다. 책 제목을 뭘로 할까 고민하다 기고문 제목 가운데 하나와 맥락이 유사한 『부자 은행, 가난한 사회』로 정했다. 이 제목은 금융의 과잉 성장이 사회에 결코 유리하지만은 않다는 전체 기고문들의 문제의식과 닿아 있다.

진보금융이라는 주제로 기고문을 쓰기 시작할 때, 금융에 진보라는 수식어를 붙일만한 어떤 실체를 떠올리고 있었던 것은 아니다. 사실 진보금융이라는 용어는 낯선 것이고 개념으로 잘 정립되어 있지도 않다. 그럼에도 진보금융이라는 주제의 글쓰기에 나선 이유는 대자본, 부유층에 유리한 쪽의 금융과 노동자, 서민에게 유리한 쪽의 금융은 따로 있다는 어렴풋한 믿음을 가지고 있었기 때문이다. 금융 현안 가운데서 노동자나 서민의 이익에 유리한 쪽으로 기고문을 쓰다 보면 거기에서 진보금융이라는 개념의 실마리를 찾을 수 있겠다는 생각이 들었다. 말하자면 내게 진보금융은 이미 존재하는 개념이라기보다 찾아내서 다가가야 하는 개념이었던 셈이다. 그래서 기고문 코너의 이름도 진보금융 "찾기"로 정했던 것이다.

 기고문들을 분류해보니 금융 공공성, 금융과 정치, 금융 규제, 금융과 불평등, 중앙은행 독립성이라는 키워드를 뽑아낼 수 있었다. 각각의 키워드는 이 책의 다섯 개 장을 구성한다. 첫째, 금융기관은 상업성뿐만 아니라 공공성을 가져야 한다. 둘째, 금융은 이해관계자들의 이해가 날카롭게 대립하는 부문으로서 정치의 영역과 뗄 수 없는 관계에 있다. 셋째, 금융기관은 기본적으로 규제에 의해 움직이는 부문이다. 넷째, 금융은 과도하게 성장하면 사회의 불평등을 키울 수 있다. 다섯째, 중앙은행은 선입견과는 달리 독립적이거나 중립적이지 않으며 특정 계층의 이해에 편향되어 있다. 이러한 것들에서 진보금융이라는 개념의 얼개를 대충 구성할 수 있을 듯하다.

 이를 좀 더 구체적으로 설명하면, 첫째, 금융기관은 상업성을 추구하는 기관이지만 일반 회사와 달리 공공성을 가져야 한다. 현행 금융제도에서 금융기관들은 주로 상업성을 기반으로 움직인다. 그러나 금융은 그 본성상 공적인 성격을 갖기 때문에 국가가 제공하는 혜택을 받고 있다. 예를 들어 금융기관들은 국가의 면허를 받아서 영업하고 있는데, 이를 통해 어느 정도 독점적인 이익을 누리고 있다. 금융기관들은 예금자 보호제도, 중앙은행 최후의 대부자 기능, 구제금융, 공적자금 등을 통해서도 공적인 보호를 받고 있다. 공적인 보호를 받는 금융기관에 대해 그것이 상업성을 추구하는 기관이라 하더라도 사회가 어느 정도의 공적인 역할을 기대하는 것은 있을 수 있는 일이다.

기대와 달리 금융기관들이 사회 전체의 일반 이익을 고려하지 않은 채 개별 금융부문이라는 특수 이익만을 추구한다면 그 일반 이익은 침해받을 수 있다. 다시 얘기해서 금융부문의 초과 이익은 사회 전체의 손실이라는 결과로 나타날 수 있다. 은행들이 자기 이익에만 매달려서 기업대출보다 주택담보대출에 영업력을 집중시킨다면 손쉽게 이익률을 높일 수 있겠지만 그 결과 부가가치를 직접 생산하는 산업부문은 허약해질 수 있다. 이 책의 제목인 『부자 은행, 가난한 사회』는 이를 나타낸다. 금융의 특수 이익이 경제사회의 일반 이익에 해를 끼치는 상황에 이른다면 그 사회는 지속 가능한 발전의 가능성이 줄어들 수 있다는 얘기다. 그때는 금융부문의 특수 이익을 제한하여 일반 이익에 종속시켜 나가는 정책적 노력이 필요하다. 그 근거가 금융 공공성 개념이라 할 수 있다.

둘째, 금융은 이해관계가 부딪치는 영역이고 따라서 정치와 밀접한 관련을 맺는다. 금융은 일반적으로 전문가 영역으로 간주되어 정치와 별 관련이 없는 것으로 인식되지만 그렇지 않다. 금융부문이야말로 중요한 정치 영역을 이룬다. 이의 이유 가운데 하나는 거대하게 누적된 금융자산의 규모에서 찾을 수 있다. 우리나라 금융자산의 규모는 한 해 총생산GDP의 10배를 넘는다. 거기에다 금융과 부동산의 밀월 관계가 깊어지면서 부동산마저도 사실상 금융자산과 같은 역할을 한다. 이렇듯 금융자산이 거대하게 축적된 상태에서 그 가격의 변화는 한 계층에서 다른 계층으로 부를 이전시키는 효과를 가져온다. 예를 들어 금리의 움직임을 반영하여 금융자산의 가격이 오르내리면 계층들 사이 부와 소득의 분배에 변화가 생긴다. 거의 금융상품처럼 변해버린 부동산 가격이 오르면 부동산 소유자들의 소득과 부는 늘어나겠지만 임대료를 지급해야 하는 임차인의 소득과 부는 줄어들 것이다. 그런데 금융자산의 가격은 어떤 **자연법칙**에 따라 형성되는 것이 아니라 특정한 **이해들의 대립과 조정**으로 성립하는 금융 정책에 의해 결정되는 면이 강하다. 그러므로 금융은 매우 정치적인 성격을 갖는 것이다.

오늘날과 같이 금융자산의 규모가 거대해진 현실에서 금융자산 가격의 흐름은 정치 지형의 변화를 만들어낼 수 있을 정도로 힘이 강하다. 금융자산의 가격 변화는 정권의 안정성에까지 영향을 끼칠 수 있으며 심하면 정권 교체 상황을 만들어내기도 한다. 그렇기 때문에 진보를 지향하는 활동가나 정당은 금융자산의 가격 흐름에 매우 민감한 반응을 보여야 한다. 자산가격 움직임에 둔감할 뿐만 아니라 어떤 금융 정책과 자산가격 사이의 관계를 충분하게 이해하지 못하는 정당은 집권에 다가가기 힘들 것이며 집권을 하더라도 권력을 유지하지 못할 가능성이 높다. 진보 지향의 활동가·정당은 자기가 대변하는 계층의 금융 이해관계를 숙지하여 이를 정책으로 표현하는 과정에서 금융에 대한 민감도를 높일 수 있다. 만약 금융이 전문가 영역으로 넘어가버리면 거기에 영향을 끼칠 수 있는 정당의 공간은 크게 좁아진다. 그러므로 진보 지향의 정당은 금융을 끊임없이 정치의 영역으로 불러내서 거기에서 토론이 이뤄지도록 해야 한다. 물론 그러려면 진보 활동가·정당은 금융을 잘 알아야 한다.

셋째, 금융은 규제가 생명인 부문이다. 금융은 면허를 통해서 운영되는 만큼 거기에는 항상 규제와 감독이 뒤따른다. 이때 규제·감독의 수준이나 강도가 문제가 된다. 너무 느슨한 규제·감독은 금융기관들의 부담을 덜어줄 수 있을 뿐만 아니라 금융기관들이 더 적극적으로 영업을 하도록 유인하는 효과를 낸다. 거꾸로 너무 조이는 규제·감독은 금융기관들의 부담을 늘리는 것과 함께 영업도 더 위축시키는 효과를 갖는다. 금융기관들의 영업 확장은 사업이나 가계의 금융 필요를 충족시키는 데 유리할 수 있다. 그러나 이는 금융기관들 사이의 과도한 경쟁을 불러 쓸데없는 금융거래를 일으킬 수 있으며 무엇보다 그 때문에 금융사고를 만들어낼 수 있다. 금융사고는 국민경제에 막대한 피해를 안길 수도 있다. 예를 들어 카드대란이나 저축은행 사태, 여러 파생상품 관련 금융사고는 이를 잘 보여준다.

이런 면에서 금융의 규제와 감독에는 중용의 미덕이 요구된다고 하겠다. 그런데 우리나라의 금융 규제·감독 시스템은 금융기관에 우호적인 쪽으로 이미 많이 기울어 있다. 우리나라의 현행 금융감독 시스템은 외환위기 직후에 국제 금융자본의 요구를 반영하여 영국의 모델을 따라 만든 것이다. 문제는 영국 모델이 **가벼운 감독** 철학을 바탕으로 삼고 있다는 점이다. 가벼운 감독을 위해 금융감독원도 민간 기구 성격의 법인으로 조직했다. 영국은 2008년 글로벌 위기를 계기로 가벼운 감독 철학을 버리고 규제를 강화하는 쪽으로 방향을 바꾸었다. 그렇지만 우리나라는 여전히 외환위기 직후의 체제를 유지하고 있다. 가벼운 규제·감독은 현재 많은 문제를 드러내고 있다. 이어지는 금융 사고, 금융의 과잉 팽창, 금융기관들의 과다한 이익은 모두 이 느슨한 감독과 관련이 있다. 그런 면에서 현단계의 규제·감독 강화는 진보금융의 내용을 이룬다고 할 수 있다.

넷째, 금융은 불평등을 키울 수 있다. 금융과 경제가 어떤 관계인가를 두고는 여러 논의들이 있다. 금융의 발전이 경제의 발전을 이끄는지, 아니면 금융의 발전이란 단순히 경제의 발전을 반영하는 것에 지나지 않은지에 대해서 대립하는 의견이 있고, 금융의 발전과 경제의 발전이 상호작용을 한다는 견해도 있다. 대체로 금융의 발전은 경제의 성장에 유리하게 기능하는 것으로 간주된다. 여기에서 금융의 발전은 금융자산 축적의 증가를 가지고 얘기하는 경우가 많다. 금융의 성장 정도를 나타내는 금융연관지수라는 것도 금융자산의 축적 정도를 국내총생산에 대비한 상대적인 수치로 나타낸다. 그런데 금융자산의 축적은 금융부채의 축적이기도 하다. 금융부채의 축적은 금융을 많이 이용하는 계층과 그러지 못하는 계층 사이에 불평등을 만들어낸다.

금융 부채의 축적이 계층 사이의 불평등을 만들어내는 이유는 금융을 많이 이용하는 계층이 금융기관에 집중되어 있는 사회의 신용을 대량으로 끌어다 금융자산을 늘리는 데 사용하기 때문이다. 실제로 여러 경험 연구들은 소득이나 재산이 많은 계층이 부채의 대부분을 가져다 자산을 불리는 데 사용하고 있음을 보여준다. 만약 금융부채가 증가하여 금융자산의 가격, 그리고 사실상 금융자산처럼 변한 부동산의 가격이 오른다면 당연히 자산의 불평등이 심해질 것이다. 그런 의미에서 금융을 발전시키겠다는 여러 정부의 정책들은 그 내용을 꼼꼼히 따져보아야 한다. 금융을 발전시키겠다는 여러 정책들이 결국은 경제의 발전에 기여하기보다 부의 재분배만을 가져올 수 있기 때문이다. 부와 소득의 불평등을 완화하기 위해서는 특정 계층이 사회의 신용을 독점하지 못하도록 하는 것이 커다란 진보적인 의미를 갖는다. 특히 그 신용이 부동산과 같은 자산 거래로 흐르지 않도록 하는 것이 중요하다.

 다섯째, 중앙은행의 금융정책이 중립적이거나 독립적이지 않다는 사실을 이해하는 것이 중요하다. 우리는 쉽게 중앙은행의 정치적인 독립성을 당연한 것으로 간주한다. 중앙은행은 금융을 잘 아는 최고의 전문가들이 다루는 영역이므로 여기에 정치가 개입해서는 안 된다는 관념이 지배적이다. 실제로 정치인들은 중앙은행의 정책에 대해 얘기하기를 무척 꺼린다. 우리나라의 경우 과거 한때 중앙은행의 정치적인 독립성이 진보적인 의제로 받아들여진 적도 있었다. 그러나 이는 잘못된 인식이다. 중앙은행은 중립적이거나 독립적인 주체가 아니며 오히려 정치적인 행위자에 가깝다. 중앙은행이 결정하는 정책은 겉으로 드러나는 것과는 달리 전문가들이 정밀한 모델을 통해 계산해 내는 수치를 바탕으로 만들어지는 것이 아니다. 중앙은행의 정책 결정은 여러 이해의 각축을 통해 이뤄지기 때문에 정치적으로 독립적일 수 없다.

 중앙은행은 태생적으로 금융의 이해에 기울기 쉽다. 중앙은행이 정부의 은행이기도 하지만 은행의 은행이기도 하기 때문이다. 따라서 중앙은행의 의사결정을 전문가들에게 맡겨 놓으면 중앙은행은 금융기관이나 금융시장 참가자의 편에 서기가 쉽다. 그런데 금융시장의 참가자들은 주로 대자본, 부유층이다. 당연하겠지만 중앙은행의 독립성을 주장하는 쪽은 대자본과 부유층이다. 노동자들이나 서민에게 중요한 것은 중앙은행의 정치적인 독립성이 아니다. 그들에게 중요한 것은 중앙은행이 금융기관과 금융시장의 입김에서 자유로워지는 것이다. 중앙은행의 정책이 대자본, 부유층의 이익으로 흐르기 쉬운 조건에서 진보 활동가·정당이 중앙은행 독립성을 이유로 거기에 개입하는 것을 주저하면 틀림없이 자산 가격 상승과 그에 따른 불평등 심화라는 결과를 만들어낼 것이다. 그러므로 진보 활동가·정당은 중앙은행을 정치 무대에 붙잡아두기 위해 노력해야 한다. 또한 중앙은행의 여러 정책들이 정치의 장에서 논의될 수 있도록 이끌어야 한다. 우리나라 민주 정부들이 부동산 가격 상승에 제대로 대처하지 못한 중요한 이유의 하나는 중앙은행이 수립하는 정책을 민주적으로 통제하지 못했다는 사실에서 찾을 수 있다.

이처럼 기고문들은 다섯 개의 키워드로 정리되어 있다. 이는 다시 금융의 과잉 성장, 또는 금융자산의 과잉 축적이라는 키워드로 압축하여 재정리할 수 있다. 금융의 성장은 금융자산을 많이 보유하면서 금융거래를 자주 하는 세력에게 유리하다. 따라서 금융 세력은 되도록 금융을 성장시키려고 한다. 금융 세력은 금융 공공성이나 금융 규제·감독은 거추장스러운 것으로 여기면서 금융정책이 그들에게 유리한 쪽으로 설계되도록 목소리를 높인다. 또한 이들은 사회의 금융자원을 독점하여 자산을 늘리는 데 활용하며, 자산 가격의 흐름에 영향력을 행사하는 중앙은행을 정치의 영역에서 분리시킴으로써 민주적인 통제에서 비켜나게끔 하려 한다.

그렇다면 금융이 성장한다는 것은 어떤 함의를 갖는가? 금융의 성장은 양면성을 갖는다. 금융의 성장은 사회의 재생산 능력을 확대하는 데 기여할 수 있다. 이와 달리 금융의 성장은 오히려 생산적인 부문의 성장을 억누를 수도 있다. 금융이 생산적인 부문, 또는 사회적으로 유용한 부문과 연계를 맺으면서 성장한다면, 이는 사회에 유익한 결과를 가져다 줄 것이다. 그럴 때는 사회의 생산 능력은 향상되고 고용도 늘 것이다. 한마디로 그때의 금융은 사회가 기대하는 역할을 제대로 수행하는 셈이다. 그렇지만 금융은 비생산적일 뿐만 아니라 사회적으로 유용성이 거의 없는 부문과 연계를 맺으면서 성장할 수도 있다. 이때, 금융 자원은 사회적으로 낭비되겠지만 금융부문만은 성장할 수 있으며 그 과실은 오로지 금융부문에만 돌아갈 것이다. 사회는 금융의 성장에서 이익을 얻지 못할 뿐만 아니라 나아가 손해를 볼 수도 있다.

생산적인 부문에 자금을 공급하는 것은 금융의 고유 기능이다. 그런데 금융기관은 꼭 생산적인 부문에만 자금을 공급하는 것은 아니다. 금융기관은 재산 소유권의 거래를 돕는 데에도 자금을 공급할 수 있는데, 이러한 거래는 사회에 특별한 이익을 가져다 주지 않는다. 금융의 도움으로 주식 거래나 부동산 거래가 크게 늘어난다고 해도 그것이 사회에 무슨 보탬이 된다고 할 수 없다. 그럼에도 금융기관이 이 분야에 자금을 공급하는 이유는, 규제가 없는 한, 거기에서도 다른 분야에서와 마찬가지로 이윤을 얻어낼 수 있기 때문이다. 이 분야에 대한 금융기관의 자금 공급은 이론상 무한정 확대할 수 있다. 왜냐하면 자산 거래에 대한 금융 지원의 증가는 자산가격의 상승을 불러서 담보가치를 높이고 금융기관들은 이를 바탕으로 추가적인 대출을 해줄 수 있기 때문이다.

금융이 생산적인 분야에 자금을 공급해주는 규모에는 테두리가 있다. 사회의 재생산 규모는 일정한 수준에서 어느 정도 고정되어 있고, 또 한꺼번에 크게 늘어날 수도 없기 때문이다. 그러나 금융이 자산 거래의 중개에 자금을 공급해주는 규모에는 이론상 한계가 없다. 따라서 금융은 자산 거래 중개의 확장을 통해서 얼마든지 성장할 수 있다. 실제로 우리나라의 외환위기 이후 금융 성장의 대부분은 자산 소유권의 거래 증가와 관련이 깊다. 대표적인 사례가 부동산 담보대출이다. 부동산 담보대출은 재산 소유권의 이전 거래를 지원한다. 이 부문으로 자금이 많이 흘러가면 이는 부동산 가격 상승, 추가적인 담보대출의 증가, 금융의 양적 성장으로 이어진다. 그렇지만 이러한 금융의 성장은 은행들에게는 많은 수익을 가져다 줄지 모르지만, 자산 불평등의 심화, 금융 배제의 확대, 나아가 잠재적인 생산 능력의 위축이라는 결과를 가져올 수 있다.

정리하자면, 진보금융의 핵심은 결국 생산적인 부문에 대한 금융 확대, 비생산적인 부문에 대한 금융 억제로 요약할 수 있다. 사회의 금융 자원이 비생산적인 부문으로 흐르는 것을 차단하는 것과 자산금융 중심으로 굳은 현재의 금융을 생산금융 중심으로 바꾸는 것이 진보금융의 중요한 내용을 이룬다. 이의 실현에는 정치의 역할이 중요한 의미를 갖는다. 금융이 전문가 영역으로 인식되어 정치 의제로 자리잡지 못하면 진보금융의 실현은 그만큼 멀어진다. 금융 문제가 정치 영역에서 깊이 있게 다뤄질 수 있을 때 진보금융도 자리를 잡아갈 것이다.

제 1 장

과잉 금융,
무너지는 금융 공공성

Rich Banks, Poor Society

- 은행이 돈 많이 버는 사회는 위험하다
- 가계부채 증가로 누가 이익을 얻는가?
- 은행에서 50만 원을 못 빌리는 사람들
- 새마을금고 사태가 일깨운 금융 공공성

은행이 돈 많이 버는 사회는 위험하다

돈을 너무 많이 버는 은행업

특정 산업의 과도한 이윤이 정책 이슈로 떠오르고 나아가 입법 과제의 대상이 되는 것은 흔한 일이 아니다. 물론 특정 산업의 높은 이윤 수준과 그 배경이 언론의 관심을 받은 적은 가끔 있었다. 그러나 그때도 그것이 입법 논의 단계까지 나아가는 경우는 거의 없었다. 그런 면에서 은행의 특별 이윤에 횡재세를 매기자는 논의는 드문 사례에 속한다. 이는 은행들이 올리고 있는 이윤율 수준이 그만큼 예외적으로 높다는 사실을 말해준다.

금융감독원이 2024년 3월에 발표한 『2023년 국내 은행 영업실적』에 따르면 일반은행(특수은행 제외)들은 2023년에 13.6조 원의 당기순이익을 올렸다. 이는 2022년 당기순이익 13.4조 원, 2021년 당기

순이익 10.1조 원보다 증가한 수치다. 이에 따라 일반은행의 자기자본 순이익률ROE은 2021년 7.06, 2022년 8.92, 2023년 8.58의 추이를 보였다. 여기에서 자기자본 순이익률이란 당기순이익을 자기자본으로 나눈 값인데, 수익성을 재는 대표적인 지표이다. 특수은행을 포함한 전체 국내 은행의 당기순이익은 2022년 18.5조 원에서 2023년에는 21.3조 원으로 증가했다. 증가율로는 15.0%이다.

은행들이 너무 큰 이윤을 내고 있다는 지적에 대해 은행들의 이익 단체인 전국은행연합회는 2023년 8월에 『은행 산업 역할과 수익성』이라는 보고서를 내서 우리나라 은행들의 수익성이 높지 않다는 주장을 했다. 보고서는 그 근거로 우리나라 은행의 자기자본 순이익률이 주요 나라들이나 다른 산업에 비해서 낮다는 사실을 내세웠다. 보고서에 따르면 2013년에서 2022년까지 10년 동안 은행산업의 평균 자기자본 순이익률은 우리나라가 5.2%인데 비해, 미국은 10.2%, 캐나다는 16.8%, 싱가포르는 10.8%였다. 우리나라의 은행산업 자기자본 순이익률이 미국 등 주요 나라 은행들의 절반 또는 그 이하 수준에 머물러 있다는 것이 보고서의 평가이다. 보고서에 따르면 은행산업의 자기자본 순이익률은 다른 산업에 비해서도 낮다. 예컨대 2013~2022년의 평균 자기자본 순이익률이 증권업은 6.7%, 보험업 6.8%였고 비금융업은 6.2%였다.

은행연합회 보고서가 진실을 드러내고 있는지를 판단하려면 몇 가지 사항을 주의 깊게 더 따져보아야 한다. 첫째, 우리나라 은행업의 자기자본 순이익률이 실제로 다른 나라들보다 낮은가 하는 점이다. 은행연합회 보고서는 은행업 자기자본 순이익률이 상대적으로 높은 나라들의 수치를 보여줌으로써 우리나라의 이 비율이 마치 낮은 것으로 오해할 수 있게끔 하고 있다. 금융경제연구소가 세계은행 『데이터베이스』의 가장 최근 자료를 이용하여 2021년 기준의 은행업 자기자본 순이익률을 조사한 바에 따르면 캐나다 14.9%, 미국 12.9%, 우리나라 7.0%, 영국 7.0%, 프랑스 6.7%, 일본 3.6%, 독일 1.0%, 스위스 0.2%였다. 이 수치들에서, 시장 중심의 금융제도를 채택하고 있는 미국, 영국이 은행 중심 금융제도의 여러 요소들을 여전히 간직한 일본, 독일보다 비교적 더 높은 자기자본 순이익률을 나타내는 특징을 엿볼 수 있다. 금융경제연구소의 조사는 2021년 수치만을 보여주고 있지만 은행연합회 보고서의 미국 사례에서 알 수 있듯이 이 수치의 추세는 비교적 안정적이다. 곧, 우리나라의 자기자본 순이익률은 주요 나라들에 비해 결코 낮다고 얘기할 수 없다.

둘째, 다른 산업과 비교해서도 은행업의 자기자본 순이익률은 낮은 편이 아니다. 위에서 보았듯이, 2013~2022년의 평균 자기자본 순이익률이 은행업은 5.2%이고 비금융업은 6.2%이다. 이 수치만을 보면 은행업의 자기자본 순이익률은 비금융업보다 분명히 낮다. 그렇지만 우리나라 은행이 크게 상업은행 업무를 수행하는 일반은행과 정책 업무를 수행하는 특수은행으로 나뉘어 있다는 사실을 계산에 넣어야 한다. 높은 이윤율을 달성하는 데에 목표가 있는 상업은행에는 자기자본 순이익률이 매우 중요한 의미를 갖는다. 이에 비해 법으로 정해진 특정한 정책 목적을 달성하는 데에 목표가 있는 특수은행에는 자기자본 순익이익률이 별다른 중요성을 갖지 않는다. 특수은행에 중요한 것은 정책 목적의 달성 정도이지 이윤율 수준이 아니다.

따라서 은행업과 다른 산업의 수익성을 비교하기 위한 목적으로는 특수은행을 제외한 일반은행(상업은행)의 자기자본 순이익률이 더 적합하다. 위의 5.2%라는 수치는 특수은행을 포함한 우리나라 은행업 전체의 평균값이다. 한국은행 경제통계시스템ECOS 자료에 따르면 우리나라 일반은행의 2013~2022년 자기자본 순이익률 평균값은 6.6%이다. 일반은행만을 떼내서 보면 은행업의 자기자본 순이익률이 비금융업보다 더 높다는 사실을 알 수 있다.

은행업 자기자본 순이익률을 계산할 때에 추가로 고려해야 할 사항이 두 가지가 더 있다. 하나는 은행의 자기자본에 신종자본증권이 포함되어 있다는 사실이다. 2021년 기준 일반은행의 자기자본은 145.7조 원이다. 여기에는 신종자본증권 7.3조 원이 포함되어 있다. 신종자본증권이란 후순위 채권을 말하는데, 명칭에서 알 수 있듯이 본질은 채권이지만 청산 과정에서 순위가 밀린다는 점에서 자본의 성격도 일부 갖는 증권이다. 신종자본증권은 국제결제은행BIS 자기자본 비율을 계산할 때 자기자본으로 인정된다. 이러한 이점 때문에 여러 은행들은 사실상 부채인 신종자본증권의 발행을 늘려왔다. 부채 성격의 신종자본증권이 자기자본에 포함됨으로써 은행의 자기자본 순이익률은 그만큼 낮게 나타난다(자기자본 순이익률을 계산할 때 분모에 들어가는 자기자본이 커지기 때문이다).

다른 하나는 지난 금융 구조조정 과정에서 투입된 공적자금이 은행업의 자기자본으로 가라앉아 있다는 사정과 관련된다. 금융위원회가 국회에 보고한 『2023년 3분기 공적자금 운용현황』 자료에 따르면 외환위기 이후 금융 구조조정 과정에서 은행에 86.9조 원(출자 34.0조 원, 출연 14.4조 원, 자산매입 등 14.4조 원, 부실채권 매입 24.6조 원)의 공적 자금이 투입되었다. 이 가운데 72.7조 원이 회수되었다지만 이는 원금 기준이고 이자를 감안하면 공적자금의 실질적인 회수율은 매우 낮을 것이다. 회수되지 않은 공적자금은 이러저러한 형태로 은행업에 남아 있는데, 이 때문에 자기자본의 규모가 그만큼 부풀어 있다. 자기자본이 커졌다는 것은 자기자본 순이익률이 낮게 나타난다는 것을 의미한다.

일반은행만을 따로 떼내고 여기에 신종자본증권이나 공적자금 투입 금액을 고려하여 은행업의 자기자본 순이익률을 계산하면 이 수치는 은행연합회가 제시하는 것보다 틀림없이 훨씬 클 것이다. 물론 공적자금의 실질적인 회수 금액을 계산하기가 어렵기 때문에 정확한 수치를 끌어낼 수는 없다.

은행업이 돈을 많이 벌면 위험한 이유

그렇다면 은행업이 돈을 많이 벌면 위험하다고 하는 이유는 무엇인가? 먼저 은행의 사회적인 기능을 생각해 보기로 하자. 은행업은 크게 두 가지 사회적인 기능을 수행한다. 첫째, 산업 자본가와 상업 자본가가 스스로 수행해야 할 기능을 분업 원리에 따라 떠맡아서 수행한다. 자본가들이 사업을 운영하려면 준비금을 보유해야 하고, 송금, 지급결제, 환전 등의 기술적 업무를 처리해야 한다. 사회의 총자본 가운데 일부가 독립하여 이러한 업무만을 전담한다면 영업 준비금을 줄일 수 있고 기술적 업무의 효율성도 더 높일 수 있다. 은행업은 말하자면 이러한 기술적인 기능에 특화한 업종이라고 할 수 있다.

둘째, 은행은 사회의 화폐자본에 대한 총관리자 기능을 수행한다. 은행업이 발달하면 대부분의 화폐자본은 은행으로 집중된다. 은행은 모든 화폐 소유자들을 대표하여 화폐 수요자의 요구에 맞춰서 화폐자본을 분배한다. 화폐자본이 누구에게 돌아갈 것인가 하는 것은 은행의 손에 달려 있다. 은행은 **심사**를 통해 누가 먼저 화폐를 받아야 할 것인가에 대한 우선권을 정한다. 은행이 **심사**를 잘해서 정말 필요한 곳에, 곧 부가가치를 생산할 수 있는 곳에 화폐자본을 분배한다면 그 사회의 부가가치 생산량은 늘어날 것이다. 만약 은행이 엉뚱한 곳에 화폐자본을 분배한다면 그 부분은 사회적으로 낭비가 될 것이며, 이 때문에 금융 위기가 생길 수도 있고 사회 불평등이 심해질 수도 있다.

은행의 사회적 기능과 관련해서 주목해야 할 점은 그 기능이 사회의 부가가치를 **직접** 생산하지는 않는다는 사실이다. 은행업은 기술적인 업무처리를 통해서 사회 전체의 **간접비용**을 줄이고 필요 준비금을 절약하는데 기여할 수 있다. 또한 화폐자본이 생산적인 곳으로 흘러가게 하여 부가가치의 생산 활동을 지원할 수 있다. 그렇더라도 은행이 **직접** 부가가치를 생산하는 것은 아니다. 은행은 그 기능을 통해 생산적인 부문의 부가가치 생산을 **간접적**으로 지원할 뿐이다. 그런 의미에서 은행업은 사회적으로 필요한 쓸모 있는 기능이지만 그럼에도 부가가치의 생산을 직접 담당하지는 않는다는 특징을 갖는다. 은행업은 그 본성상 부가가치를 창출하는 산업으로 키울 수 있는 업종이 아니다.

　은행은 생산 부문의 부가가치 창출을 지원한 대가로 그것의 일부를 나눠 받는다. 은행의 기술적 기능에 대한 수수료와 대출에 대한 이자는 그러한 대가의 주요한 형태이다. 은행이 나눠 받은 부가가치에서 예금자에게 지급하는 이자와 일반 경비를 뺀 금액이 은행의 이윤이다. 그러므로 사회 전체의 부가가치 생산이 증가하면 은행들의 이익도 대체로 증가할 것이다. 이는 당연한 이치이다. 사회 전체의 부가가치, 곧 국내총생산GDP이 증가하면서 은행 이익이 늘어난다면 이는 정상적인 상황이다.

　만약 사회 전체의 부가가치는 증가하지 않는데도 은행 이익만 늘어난다면, 그리고 그러한 추세가 장기간 이어진다면 이는 비정상적인 상황이다. 다시 얘기해서, 은행업이 다른 산업보다 체계적으로 더 높은 이윤율을 얻는다는 사실은 다른 산업이 억눌리고 있다는 것, 그리하여 사회 전체의 잠재적인 발전 가능성이 줄어들고 있다는 것을 나타낸다. 그런데 우리나라 일반은행들은, 앞서 살펴보았듯이, 최소한 지난 10년 동안은 비금융업에 비해 훨씬 높은 수준의 자기자본 순이익률을 누리고 있다. 이러한 현상은 은행의 사회적 기능에 문제가 있다는 사실을 알려준다.

　은행의 기능장애는 화폐자본의 흐름을 통해 읽을 수 있다. 은행은 특정한 분야로 흘러 들어가는 화폐자본의 규모를 통제하는 방식으로 주요한 사회적인 기능을 수행한다. 은행이 화폐자본을 배분하는 대상은 크게 두 부문이다. 하나는 산업자본의 순환과 연계를 맺는 부문인데 시설자금 대출, 운영자금 대출, 노동력의 유지나 보존과 관련된 생계비 대출이 여기에 포함된다. 다른 하나는 수익 청구권 매매를 중개하는 부문인데 유가증권 구입자금 대출(어떤 기업이 다른 기업을 인수하기 위한 자금조달도 유가증권 구입자금 대출에 들어간다)이나 부동산 담보대출이 여기에 포함된다.

수익 청구권 매매를 중개하는 대출은 두 가지 점에서 특징적이다. 첫째, 이러한 종류의 대출은 기본적으로 부가가치 생산과 별 관련이 없다. 예컨대 부동산 담보대출이 늘어난다고 해서 사회의 부가가치 생산이 증가하는 것은 아니다. 둘째, 청구권 매매를 중개하는 대출은 이론적으로 무한정 늘어날 수 있다. 산업자본과 연계를 맺는 대출에는 한계가 있을 수밖에 없다. 예를 들어 시설자금 대출은 실물 자본 규모를 반영하지 않을 수 없다. 그렇지만 부동산 담보대출은 그 증가가 부동산 가격의 상승을 이끌어서 담보가치를 높이기 때문에 추가적인 담보대출을 가능하게 한다. 중앙은행이 은행들의 대출을 뒷받침하는 한 은행들은 이런 식으로 부동산 담보대출을 계속 늘려갈 수 있다.

최근의 은행 수익 급증에 대해 그 원인의 많은 부분은 청구권 매매를 중개하는 대출의 증가로 설명할 수 있다. 은행의 수익은 크게 이자 수익과 비(非) 이자 수익(수수료)으로 구성되는데, 우리나라의 경우 전자가 전체의 85% 이상을 차지한다. 이자 수익은 예대 마진(대출이자와 예금이자의 차이)에 대출량을 곱한 값이다. 예대 마진이 커지거나 대출량이 늘어나면 전체 이자 수익이 증가한다. 그런데 은행들의 대출량은 부동산 담보대출을 중심으로 지속적으로 증가해왔다. 특히 최근 몇 년 사이의 은행 대출 증가세가 가팔랐다. 이러한 대출 규모의 증가가 은행 수익 급증의 배경을 이룬다. 물론 시장 금리 상승 국면에서 생긴 예대 마진 폭의 확대도 은행 수익 급증에 기여했다.

은행 대출이 생산적인 부문보다 청구권 매매를 중개하는 부문에 집중되면 사회 전체 부가가치 생산의 증가 속도보다 더 빠르게 은행 이익이 증가할 수 있다. 그러면 은행업의 순이익률은 다른 산업에 비해 높게 나타날 것이다. 현재 은행들의 이익 증가 현상은 바로 그런 사례처럼 보인다. 이때의 은행 이익 증가는 화폐자본이 부가가치를 생산하는 곳으로 흐르지 않고 있다는 사실을 나타낸다. 그런 면에서 화폐자본의 많은 부분이 가공자본(특히 부동산)의 거래에 분배되기 때문에 은행의 이윤율이 높게 나타나는 현상은 사회의 위험 신호이다.

은행들은 특정 부문으로 향하는 화폐자본 흐름의 차단을 통해서도 이익을 늘린다. 은행들은 차입자에 대한 신용평가를 강화하여 이를 반영한 신용점수로 대출하는 영업 관행을 굳혀왔다. 이처럼 엄격한 신용점수에 바탕을 둔 영업은 부실률을 낮추어서 은행의 단기 이익 증가에 도움을 줄 수 있다. 그러나 이러한 영업 관행은, 현재는 어려움을 겪고 있지만 장래성이 있는 기술 기업들, 그리고 노동 능력이 있지만 당장은 이를 발휘할 수 없는 사람들(일자리를 잡아야 하는 청년, 일자리에서 잠시 밀려나 있는 실업자, 사실상 실업자나 다름없는 영세 소상공인 등)을 은행 문밖으로 쫓아냄으로써 노동력의 손실, 나아가 경제 잠재력의 손실을 만들어낸다. 은행을 이용할 기회 자체를 빼앗긴 다수 인구의 존재 상황은 **금융 배제 현상**으로 불린다.

금융 배제 문제의 권위자인 딤스키G. Dymski 교수(포스트-케인지언 경제학 소사이어티에서 활동)는 금융 배제 현상의 연구를 통해 몇 가지 특징적인 면을 밝혔다. 첫째, 1980년대 중후반 이후 금융 개방과 빅뱅식 금융 규제 완화를 계기로 금융 배제 문제가 심각해졌다. 둘째, 1980년대 후반의 은행 위기 과정에서 인수합병을 통해 규모가 커진 대형은행들이 금융 배제를 주도했다. 다시 말해서 대형은행들의 수익성 최우선의 영업 전략이 금융 배제의 중요한 원인이다. 셋째, 영미식 금융제도를 선택하고 있는 나라들에서 금융 배제 문제가 더 심하게 나타났다. 딤스키 교수가 분석한 금융 배제 문제의 특징적인 면은 우리나라에서도 그대로 나타난다. 첫째, 외환위기 이후 금융 개방, 금융 규제 완화를 계기로 금융 배제 문제가 심각해졌다. 둘째, 외국자본이 장악한 대형 은행들이 금융 배제를 주도했다. 셋째, 영미식 금융제도로 틀을 바꿔가는 과정에서 금융 배제가 심각해졌다.

특히 눈여겨보아야 할 대목은 외국자본이 장악한 대형 은행들의 영업 행태가 금융 배제의 중요한 원인이라는 사실이다. 대형 은행들은 선진 영업기법이라는 이름으로 기업대출보다 부유층 대상의 주택담보대출에 영업력을 집중했다. 다른 한편으로는 개인들을 신용 점수로 줄 세워서 신용이 낮은 계층은 은행 문턱을 넘지 못하도록 하는 영업 전략을 적극적으로 구사했다. 대형 은행들의 이러한 영업 행태는 은행의 공공성을 무너트리는 결과를 가져왔다. 은행의 공공적인 기능은 무너졌지만 어쨌든 이를 통해 은행의 이익은 증가했는데, 이 이익은 사회 전체의 장기적인 이익을 희생시킨 대가이다.

정리하면, 은행 이익의 급증은 은행이 사회적 기능을 다하지 못하고 있다는 신호일 수 있다. 화폐자본이 생산적인 곳보다 비생산적인 곳(특히 부동산 대출)에 쏠리고 있는 현실, 특정한 계층이나 기업이 은행 이용 기회 자체에서 밀려나고 있는 현실은 그러한 측면을 단적으로 보여준다. 은행이 사회적인 기능을 제대로 수행하지 못하면 경제의 발전 잠재력은 줄어들고 금융위기 가능성은 커지며 불평등 수준은 높아진다. 그렇기 때문에 은행이 돈을 많이 벌면 위험한 것이다.

위험을 줄이려면 무엇을 해야 하는가?

어떤 산업이, 사회가 기대하는 기능을 제대로 수행하지 못하기 때문에 더 많은 이익을 낸다는 것은 가당찮은 일이다. 그런데 그런 일이 실제로 은행업에서 나타나고 있다. 은행이 정상적인 기능을 수행한다면 사회적인 평균보다 더 높은 이익률 수준을 장기간 누릴 수는 없다. 이러한 이치는 은행업의 본질을 떠올려보면 이해할 수 있다. 은행업은 부가가치를 직접 생산하는 업종이 아니며 따라서 그 이익을 다른 산업에 의존할 수밖에 없다. 은행업이 장기적으로 안정적인 이익을 얻기 위한 조건은 다른 산업이 부가가치를 더 많이 생산하는 것이다. 그런데 은행업이 돈을 많이 벌고 있다는 사실은 다른 산업의 부가가치 생산 능력이 약해지고 있다는 것을 함의한다.

만약 은행들이 단기적인 이익 추구에 빠져서 자금을 생산적인 곳이 아닌 부동산 대출에 집중시킨다면, 그리고 잠재 고객을 신용이 낮다는 이유로 문밖으로 계속 쫓아낸다면, 미래의 부가가치 생산 전망은 어두워질 수밖에 없다. 그러한 영업 행태는 은행들의 단기 이익을 높여줄 것이지만 장기적으로는 자기의 영업 기반을 허무는 결과를 가져올 것이다. 이는 은행업이 산업 성장과 경제 발전에 자금을 지원한다는 사회적인 기능에서 너무 멀어진다는 사실을 나타낸다. 그러한 잘못을 바로잡아 은행의 영업 행태가 사회의 이익과 일치하는 방향으로 나아가도록 해야 한다.

첫째, 부동산 담보대출에 집중하는 은행들의 영업 행태를 바로잡아야 한다. 현재 우리나라 은행들은 기업대출보다 부동산 담보대출에 영업력을 집중하는 모습을 보인다. 그러한 모습은 특히 대형 은행에서 두드러진다. 사실 많은 양의 화폐자본이 자산시장으로 흘러 들어가는 현상은 자본주의의 역사적인 특징이기는 하다. 화폐자본이 자산시장으로 흘러 들어감으로써 자산 가격에 투기 거품이 형성되고, 결국 파국을 통해 강제적으로 정리된 다음, 사회적인 비용으로 이를 처리하는 과정은 오늘날 여러 나라에서 흔히 볼 수 있는 모습이다. 그렇지만 이익(임대료) 청구권의 중개가 부가가치 생산과 거리가 멀다는 점을 고려하면 은행들의 부동산 담보대출 중심의 영업 행태는 적극적으로 규제해야 한다. 특히 투기 이득의 기회만 넓혀줄 뿐인 다주택자들에 대한 주택 담보대출은 매우 엄격하게 규제해야 한다. 부동산 담보대출을 규제하는 수단은 여러 가지를 생각할 수 있다. BIS 자기자본을 계산할 때 부동산 담보대출에 대해서는 높은 위험도를 적용할 수 있을 것이다. 은행의 부동산 담보대출 총량에 대해 부담금을 매길 수도 있다. 다주택자들의 주택 담보대출에 대해서는 금리를 훨씬 더 높게 적용하는 것도 가능할 것이다.

둘째, 외국자본이 장악한 대형 은행들의 영업 전략 때문에 은행 문턱에서 밀려난 계층을 다시 제도 금융으로 적극적으로 흡수하는 방안이 필요하다. 어떤 사람들은 주식회사인 은행에 이래라 저래라 간섭하는 것은 안 된다고 주장하지만 그렇지 않다. 이들은 은행이 상법상의 조직이 아니라 은행법상의 조직이라는 사실을 잊고 있다. 은행법상의 은행은 상업적인 조직일 뿐만 아니라 공공성을 띠는 조직이기도 하다. 금융 배제 문제를 완화할 정책 수단으로 대형 금융기관들로 하여금 제도금융권에서 밀려난 계층을 다시 흡수하도록 의무화하는 방안을 생각해볼 수 있다. 미국의 지역재투자법은 이러한 아이디어에 바탕을 둔 것이다. 미국의 재투자법을 본떠서 우리나라에서도 서민 대출이나 지역 대출, 그리고 중소기업대출 규모를 평가하는 **지역재투자 평가제도**를 운영하고 있기는 하지만 실효성은 별로 없다는 평가가 지배적이다. 평가제도의 실효성을 높이기 위해 금융 배제를 실질적으로 완화할 정도의 의무 규정을 도입할 수 있을 것이다.

셋째, 은행 영업 행태의 변화를 구체적으로 이뤄내기 위해서는 은행의 소유구조와 거버넌스를 바꿔내야 한다. 주요 은행을 외국자본이 장악하고 있고 그 은행들이 엄청난 이익을 내고 있는 현실에서 은행들의 공공적인 역할을 기대하기는 어렵다. 외국자본이 대형 은행들을 장악한 현실을 개선하기 위한 대안이 필요하다. 대부분의 대형 은행을 외국자본에 넘겨준 사례를 주요 선진 경제에서 찾아보기 어렵다는 사실을 떠올려야 한다. 또한 공공의 이해가 반영될 수 있는 방향으로 은행 거버넌스를 새롭게 구축해야 한다. 은행의 의사 결정에 주요한 이해 관계자들의 의사가 반영될 수 있는 구조를 갖춰야 한다.

넷째, 공공은행 설립을 검토해볼 수 있다. 우리나라는 외환위기 이후 금융 구조조정을 통해서 정부 소유의 은행을 대부분 외국자본의 손으로 넘겼다. 은행의 공공성이 무너진 배경에는 이러한 현실이 자리잡고 있다. 이러한 현실을 바꿔내기 위해 무엇보다 대형 은행들의 소유구조를 개혁해야겠지만 이와 나란히 (지역) 공공 은행을 설립하는 방안을 생각해볼 수 있다. 전 세계적으로 보면 아직도 은행의 40%가 공공 소유이다. 공공성을 우선하는 공공은행의 영업 행태는 기존 상업은행들의 영업 행태의 변화를 이끌어내는 데도 도움을 줄 수 있을 것이다.

현재 우리 사회에서는 은행의 과도한 이익에 대해 횡재세를 부과하자는 논의가 활발하게 전개되고 있다. 세금 형태이든 부담금 형태이든 은행의 초과 이윤에 대해서는 마땅히 부담을 지워야 한다. 더 고민할 지점은 횡재세를 어떻게 걷어서 어디에 쓸 것인가 하는 것을 넘어서, 횡재세 이슈를 매개로 은행의 영업 행태를 공공성을 강화하는 방향으로 어떻게 바꿔갈 것인가 하는 데까지 논의를 진전시켜야 한다는 사실이다.

(2023.12.27.)

도움 받은 자료

- 데이비드 하비, 강신준 옮김, 『데이비드 하비의 '맑스' 자본 강의 2』, 창비, 2016.
- 이강원, 『국내 은행의 수익성 추이와 시사점』, 금융경제연구소, 2023.
- 전국은행연합회, 『은행 산업 역할과 수익성』, 2023.
- 금융감독원, 『국내은행 영업실적』, 각 연도.
- 금융위원회(공적자금관리위원회), "2023년도 3분기 공적자금 운영 현황", 2023.
- 한국은행 경제통계시스템(ECOS).

가계부채 증가로 누가 이익을 얻는가?

많이 빌린 탓인가? 많이 빌려준 탓인가?

우리나라 가계부채 문제를 경고하는 다양한 목소리들이 들린다. 국제통화기금IMF마저 우리나라 가계부채 증가 문제를 얘기하는 판이다. 지난달에 열린 2023년 한국-국제통화기금 연례협의 결과를 설명하는 자리에서 국제통화기금의 대표단장은 우리나라가 국내총생산GDP 대비 가계부채 비중이 경제협력개발기구OECD에서 가장 큰 나라 가운데 하나라면서 부채 증가율을 둔화시키는 데 정책적 노력을 집중해야 한다고 주문했다. 그는 특히 모기지 대출(주택 담보대출) 증가를 부를 수 있는 불필요한 정책의 규제들을 재검토해야 한다고 지적했다. 말하자면, 그는 우리나라에 주택 담보대출을 줄일 것을 조언한 셈이다.

실제로 우리나라 가계부채를 걱정하는 목소리에는 상당한 근거가 있다. 우리나라 가계부채의 절대적인 수준, 증가율, 소득에 대한 비율은 과도한 편이고 국제적으로 비교를 해보더라도 매우 큰 편으로 나타난다. 예컨대 국제결제은행BIS 자료에 따르면 우리나라의 GDP 대비 가계부채 비율은 2012년 말에 77% 수준이었는데, 2022년에는 105%로 늘어난다. 이는 미국 75%, 일본 68%, 독일 55%, 영국 84% 등 주요 나라들보다 훨씬 높은 수준이다. 더욱이 선진국의 경우 소폭이나마 감소세를 보이고 있다는 사실을 감안하면 우리나라 가계부채가 10년 사이에 얼마나 많이 늘어났는가를 알 수 있다. 10년 동안 GDP 대비 가계부채 비율이 우리나라는 28%p 증가했지만 미국은 9%p, 영국은 6%p, 독일은 2%p가 감소했다. 일본은 7%p가 증가했지만 증가 폭은 우리나라보다 훨씬 작았다.

이러한 현실을 반영한 탓인지 한국은행도 가계부채에 대한 경고의 목소리를 내놓고 있다. 이창용 총재는 8월에 열린 금융통화위원회의 기자간담회 자리에서 가계부채 연착륙이 자기가 한국은행 총재가 된 이유의 하나라고 생각한다고 말했다. 이처럼 우리나라 가계부채는 지속적으로 증가하고 있는데, 그렇다면 그 이유는 어디에서 찾을 수 있을까? 먼저 가계부채 증가 원인이 많이 빌려주기 때문인지 많이 빌리기 때문인지를 생각해 보기로 하자. 이창용 총재는 앞서 언급한 기자간담회 자리에서 현재 부동산 관련 대출이 늘어나는 이유를 사람들이 금리가 떨어질 것이라고 예측하고 있다는 점과, 집값이 바닥이라고 평가하고 있다는 사실에서 찾았다. 그러면서 그는 앞으로 이자가 과거 1~2%대 수준으로 낮아질 가능성이 크지 않으므로 이자 감당 여력이 있는지를 고려해 부동산 투자를 해야 한다고 조언했다.

이창용 총재는 명백하게 사람들이 돈을 많이 빌려가기 때문에 대출이 증가하고 있다고 설명한다. 사실 이러한 설명은 금융 교과서나 언론에서 쉽게 들을 수 있는 내용이고 따라서 너무 당연하게 여겨지기도 한다. 예컨대 주류 교과서에서는 가계대출의 증가 원인을 생애주기 가설에 이론적 기초를 두고 설명한다. 이 가설에 따르면 개인들은 항상소득(미래 현금 흐름의 현재가치)을 바탕으로 현재소비를 결정하는데, 소득수준이 낮은 생애주기 초반에는 항상소득 수준에 맞추어 소득보다 높게 소비수준을 유지하려 한다. 곧, 가계부채는 생애주기에 걸친 효용극대화를 추구하는 개인들의 선택 결과로 생긴다는 것이다.

『빚으로 지은 집』이라는 저서로 유명한 미안&수피 Atif Mian&Amir Sufi는 신용과 주택시장 거품 사이의 인과관계를 조사했다. 구체적으로 그는 신용이 먼저 늘어난 다음 주택시장 거품이 생겼는가, 아니면 대출과 관계없이 주택시장 거품이 먼저 생긴 다음 대출 증가가 나타났는가를 따져 물었다. 그러면서 그는 전자를 부채 중심적 시각, 후자를 야수적 충동(동물적인 감각)에 기반을 둔 시각으로 정의했다. 만약 야수적 충동에 기반을 둔 시각이 맞다면 주택시장의 거품 생성과 붕괴는 부채가 전혀 없더라도 발생할 수 있을 것이다. 닭이 먼저냐 달걀이 먼저냐 하는 것과 비슷한 풀기 어려운 질문에 대해 미안&수피는 광범위한 조사를 했고 그 결과 거품 때문에 대출이 늘어난 것이 아니라 대출 증가 때문에 거품이 생겼다는 결론을 내렸다.

미안&수피의 결론이 함의하는 바는 가계부채를 증가시키는 데에서 차입자들의 동물적인 감각에 따른 행동보다 금융기관의 적극적인 대출 욕구가 더 핵심적인 역할을 한다는 사실이다. 이는 교과서가 설명하는 내용이나 일반적인 상식과는 다른 결론이다. 일반적인 설명은 차입자들이 돈을 빌리려고 하고 거기에 금융기관들이 대응하는 과정에서 대출이 증가한다는 내용으로 구성되어 있다. 미안&수피의 결론은 대출을 증가시키는 원인이 생각보다 단순하지 않다는 사실을 일깨워준다. 대출이 증가하는 원인은 역사적인 시기에 따라, 나라들이 처한 조건에 따라 다를 수 있다. 예를 들어, 어떤 때는 많이 빌리기 때문에, 다른 때는 많이 빌려주기 때문에 대출이 증가할 수 있는 것이다.

가계대출 증가의 원인이 많이 빌린 탓인가 아니면 많이 빌려준 탓인가를 판정하는 문제는 매우 중요한 의미를 갖는다. 가계부채의 본질을 이해하는 데에서나 그에 대한 대책을 마련하는 데에서 그러한 판정이 역할을 한다. 이것은 나중에 가계부채에 문제가 생겼을 때 그 책임을 누가 져야 하는가를 가를 수 있는 기준이 된다. 만약 빌린 쪽의 탓이 크다면 가계부채에 따른 책임도 빌린 쪽에 지우는 것이 타당할 것이다. 거꾸로 빌려준 쪽의 탓이 크다면 거기에 책임을 물어야 할 것이다. 물론 현실에서는 어느 쪽의 책임이 큰가를 명쾌하게 가르는 데 기술적인 어려움이 뒤따를 것이다.

가계부채 증가는 한 나라만의 현상인가 세계적인 현상의 일부인가?

가계부채 증가의 원인에 대해 그것을 한 나라 안에서 독립적으로 발생한 것으로 볼지 아니면 세계적인 현상의 일부로 볼지의 측면에서도 구분할 수 있다. 일국적인 시각의 특징은 가계부채 증가의 원인을 한 나라 안의 소득 분배율의 변화로 설명한다는 데에서 나타난다. 구체적으로, 노동소득에 대한 분배율이 하락하면서 소비 수요가 상대적으로 줄어들고 이러한 수요 부족을 빚을 내서 메우는 과정에서 가계부채가 증가한다는 것이다. 이 시각에서는 1980년대부터 가계부채가 증가한 배경에 실질 임금 상승이 정체하면서 총수요가 줄어든 사정이 놓여 있다는 사실이 강조된다. 이 시각은 진보진영 안에서 다수의 지지를 받고 있다.

임금주도성장론의 적극적인 옹호자인 스톡해머Stockhammer E.는 소득 불평등이 가계부채의 증가를 가져왔다고 말한다. 그는 이른바 신자유주의정책(자본에 우호적인 분배정책)과 주주가치 중심의 경영이 노동시장 유연화(비정규직과 임시직·파견직의 증가)를 통하여 임금 몫의 상대적인 축소와 이윤 몫의 증가를 가져왔고 이는 소득 불평등의 확대로 이어졌다고 설명한다. 그 결과 소득 최상위 계층은 리스크가 큰 청구권 자산(금융자산, 토지) 투기를 증대시킬 수 있었던 반면 하위 계층은 부채로 소비를 충당해야 했다. 부채주도 성장 전략이 나타난 것은 이 때문이라고 스톡해머는 주장한다. 따라서 그는 가계부채 해결 대안으로 불평등 축소를 목표로 한 **임금주도 성장**wage-led growth 전략을 제시한다. 이 전략은 문재인 정부의 소득주도 성장 전략의 원형이기도 하다.

프랑스의 조절학파 경제학자인 아글리에타Aglieta M.도 비슷한 설명을 한다. 그도 1980년대 이후의 임금 소득 정체에서 가계부채의 증가를 설명한다. 그에 따르면 1980년대 이후 생산성이 증가했음에도 그에 비례해서 임금이 늘어나지 않았기 때문에 가계의 실질소득은 제자리걸음이었다. 그럼에도 소비는 늘어났는데, 가계는 저축을 줄이고 부채를 늘리는 방식으로 이에 대응할 수밖에 없었다. 그리하여 가계부채가 증가했다고 그는 설명한다.

일찍이 미국의 **먼슬리 리뷰**Monthly Review **그룹**은 자본주의 독점화 경향과 그에 따른 정체 테제라는 맥락에서 가계부채가 지속적으로 증가할 것이라고 예견한 바 있다. 그들은 경제가 성숙할수록 한 사회의 잉여가 증가하는 추세를 보이지만 이윤을 창출할 수 있는 투자 기회는 오히려 점점 줄어들어 자본주의가 정체로 나아가는 일반적인 경향이 있다고 주장했다. 이러한 경향은 미래 성장률이 낮아진다는 것을 의미하는데, 이와 같은 정체를 표현하는 지표의 하나가 가계부채 증가를 내포한 금융화Financialization라는 것이다. 이들은 가계부채 증가의 원인으로 투자의 부족을 강조한다는 특징을 보이는데, 일국적인 틀 속에서 이를 설명한다는 점에서 위의 설명들과 공통점을 갖는다.

가계부채 증가의 원인을 임금 분배율의 하락에서 찾는 시각은 직관적으로 이해하기 쉽고 또 그것이 제시하는 정책 대안이 임금 분배율의 상승이라는 점에서 진보적인 내용을 갖는 것처럼 보인다. 그러나 이러한 시각이 진실을 반영하고 있는지는 또 다른 문제이다. 이러한 시각이 들어맞으려면 무엇보다 가계부채를 짊어진 사람들이 주로 소득이 낮은 계층에 속해야 한다. 그러나 우리나라 사례는 가계부채를 저소득층이 아니라 고소득층이 독점하고 있다는 사실을 보여 준다.

가계부채 증가를 세계시장 현상의 일부로 보는 시각은 그것을 달러 체제라는 맥락에서 설명한다는 특징을 갖는다. 『달러의 종말』을 쓴 던컨Duncan R.은 그러한 시각을 대표한다. 그에 따르면 금융의 성장은 미국의 이해와 들어맞고 또한 주변 나라들의 금융자산가 세력들의 이해와도 어긋나지 않는다. 미국과 주변 나라들에서 부채가 증가하는 이유는 미국이 경상수지 적자를 달러를 발행하여 메웠기 때문이다. 이는 글로벌 과잉 달러 현상으로 나타났고 이러한 달러들이 여러 나라의 금융시스템에 유입되어 신용을 팽창시켰다. 그리고 여러 나라의 금융시스템은 그러한 달러 유통 시스템에 맞춰 변화할 필요성이 생겼는데, 그러한 과정은 금융 구조조정이라는 형태로 진행되었다.

세계경제의 주변(특히 동아시아) 구조를 주로 연구한 웨이드Wade Robert는 퍼거슨&슐라릭Niall Ferguson&Moritz Schularick이 **차이메리카** Chimerica(차이나와 아메리카의 합성어)라 부른 글로벌 불균형이 가계부채 증대의 원인이라고 설명한다. 그에 따르면 무역 흑자국(중국, 아시아 신흥 공업국, 일본, 독일 그리고 산유국)에서 무역 적자국인 미국으로 자본이 지속적으로 유입된 결과 미국 은행에는 예금이 쌓이고 이는 낮은 이자율의 구조화 현상으로 나타났다. 자본유입 때문에 생긴 신용팽창과 낮은 이자율은 대출 레버리지 상승의 촉매제가 되었으며 그 과정에서 주택 담보대출을 중심으로 한 가계부채가 증가했다고 그는 설명한다.

앞서 가계부채 증가 이유를 많이 빌린 탓인가, 많이 빌려준 탓인가를 구별했는데, 전자는 일국적인 시각과 친화성을 갖고 후자는 세계 시장 시각과 친화성을 갖는다. 후자의 시각에 따르면 가계부채 증가 문제의 해법은 일국적인 시각과는 다른 내용을 갖는다. 이 시각에서는 가계부채 문제의 해법으로 국경을 넘나드는 자본 이동의 자유를 줄이는 것과 자본 이동의 전달 통로인 금융시스템에 대한 규제가 중요한 의미를 갖는다. 좀 더 구체적으로 설명하자면, 미국 연준의 영향을 덜 받으면서 자본 이동을 규제할 수 있는 능력, 금융기관 영업 행태에 대한 규제, 영업 행태를 규정하는 금융기관 소유구조와 거버넌스의 개혁이 중요하다. 전자의 시각에 따를 경우에는, 앞서 언급했듯이, 그 해법이 임금 분배 몫의 상승에 있었다.

공공성을 가벼이 여기는 금융시스템의 책임이 크다

가계부채 증가의 원인을 무엇으로 볼 것인가 하는 질문은 금융기관의 역할을 어떻게 볼 것인가 하는 질문과 연결되어 있다. 금융기관의 역할에 대한 주류의 관점은 현대 금융이론에 나타난다. 재무관리론에 나오는 유명한 모딜리아니-밀러Modigliani-Miller 모델이 대표하는 (파마Fama E.의 효율적 시장 가설, 매키넌&쇼MacKinnon R.&Shaw E.의 금융 억

압이론을 포함해서) 현대의 금융이론은 기업의 재무구조가 기업가치 결정에 아무런 영향을 끼치지 못하는 것으로 본다. 따라서 기업 쪽에서 보면 금융기관의 대출은 여러 재원조달 수단 가운데 하나에 지나지 않는다. 다시 말해서 대출을 받든, 주식을 발행하든 기업으로서는 차이가 없다. 이 모델은 은행이 기업의 재무구조에 별 영향을 줄 수 없다는 사실, 기업의 요구에 수동적으로 대응한다는 사실, 그리고 단순히 자금의 중개 역할만을 한다는 사실을 전제한다.

그러나 현실에서는 은행들이 단순히 자금 중개만을 하지는 않는다. 은행들은 전략적 선택을 하며 그 결과에 따라 경제 주체들의 부채 증가에 영향을 끼친다. 따라서 주류의 관점과는 다른, 금융기관의 적극적인 역할을 인정하는 관점이 있을 수 있다. 은행들이 적극적으로 역할을 해야만 하는 경우는 국제 준비자산의 증가로 은행 시스템에 대출 가능한 자금이 쌓일 때이다. 이때는 은행들이 이를 적절한 곳에 대출해야만 한다. 돈을 쌓아놓고 안전하게 유지하는 것은 은행의 기능이 아니다. 특히 은행에 쌓인 자금의 규모가 클 때, 금융기관들은 남보다 앞서서 새로운 대출처를 찾아 공격적인 영업에 나서지 않을 수 없게 된다. 그와 함께 대출을 좀 더 늘리기 위한 다양한 금융기법들을 발견해내야 한다. 담비사 모요Dambisa Moyo가 얘기하듯이 새로운 차입자를 찾아 나서야 한다는 것은 은행의 숙명이다. 물론 이런 숙명이 나중에는 은행을 옥죄는 원인이 되기도 한다.

시기적으로 보면 1980년대 초부터 새로운 대출처를 찾기 위한 서방 은행들의 노력이 커지기 시작한다. 거기에는 사정이 있었다. 1970년대의 원유가격 파동 이후 산유국들은 거액의 잉여금을 갑자기 떠안았는데, 그 나라들은 이 자금을 서방 은행들에 예금으로 맡겼다. 서방 은행들(특히 미국 은행들)은 처음에는 이 예금의 많은 부분을 개발도상국에 대출해주었다. 그러나 1980년대 초반, 이 국가들이 미국의 고금리 정책으로 부채 위기를 맞으면서 미국 국적의 글로벌 은행들은 새로운 대출처를 찾아야 했다. 새롭게 떠오른 대출 대상은 미국 내의 개인들이었다. 글로벌 은행들은 이제 국내의 개인 대출, 특히 부동산 담보대출에서 새로운 수익원을 찾아냈다. 이는 사실 새로운 변화였는데, 그 이유는 이전에는 사회의 소수만이 은행 대출을 이용할 수 있었기 때문이다.

우리나라에서도 가계부채가 증가한 원인의 하나는 금융기관의 영업 행태 변화와 관련이 있다. 1997년 외환위기 이후 우리나라 대형 상업은행 대부분은 외국자본의 손으로 넘어갔는데, 이 은행들은 금융기관이 가져야 하는 공공성을 무시하고 오로지 상업성과 수익성만을 강조하는 영업 행태를 보였다. 은행들은 기업대출보다 개인대출에, 개인대출 가운데서는 신용대출보다 담보대출에 주력했다. 은행들은 이른바 부자 마케팅(프라이빗 뱅킹) 기법을 도입하여 부유층 고객 중심의 영업전략을 적극적으로 펴나갔다. 규제당국은 대체로 금융기관 편에 서서 규제를 완화하는 정책을 지속적으로 펴나감으로써 은행들의 영업 확대 전략을 보장해주었다.

규제 가운데서 특히 국제결제은행 바젤위원회의 자기자본 비율(BIS 비율)이 가계대출 증가에 끼친 영향에 주목해야 한다. 자기자본 비율이란 은행 위험자산 대비 은행이 보유하고 있는 자기자본이 얼마나 되는가를 비율로 나타낸 지표이다. 국제결제은행은 위험자산에 대해서 자기자본 비율을 8% 이상으로 유지할 것을 요구하고 있다. 예를 들어 위험한 곳에 100을 대출해준 은행은 8 이상의 자기자본을 보유해야 한다. 국제결제은행의 이 비율은 은행들로 하여금 위험한 곳에 대한 대출을 줄이게 하려는 목적으로 제정되었다. 위험한 곳에 대출을 해주었다가 차입자들이 파산을 하면 은행마저 위기에 빠질 수 있기 때문에 그럴 가능성을 줄이자는 것이다. 이 자기자본 비율이 담보대출 증가에 기여한 바가 크다.

  자기자본 비율은 은행이 보유하고 있는 자산에 위험 가중치를 부여하여 계산한다. 따라서 같은 금액의 자산을 보유하고 있더라도 자산에 대한 위험 가중치가 다르다면 자기자본 비율은 달라질 수 있다. 그렇기 때문에 자기자본 비율을 계산할 때 핵심이 되는 사항은 위험자산(대출을 포함하여)에서 발생할 실제의 위험이 얼마나 될지를 평가하는 것이다. 이러한 위험은 대출에서 발생하는 부도 경험이나 기타 위험요인을 고려하여 평가한다. 규제 당국은 이를 바탕으로 위험자산들에 대해 표준적인 가중치를 제시한다. 이것이 가능한 이유는 바젤위원회가 각국 감독당국에 위험가중치를 적절히 조정할 수 있는 국가재량권을 폭 넓게 인정하고 있기 때문이다. 이렇게 해서 실제로 적용된 위험 가중치를 보면, 기업대출 75%, 주택 담보대출 18%, 개인신용대출 26%였다(한국은행 국회보고 자료).

  이는 주택 담보대출 위험이 낮게 평가되고 있음을 의미한다. 그러므로 은행에는 자기자본 비율 계산에 관한 한 주택 담보대출이 다른 대출에 비해 더 유리하다. 은행들은 자기자본 비율을 더 높은 수준으로 유지하기 위해서 기업대출을 줄이고 주택 담보대출을 늘리려는 유인을 갖는다. 이러한 사정은 은행 대출에서 기업대출보다 개인 담보대출이 더 큰 비중을 차지하는 결과에 영향을 준다. 이는 달리 말하면 주택 담보대출에 위험 가중치를 정책적으로 높게 부여한다면 주택 담보대출 중심의 은행 영업 행태를 바꾸는 데에 도움을 줄 수 있다는 것을 뜻한다.

가계부채로 누가 이익을 얻는가를
파악하는 것이 문제의 본질

개인이 가계부채를 늘리는 목적은 크게 두 가지이다. 하나는 줄어든 임금을 빚으로 보충하려는 목적이고 다른 하나는 빚으로 자산을 늘리려는 목적이다. 생계비 목적의 대출 시장과 자산구입 목적의 대출 시장은 서로 구분되어 있다. 물론 두 시장을 무 자르듯 엄격하게 구분할 수는 없을 것이다. 생계비 대출은 주로 소비재 구입에 사용된다. 자산구입 목적의 대출은 주식, 부동산 등 청구권 자산의 구입에 사용된다. 한 사회의 총 생계비 대출은 한계가 있을 수밖에 없다. 왜냐하면 총생산 가운데 임금으로 지급되는 부분은 한계가 있고, 임금 부족분 역시 한계가 있을 수밖에 없기 때문이다. 그러나 자산 구입 목적의 대출에는 이론적으로 한계가 없다. 자산구입 대출이 늘어나면 자산가격이 올라 담보가치가 커지고 그러면 은행들은 그 커진 담보가치를 기준으로 다시 대출을 늘릴 수 있다. 이러한 과정이 계속 이어질 수 있기 때문에 은행 대출은 이론적으로는 얼마든지 늘어날 수 있는 것이다.

마이클 허드슨Hudson M.은 독특한 자금순환 모델을 통해 가계부채 증가를 설명한 바 있다. 그는 금융부문에서 창출된 신용이 실물부문으로 흘러 들어가지 않고 금융부문에 갇혀 그곳에서만 순환하는 현상에 눈길을 돌렸다. 일찍이 케인스Keynes J. M.도 그러한 현상에 주목했는데, 그는 이를 **산업 순환**과 구분하여 **금융 순환**이라 불렀다. 허드슨은 금융부문에서 만들어진 신용이 부가가치를 생산하는 부문으로 흘러 들어가는 것이 아니라 금융시장에 갇혀서 청구권 자산 매매에만 사용될 가능성을 설명하고 있는 것이다. 그러한 현상이 발생할 수 있는 조건은 자산구입 목적의 대출시장과 생계비 목적의 대출시장이 구분되어 있다는 점, 자산시장에서 기대할 수 있는 이익이 더 크다는 점이다. 여러 경험 연구들은 금융부문에서 창출된 신용이 주로 자산시장으로 흘러들어간다는 허드슨의 주장을 뒷받침하는 것처럼 보인다.

우리나라의 경우도 앞서 설명한 바와 같이 가계대출의 많은 부분은 자산시장으로 흘러 들어간다. 특히 은행들이 담보를 기준으로 대출을 해주는 영업 행태를 관행으로 굳히면서 가계대출을 부유층이 독점하는 현상이 나타났다. 화폐수량설로 유명한 어빙 피셔Fisher I.는 20세기 초에 펴낸 『이자율Rate of Interest』이라는 책에서 "우리는 채무자 계층이 빈곤층이라고 가정하는 실수를 저질러서는 안 된다. 오늘날의 채무자는 흔히 주식 소유자이고, 채권 소유자이다"는 말을 남겼다. 피셔의 말은 최소한 우리나라에 대해서만큼은 사실이다. 곧, 고소득층이 돈을 빌려주고 저소득층이 돈을 빌리는 구조가 아니라는 것이다.

몇 가지 통계를 통해서 고소득층이 가계부채를 독점하고 있는 현실을 살펴볼 수 있다. 한국은행이 국회에 제출한 자료를 보면 지난해 말 기준으로 소득이 낮은 하위 10%는 전체 가구 가운데 23.8%만 가계부채를 보유한다. 그렇지만 상위 10%는 전체 가구의 74.8%가 가계부채를 보유한다. 고소득층일수록 대출을 가지고 있는 비율이 높다는 것을 알 수 있다. 소득 분위별 대출 잔액 점유율을 보면 상위 20%가 53.0%를 보유하고 있고 하위 20%는 5.0%만 보유하고 있다. 분위별 소득 점유율을 보면 상위 20%가 37.3%를 보유하고 있다. 이로 볼때 대출의 집중도가 소득의 집중도보다 훨씬 높다는 사실을 알 수 있다. 한국은행이 2016년 3월을 기준으로 발표한 자료에 따르면 전체 주택 담보대출 630.8조 원 가운데 199.9조 원은 2건 이상 주택 담보대출을 받은 가계가 차지하며, 비율로는 31.7%였다. 이는 다주택자들이 주택 담보대출의 3분의 1을 차지하고 있음을 알려준다. 그런데 우리나라 다주택자 인구수는 전체의 5%도 되지 않는다.

이처럼 가계대출의 대부분은 고소득층이 보유하고 있고 그 목적은 자산 구입에 있다. 이를 통해 가계부채를 통해 누가 큰 이익을 얻고 있는지 알 수 있다. 은행들은 기업대출보다 위험이 낮게 평가되는 개인 담보대출을 적극적으로 늘리려 한다. 개인 담보대출의 증가는 곧바로 이익의 증가로 연결되기 때문에 은행들은 성과급제를 도입하면서까지 담보대출을 늘리는데 영업력을 집중한다. 은행들이 대출을 적극적으로 확장할 때 고소득 부유층들은 이를 자산을 늘려서 자본이득을 얻을 기회로 삼는다. 부유층이 대출을 독점하여 적극적으로 자산 구입에 나서면 이는 부동산 가격 상승으로 이어지고, 부동산 가격 상승은 다시 대출 금액을 늘리는 악순환 구조를 만들어낸다. 그 과정에서 은행과 부유층은 큰 이득을 얻는다. 로마 시대의 키케로에 따르면 현명한 재판관 루키우스 카시우스는 **누구에게 이익이 돌아가는가?**cui bono fuisset라는 질문을 습관적으로 했다고 한다. 아마 이 질문이 가계부채의 본질을 이해하고 그에 대한 대책을 마련하는데 핵심이 될 것이다.

한 가지 놓쳐서는 안 되는 사실은 금융기관과 부유층이 가계대출로 이익을 얻기 위해 그들의 대변자들을 앞세워서 다양한 이데올로기를 동원한다는 점이다. 몇 가지 사례를 보자. 과거 미국이나 영국의 보수 정부들은 자가소유를 늘리자는 이데올로기를 이끌었다. 미국 부시 정부의 **자산 소유 사회**Ownership Society, 영국 대처 정부의 **주택 소유 사회**Nation of Homeowners는 이의 대표적인 사례이다. 이러한 구호는 누구나 대출을 받을 수 있어야 한다는 **신용 민주주의** 구호와 결합하여 결과적으로 가계대출을 늘리는데 크게 기여했다. **부의 효과**wealth effect는 자산 투기를 부추기는 유명한 논리이다. 부의 효과란 자산 가치가 상승하면 부가 늘기 때문에 이를 바탕으로 한 소비가 늘고 그리하여 경제 전반이 좋아진다는 논리에 바탕을 둔다. 곧 자산가격이 오를수록 경제 전체가 이득을 얻는다는 것이다.

그러나 여러 실증 연구들은 주식의 경우는 어느 정도 부의 효과가 나타나지만 부동산은 그렇지 않다는 사실을 보여준다. 이는 상식적으로 유추할 수 있을 텐데, 예를 들어 가계대출을 통해 자산 구입을 늘리고 그리하여 자산 가격이 올라가면 자산 보유자들은 소비를 늘릴 가능성이 있지만 더 많은 임대료를 부담해야 하는 세입자들은 오히려 소비를 줄일 것이다. 자산 보유자들도 원리금 상환 부담이 클 경우는 소비를 줄여야 할지도 모른다. 결국 자산가격 상승에 따른 부의 효과가 실제로 나타날지는 불투명하다. 그럼에도 이 **부의 효과** 논리는 자산 가격을 부양하기 위한 정부 정책의 근거로 활용된다. **부의 효과**가 불투명하다는 사실은 오히려 자산 가격이 떨어진다고 하더라도 소비가 줄어들지 않을 수 있음을 보여준다는 점에서 정책적인 의미가 있을 수 있다.

부동산 가격이 하락하는 국면에서는 정부의 지원을 늘리기 위한 다양한 이데올로기가 동원된다. **하우스푸어론**이나 **영끌론**은 이의 대표적인 사례이다. 앞서 보았듯이 우리나라 가계부채의 많은 부분은 부유층이 보유하고 있고 그 목적은 자산 구입을 늘리는 데 있다. 따라서 하우스푸어나 영혼까지 끌어다 집을 산 영끌들은 그리 많지 않을 가능성이 크다. 그럼에도 정부, 규제기관, 금융기관 등은 소수의 사례가 마치 전체를 대표하는 듯이 이를 끌어들여서 정부 지원을 늘리는 근거로 삼는다. 이들의 금리 부담을 덜어주고 부동산 규제를 완화해서 집값이 더 이상 떨어지지 않도록 해주자는 것이다. 현정부가 추진하고 있는 특례보금자리론, 안심전환대출 확대, 그밖의 여러 시장안정 대책들은 모두 그러한 논리에서 나온 것이다. 그런데 영끌이나 하우스푸어를 근거로 담보대출 금리를 낮춰주고 부동산 규제를 완화한다면 거기에서 생기는 가장 큰 혜택은 누구에게 돌아갈까? 당연히 최대의 혜택은 부유한 다주택자들에게 돌아갈 것이다.

결국, 가계부채 문제를 진정으로 해결할 대안을 마련하기 위해서는 그 본질을 따져 물어야 하고 다른 한편 허위 이데올로기를 꿰뚫어 보아야 한다.

(2023.10.6.)

도움 받은 자료

- 아티프 미안&아미르 수피, 박기영 옮김, 『빚으로 지은 집』, 2014.
- 담비사 모요, 김종수 옮김, 『미국이 파산하는 날』, 2011.
- 리처드 던컨, 김석중 옮김, 『달러의 위기, 세계경제의 몰락』, 2004.
- 한국은행이 국회에 보고한 여러 자료.

Rich Banks, Poor Society

은행에서 50만 원을
못 빌리는 사람들

50만 원 대출받기 위해 줄 선 사람들

지난해 이맘때쯤 금융위원회는 '소액 생계비 대출' 시행을 알리는 보도자료를 낸 바 있다. 제도 금융기관을 이용하기 어려운 사람은 서민금융진흥원을 통해 50만 원을 빌릴 수 있고 이자를 6개월 이상 성실하게 납부하면 50만 원을 더 빌릴 수 있다는 내용이었다. 대출 금리는 터무니없게도 대부업체 평균 대출금리 수준을 웃도는 연 15.9%였다. 거기에다 대출 조건도 까다로웠다. 돈을 빌리려는 사람은 신용평점이 하위 20%에 속해야 했고 연소득은 3500만 원을 넘지 않아야 했다. 또한 서민금융 통합지원센터를 직접 방문하여 대면상담을 한 다음, '자금용도 및 상환계획서'를 작성해서 제출해야 했다.

이렇듯 금리도 높고 대출 조건도 까다로웠지만 50만 원의 대출을 받기 위한 사람의 줄이 길게 늘어섰다. 서민금융진흥원이 상담 예약을 받기 시작하자마자 단숨에 예약자 2만 5,000여 명이 몰려 전산이 마비될 정도에 이른 것이다(KBS 뉴스, 2023.3.22.). 금융위원회가 발표한 자료에 따르면 연말까지 소액 생계비 대출을 받은 사람은 13만 2,000명이었다. 지난 한 해 동안 '소액 생계비 대출' 총 규모는 915억 원이었고, 1인당 평균 대출금액은 58만 원이었다. 대출 재원은 은행권 기부금으로 마련되었는데, 은행들은 2024년과 2025년에도 각각 500억 원씩 추가로 기부할 예정이라고 한다.

소액 생계비 대출은 몇 가지 중요한 사실을 깨닫게 한다. 첫째, 단돈 50만 원을 제도 금융기관에서 빌리기 어려운 사람이 우리 사회에 두껍게 존재한다는 사실이다. 개인 신용평가 회사인 코리아크레딧뷰로^{KCB}의 자료에 따르면 2022년 말을 기준으로 신용 점수가 700점(1,000점 만점) 미만인 사람은 800만 명가량이다. 이는 전체 평가 대상자의 16%를 차지한다. 이들이 제도 금융기관의 대출 문턱을 넘어서기는 쉬운 일이 아니다. 그리하여 이들은 긴급한 자금 수요가 생길 때 대부업체나 사금융을 이용해야 한다.

둘째, 대출 재원이 정부 재정이 아니라 금융기관 기부금에서 나온다는 사실이다. 소액 생계비 대출은 정책금융상품이라는 모습을 띤다. 그렇지만 그 재원을 정부 출연금이 아니라 기부금에 의존한다는 면에서 소액 생계비 대출을 진정한 정책금융상품이라고 보기 어렵다. 사실, 서민금융을 통합하여 관리하는 서민금융진흥원 재원은 주로 금융기관 기부금, 복권 기금, 휴면 예금 등에서 나온 것이다. 서민금융의 운영 재원을 재정으로 마련하지 않는다는 사실은 금융 배제 문제를 해결하려는 국가의 역할이 소극적이고 간접적이며 제한적이라는 것을 말해준다. 당연히 서민금융 재원은 금융 배제 문제의 심각성에 비해 그 규모가 턱없이 모자라고 안정성과 지속성에도 문제가 있다.

셋째, 서민 대상 정책금융상품의 대출 금리가 연 15.9%로 매우 높다는 사실이다. 서민금융진흥원이 취급하는 다른 상품들도 금리가 높은 편인데, 예컨대 서민금융진흥원이 100% 보증하는 '최저 신용자 특례보증' 상품이나 '햇살론 15'의 대출 금리는 대부업 대출의 평균금리 수준에 가깝다. 금리가 이렇게 높은 이유는 소액 생계비 대출을 실행하는 서민금융진흥원의 성격과도 관련이 있을 터이다. 서민금융진흥원은 2016년에 휴면예금관리재단(미소금융중앙재단)을 모태로 대형 은행 중심의 금융기관들이 출자하여 주식회사 형태로 설립한 기관이다. 이 기관은 미소금융, 햇살론, 국민행복기금 등을 취급한다.

서민금융진흥원은 금융위원회 산하의 기타 공공기관으로서 공적 성격을 갖지만 대형 은행들이 주요 주주로 참여하고 있는 엄연한 주식회사이기도 하다. 이러한 조직의 성격이 서민금융진흥원의 운영 행태에 영향을 준다고 봐야 한다. 곧, 서민금융진흥원은 순수한 정책 논리를 따르기보다 시장 논리를 우위에 두면서 정책 논리를 감안하는 방식으로 운영된다. 그렇기 때문에 정책금융상품에 고리대 수준의 금리가 설정되고 매우 엄격한 회수 가능성 기준이 도입된다. 그 결과 정책금융상품의 대출 대상에서 최하위 신용 등급은 제외된다. 예를 들어 국회 예산정책처의 '금융 공공기관의 정책금융 운영 현황 분석(2022)' 자료를 보면 서민금융진흥원 대출 대상자의 대부분은 신용등급 10등급 가운데 6~7등급에 몰려 있다. 제도 금융기관 이용 여부를 가름하는 경계선이 바로 이 등급이라는 점에 주목해야 한다.

이렇듯 서민금융진흥원은 정책 기관으로서는 한계를 갖는다. 그럼에도 현재로서는 서민금융진흥원이 정책 서민금융을 총괄해서 관리하는 중요한 역할을 하고 있다. 그런데 서민금융진흥원이 취급하는 금융상품마저 올해에는 줄어들 것으로 보인다. 서민금융진흥원이 국회에 제출한 2024년 업무계획(안) 자료에 따르면 올해 햇살론을 포함한 정책 서민금융 공급 목표액은 5조 7,800억 원이다. 이는 지난해 6조 8,300억 원보다 1조 원 넘게 줄어든 규모이다. 물론 복권 기금 운용계획이나, 경제정책 방향의 변경으로 서민금융 공급 규모가 늘어날 수 있다는 것이 서민금융진흥원의 설명이지만 실제로 그렇게 될지는 불투명하다. 서민금융 수요가 대규모로 존재하지만 이에 대응하는 국가의 역할이 부족한 상황에서 이미 시행하고 있는 기능마저 축소한다는 것은 거꾸로 가는 방향이다. 오히려 현재는 금융 배제 문제의 근본적인 해결을 고민해야 하는 시점이다.

금융 배제 문제는 이른바 신자유주의의 후유증

그렇다면 일부 계층이 제도 금융기관을 이용하는 데에서 체계적으로 배제되거나 평균 수준보다 더 높은 대가를 지급해야 하는 현상이 생기는 이유는 무엇인가? 금융 배제라 불리는 이러한 현상은 몇 가지 특징을 나타내는데, 이에 대해서 먼저 보기로 하자.

첫째, 금융 배제는 특정한 시기에 우리나라뿐만 아니라 세계 주요 나라들에서 공통적으로 나타나는 현상이다. 여기에서 특정한 시기란 1980년대 후반 이후를 말한다. 미국, 유럽 나라들에서는 1980년대 후반부터, 그리고 우리나라에서는 1990년대 말의 외환 위기를 계기로 금융 배제 현상이 두드러졌다. 금융 배제라는 용어가 사용되기 시작한 것도 1990년대 중반 무렵이다. 선진국들에서 금융 배제 현상이 초기에는 지점 폐쇄에 따른 접근성 제한과 같은 공간적 형태로 나타났기 때문에 지리학자들이 이에 관심을 보였다. 영국의 마르크스주의(네오 그람시언) 지리학자들인 레이션&쓰리프트Leyshon&Thrift가 1990년대 중반에 쓴 논문에서 금융 배제라는 용어를 처음 사용한 것으로 알려져 있다.

둘째, 금융 배제는 화폐자본의 부족이 아니라 과잉 상황에서 발생한다. 사실 1980년대 이전에도 금융 배제가 없었던 것은 아니다. 그런데 과거의 금융 배제는 축적된 화폐자본의 부족을 배경으로 한다는 점에서, 금융이 가장 풍부한 시기에, 금융기관들이 대출 대상을 경쟁적으로 확대하려고 영업력을 집중하는 가운데 나타나는 오늘날의 금융 배제와 다르다. 그런 면에서 금융 배제는 신용할당과도 다르다. 신용할당이란 은행이 차입자에 대한 정보를 충분히 확보할 수 없는 상황에서 일부 차입자에 대해 대출을 거절할 때 생긴다. 이 신용할당도 화폐자본의 부족을 전제한다는 점에서 금융 배제와는 다른 현상이다. 따라서 신용할당의 해법인 이른바 차입자와 대출자 사이의 **정보 비대칭**의 해소만으로는 금융 배제 문제를 해결하지 못한다.

셋째, 금융 배제와 약탈적 대출이 동시에 나타난다. 금융 배제는 일부 계층을 제도 금융에서 밀어내는 것을 말한다. 이에 비해 약탈적 대출은 저소득 계층까지 금융으로 끌어들이는 것을 말한다. 금융 배제와 약탈적 대출은 서로 모순되는 현상처럼 보인다. 그러나 금융 배제와 약탈적 대출은 화폐자본이 과잉인 상황에서는 동시에 발생할 수 있다. 예를 들어 제도 금융기관이 일부 사람들을 밀어내는 동안 그들을 대상으로 한 별도의 금융업이 발달할 수 있는데, 그곳의 대출은 대체로 약탈적인 고리사채 형태를 띤다.

넷째, 시장 중심 금융제도를 따르는 나라들의 금융 배제 문제가 더 심각하다. 금융제도는 보통 은행 중심 제도와 시장 중심 제도로 나뉜다. 은행 중심의 금융제도는 기업들의 자금조달이 은행을 통해 이뤄진다는 특징을 보인다. 이에 비해 시장 중심의 금융제도는 기업들의 자금조달이 주식, 채권 발행 등 자본시장을 통해 이뤄진다는 특징을 보인다. 대체로 영국과 미국은 시장 중심의, 그리고 독일, 프랑스, 일본 등은 은행 중심의 금융제도 특징을 나타낸다. 물론 이른바 신자유주의 시기로 접어들면서 은행 중심의 금융제도는 점차 시장 중심의 금융제도를 향해 나아가고 있다. 우리나라의 경우도 외환위기 이후 금융 구조조정을 통해 금융제도가 여러 면에서 은행 중심에서 시장 중심으로 이행했다. 그런데 대체로 영미식 시장 중심 금융제도에서 금융 배제 문제가 더 심각하게 전개된다.

다섯째, 대형 금융기관들이 금융 배제를 주도한다. 금융 배제는 일반적인 예상과 달리 대형 금융기관들이 주도한다. 금융 구조조정 이후 인수합병을 통한 금융기관 대형화와 겸업화 추세는 여러 나라들에서 공통적으로 나타나는 현상이었다. 덩치가 커진 금융기관들은 경쟁 압력의 증가로 이윤의 원천을 소비자 금융 시장까지 넓혀 갔다. 여기에는 대기업들이 자금을 자본시장에서 직접 조달하기 시작했다는 사정도 있었다. 대형 금융기관들은 소비자 금융 시장에서 부유층 중심의 영업 전략을 펼쳤는데, 이는 금융 배제의 확대로 이어졌다.

여섯째, 금융 배제는 가계부채의 증가와 관련을 맺으면서 증가한다. 가계부채는 자산(부동산, 주식) 구입을 늘리려는 부유층의 차입, 미래의 임금소득을 담보로 삼은 저소득층의 교육비, 의료비, 긴급한 생계비 차입으로 증가한다. 그리고 부채의 증가를 통해 경기를 유지하려는 정부 정책은 가계부채 증가를 부채질한다. 이 경우를 벨로피오레Riccardo Bellofiore라는 학자는 개인에게 떠맡긴 케인스주의privatised Keynesianism라고 표현한 바 있다. 곧, 재정 지출의 확대가 아니라 개인 부채의 증가를 통해 정부가 경기 확장정책을 추진한다는 것이다.

여러 연구들은 이러한 금융 배제 현상이 나타난 이유가 이른바 신자유주의 시기의 금융 규제 완화, 금융 자유화와 그에 이은 반복적인 금융위기와 관련이 있는 것으로 설명한다. 1970년대 초에 미국은 **닉슨 선언**을 통해 금-달러 교환 정지를 선언한다. 그 이전에는 미국이 보유하고 있는 금의 규모가 달러 발행량을 어느 정도 제한하는 역할을 했다. 왜냐하면 달러를 보유한 외국의 중앙은행이 이를 금으로 바꿔 달라고 요청하면 미국은 이에 따라야 했기 때문이다. 미국이 달러를 금으로 바꿔주어야 할 의무를 지키지 않겠다고 선언한 이후부터는 달러 발행에 대한 족쇄가 사라지면서 실제로 달러의 발행량과 유통량이 급격하게 늘어나기 시작한다.

미국은 늘어난 달러가 다른 나라들로 자연스럽게 흘러 들어갈 수 있기를 바랐는데, 이는 다른 나라들에 대한 자본 이동 자유화 요구로 나타났다. 다른 나라로 흘러 들어간 달러가 자본으로서 운동하기 위해서는 그 나라의 기업 주식이나 자산을 자유롭게 살 수 있어야 했고 이자율이나 환율도 자유롭게 움직여야 했다. 이는 금융자유화 요구로 나타났다. 달러 발행·유통량이 늘어나고 자본·금융자유화가 이뤄지면서 세계적으로 금융이 급격하게 성장하는 현상이 나타난다. 예컨대 매킨지 보고서와 세계은행 통계에 따르면 1980년의 세계 총생산은 11조 달러, 세계 총금융자산은 12조 달러였다. 이것이 2010년에는 각각 63조 달러와 219조 달러로 늘어난다. 30년 사이에 세계 총생산 대비 세계 금융자산 총액이 약 1배에서 3.5배로 증가했음을 알 수 있다.

그런데 금융의 팽창은 금융위기 가능성을 높이는 것이기도 했다. 실제로 자본·금융 자유화 이후 세계 곳곳에서는 금융위기가 크게 늘어난다. 예컨대 미국은 1980년대 초반의 저축은행 위기와 1980년대 후반의 은행 위기를 겪었다. 영국이나 유럽 국가들도 1980년대에 은행 위기를 맞았다. 1990년대 초반에는 북유럽 국가들과 멕시코가, 1990년대 후반에는 동아시아 국가들이 환율 위기에 이은 금융위기를 겪었다. 세계은행 소속의 연구자들인 할락&슈무클러Halac & Schmukler는 금융위기 이후에 대체로 금융자산 양극화가 심해진다는 사실을 보여준다.

금융위기 이후에는 통상 인수합병을 통한 금융 구조조정이 이뤄지는데 그 결과 금융기관의 대형화가 진전된다. 이렇게 대형화한 금융기관들은 업무비용 절감을 추진하면서 수익성 중시의 영업 관행을 굳혀 나간다. 또한 대형 금융기관들은 금융위기 이후에 자산 양극화가 심해지고 복지 수준이 하락한 현실을 배경으로 부유층 개인을 대상으로 한 영업을 확대해 나가는 한편, 저소득층에 대해서는 금융기관 문턱을 넘지 못하도록 하는 마케팅 전략을 추구한다. 그 결과 제도금융에서 배제된 계층이 대규모로 형성된다. 우리나라에서도 1997년 위기 이후 대체로 이러한 과정을 겪으면서 금융 배제 계층이 급격히 증가했다.

주요 나라들은 금융 배제에 어떻게 대응하고 있는가?

앞서 언급한 바와 같이 금융 배제는 신자유주의 시기 이후 세계적으로 두드러진 현상이다. 금융자유화 이후 금융 배제의 대상은 주로 청년, 일시적·잠재적 실업자 등에 집중되고 있는데, 이는 노동력의 손실을 의미한다. 이는 장기적인 경제 발전의 걸림돌로 작용할 수 있다는 점에서 여러 나라들은 금융 배제를 어느 정도 관리해야 할 필요성에 쫓긴다. 실제로 여러 나라들은 금융 배제에 정책적으로 대응하고 있는데, 그 유형을 몇 가지로 나눠볼 수 있다.

첫째, 국가가 직접 나서서 대응하는 유형이다. 예를 들어 영국은 정부기구인 **사회배제국**을 설치하고 **금융 포용 펀드**를 만들어서 금융 배제 문제에 대응한다. 프랑스는 중앙은행의 지원을 받는 **금융자문위원회**CCSF라는 기구를 설치하고 **사회 연대 기금**을 만들어서 금융 배제 문제에 대응한다. 미국은 재무부 출연으로 지역개발 금융기관 펀드

CDFI를 만들어서 지역은행, 협동조합, 비영리기관을 통해 금융 배제 문제에 대응한다.

둘째, 독일, 네덜란드 등 금융 배제 문제가 그다지 심하지 않은 나라들은 금융업 협회의 자율적인 헌장이나 실천 강령을 통해 금융기관들이 스스로 금융 배제 문제에 대응하도록 장려한다. 이와 나란히 이 나라들은 기존의 지역·서민금융기관을 활용하여 금융 배제 문제에 대응한다.

셋째, 비주류 금융기관을 통해 대응하는 유형이다. 유럽위원회는 금융 서비스 제공 기관을 주류 기관과 대안 기관, 그리고 이윤 지향의 영리 기관과 사회 지향의 비영리 기관으로 나눈다. 이러한 기준에 따를 때 대형 상업은행들은 이윤을 지향하는 주류의 영리 기관으로 분류할 수 있다. 여러 나라들에서는 금융 배제에 대응하는 기관으로 상업은행이 아니라 사회 지향적인 비영리 대안 금융기관을 활용하는 사례가 증가하고 있다. 특히 2008년 글로벌 위기 이후에는 사회 지향적인 비영리 금융기관이라 할 수 있는 (지역) 공공은행을 설립하여 금융 배제 문제에 대응하려는 운동이 세계적으로 펼쳐지고 있다.

한편 금융 배제 문제는 2000년대에 들어서면서 국제기구들의 관심을 받는다. 세계은행이나 국제통화기금IMF은 금융 배제를 다루는 여러 보고서를 제출했다. 이 기구들은 금융 배제에 대한 대응으로 금융포용이라는 개념을 정립했다. 금융포용은 2008년 글로벌 금융위기를 계기로 전 세계의 주요 의제로 떠오른다. 2009년 G20 피츠버그 정상회의는 저소득 계층의 금융서비스 접근성을 높이기 위한 '금융포용 전문가 그룹FIEG'의 구성을 결의했다. 2010년 6월 G20 토론토

정상회의는 혁신적 금융포용을 위한 원칙을 채택했고 같은 해 11월에 열린 서울 G20 정상회의는 금융포용을 위한 글로벌 파트너십을 출범시켰다. 2017년 G20 함부르크 정상회의는 『금융포용 행동 계획 FIAP』을 채택했다. 이 계획은 금융 관련 국제기준을 마련하거나 금융 부문을 평가할 때 금융포용을 먼저 고려해야 한다는 것, 금융 소비자 보호와 금융 이해도를 높이기 위한 정책을 강화해야 한다는 것 등의 내용을 담고 있다.

우리나라도 1997년 경제 위기 이후 금융 배제가 사회 문제로 떠오르면서 이에 대응하지 않을 수 없었다. 2008년 글로벌 위기 이전에는 대부업 합법화, 서민금융기관의 소액 신용대출을 촉진하기 위한 규제 완화 정책을 폈는데 이러한 정책들은 사실 문제의 해결과는 거리가 멀었고 오히려 고리사채를 합법화해줌으로써 그 피해가 폭발적으로 증가하는 결과만을 가져왔다. 2008년 글로벌 금융위기 이후에는 정부 주도로 서민금융상품을 공급하는 정책을 펴고 있다. 2016년에는 서민금융진흥원을 출범시켰는데, 이 기구가 서민금융상품을 통합하여 관리하고 있다.

그러나 앞서 본 바와 같이 우리나라의 금융 배제 대책의 실행은 국가기관이 아니라 대형 은행들이 주요 주주인 주식회사 형태의 서민금융진흥원이 담당하고 있다. 물론 서민금융진흥원은 기타 공공기관으로 지정된 기구이지만 은행들이 주요 주주로 참여하고 있다는 점에서 온전한 정책금융을 담당하기에는 한계를 가질 수밖에 없다. 더욱이 서민금융진흥원의 운영 재원마저 기부금, 복권기금, 휴면예금에 의존하고 있다. 금융 배제 문제를 해결하기 위한 국가 재정 투입은 거의 이뤄지지 않고 있는 셈이다. 주요 나라들에 대비하여 우리나라의 금융 배제 대응은 굉장히 소극적이고 전시적이며 따라서 당연하게도 금융 배제, 고리사채, 불법추심, 과중채무 문제는 여전히 해결되지 않고 있다.

해법을 어디에서 찾을 것인가?

금융 배제는 고리 사채, 채권 추심, '신용불량자' 문제 등에서 보듯 사회적 긴장 수준을 높인다. 또한 금융 배제는 노동력의 손실을 가져오고, 복지비용을 증가시킬 뿐만 아니라 나아가 경제발전에도 걸림돌 역할을 한다. 따라서 국가는 역량을 동원하여 금융 배제 문제에 적극적으로 대응해야 한다. 국가는 중재자와 법 제정자 역할을 수행해야 한다. 예를 들어 국가는 약탈적 대출을 제한하는 법, 서민금융을 활성화하기 위한 법, 대형 금융기관의 공공적 임무를 강화하는 법 제정자 역할을 수행할 수 있다.

청년 학생이나 일시적으로 일자리를 잃은 계층에 대해서는 제도금융을 이용할 수 있는 기회를 넓혀주어야 한다. 소득을 만들어 낼 능력이 있더라도 현재 지고 있는 부채가 너무 많아서 이자를 사실상 감당할 수 없는 계층에 대해서는 부채 재조정이나 탕감, 회생과 같은 **법적 영역**의 대책 마련이 필요하다. 이러저러한 이유로 일할 능력을 잃은 계층에 대해서는 사회정책 차원의 채무 탕감 대책을 마련해야 한다. 장기적으로는 복지를 늘려서 의료비, 학비 등의 긴급한 자금 수요 자체가 발생하지 않도록 해야 한다.

무엇보다 중요한 대책은 금융 배제 대응을 위한 정부 재정을 확보하는 데에서 찾아야 한다. 여러 정치세력과 정부는 금융 배제 문제의 심각성을 인식하고 훨씬 근본적인 구상을 염두에 둔 정치적 결단을 내려야 한다. 한국신용정보원 자료에 따르면 2020년을 기준으로 대출을 받은 저신용자(신용 7~10 등급)는 230여 만 명이고 이들이 받은 대출의 합계 금액은 23조 원가량이다. 이들을 정책금융으로 흡수하지 못할 이유가 없다.

돈을 마련하기 위해 중앙은행을 활용하는 것이 가능할 것이다. 외국에서도 유사한 사례를 발견할 수 있다. 2008년 글로벌 금융위기 이후 여러 선진국 중앙은행들은 이른바 양적완화를 통해 금융기관들이 보유하고 있는 자산의 가치를 유지하는 정책을 편 바 있다. 여기에서 착안하여 일부 금융 활동가들은 **모든 사람을 위한 양적완화**를 주장했다. 이 주장의 핵심은 금융기관을 위해서 했듯이 일반 국민을 위해 중앙은행의 발권력을 동원하자는 데에 있다. 2013년에 미국의 엘리자베스 워렌Elizabeth Warren 상원의원은 '학생 대출 공정성에 관한 은행법'을 제출한 바 있다. 이 법의 핵심은 학생들에게 저금리로 빌려줄 학자금을 중앙은행이 대는 돈으로 마련하자는 것이었다.

우리나라의 한국은행법 제75조는 정부가 필요한 돈을 마련하기 위해 한국은행에 국채를 인수시킬 수 있다고 규정하고 있다. 물론 현실에서는 한국은행의 국채 인수가 거의 이뤄지지 않고 있다. 그러나 법령상으로는 어쨌든 정부는 한국은행에 국채를 인수시키는 방법을 동원할 수 있다. 사문화한 이 조항을 살려서 정부는 국채를 한국은행에 인수시키고 그 돈을 바탕으로 저소득, 저신용 계층에 대한 정책금융을 확대하는 방안을 구상할 수 있을 것이다.

정책금융을 전달하는 체계도 공공기구로 바꿀 수 있을 것이다. 그 형태는 (서민금융) 공사가 될 수도 있고 과거 국민은행과 같은 서민금융 전담 은행이 될 수도 있을 것이며 또는 (지역) 공공은행 형태가 될 수도 있다. 현재 세계적으로 (지역) 공공은행 설립 운동이 활발하게 전개되고 있고 우리나라에서도 (지역) 공공은행을 설립하기 위한 단체가 운동을 전개하고 있다. 그러한 형태의 공공은행 설립을 구체적으로 추진할 수 있는 것이다.

단돈 50만 원을 제도 금융기관에서 빌릴 수 없는 계층이 수백만 명이 존재할 만큼 우리나라의 금융 배제 문제는 심각한 수준이다. 정부 재정을 과감하게 투입하고 정책금융 전달체계도 획기적으로 바꾸는 대책을 서둘러야 하는 이유이다.

(2024.4.4.)

도움 받은 자료

- 금융위원회, "불법사금융 피해를 입지 않도록「소액생계비대출」을 신청하세요", 금융위원회 보도자료, 2023. 3. 21.
- 금융위원회, "소액 생계비 대출 13.2만 명에게 915억 원 지원", 금융위원회 보도자료, 2023. 12. 26.
- 서민금융진흥원,『2024년 업무계획(안)』, 2024.
- 국회 예산정책처,『금융 공공기관의 정책금융 운영 현황 분석』, 2022.
- KBS, "KBS 뉴스", 2023.3.22.
- 코리아크레딧뷰로(KCB), 홈페이지, https://www.koreacb.com/

Rich Banks, Poor Society

새마을금고 사태가 일깨운
금융 공공성

2011년 저축은행 사태의 교훈:
서민금융기관인가 투자은행인가?

멋진 인생(It's a Wonderful Life)은 현재도 미국인들이 크리스마스 때 가장 즐겨 보는 영화라고 한다. 협동조합형 마을금고와 지역 부동산 개발업자의 갈등을 다룬 이 영화는 자본주의 이데올로기를 거침없이 비판하는 내용을 담고 있다. 이 영화에는 위기에 빠진 마을금고에 예금자들이 돈을 먼저 찾기 위해 모여들면서 전개되는 유명한 장면이 나온다. 널리 알려진 이 장면은 금융 관련 책에서 **예금 인출 사태**를 설명할 때 자주 등장한다. 1946년 작품 속의 한 장면을 지난 6월에 우리나라의 새마을금고에서 볼 수 있었다. 부동산 관련 대출과 투자에서 큰 손실을 본 것으로 드러난 몇몇 새마을금고에 돈을 먼저 찾으려는 예금자들이 몰려든 것이다.

사실 예금인출 사태는 2011년에도 있었다. 이번 새마을금고 위기의 원인이 무엇이고 앞으로 어떻게 전개될지, 그리고 그에 대해 어떻게 대처하면 좋을지를 짚어보려면 먼저 2011년의 저축은행 사태를 복기해 볼 필요가 있다. 당시 저축은행들은 부동산 기획금융-PF과 같은 곳에 대출을 집중시켰다가 대규모로 손실을 내는 바람에 예금인출 사태를 맞았다. 이 사태로 2010년 말에 106개이던 저축은행 수가 2017년 말에는 79개로 줄어들었다. 예금보험공사가 2020년에 국회에 제출한 국정감사 자료에 따르면 저축은행 사태를 처리하기 위해 정부는 파산 저축은행들에 28.5조 원이라는 공적자금을 투입해야 했다.

저축은행들이 부실사태를 겪은 이유는 무엇보다 저축은행이 고유의 기능을 다하지 않고 거기에서 벗어난 데서 찾을 수 있다. 한국은행이 펴낸 『한국의 금융제도』는 현행 우리나라 금융제도의 특징이 금융기관의 업무 영역을 기능별로 구분해 놓은 데 있다고 설명한다. 금융기관은 수행하는 기능에 따라 크게 은행, 은행이 아닌 예금 취급기관, 금융투자업자, 공적 금융기관 등으로 나뉜다. 은행에는 일반은행과 특수은행이 있는데, 전자는 주로 상업은행 기능을, 후자는 장기자금의 제공 기능을 수행한다. 은행이 아닌 예금 취급기관에는 상호저축은행, 신용협동기구(신협, 새마을금고, 상호금융) 등이 있는데 이 기관들은 주로 서민금융을 취급한다. 금융투자업자는 증권의 인수, 중개, 자기거래, 투자신탁과 같은 투자은행 기능을 수행한다.

상호저축은행은 일정한 행정구역 안에 있는 서민과 소규모 기업에게 금융 편의를 제공하기 위해 설립된 지역밀착형 서민 금융기관이다. 2011년 저축은행 사태를 수사한 대검찰청 중앙수사부의 기소 설명자료에는 "미처 제1금융권의 손길이 닿지 않는 서민, 중소기업 등에게 대출"을 해주는 것이 상호저축은행의 목적이라고 나온다. 이에 비춰볼 때, 위 대검찰청 자료도 설명하는 바와 같이, 저축은행의 업무 범위는 예금과 적금, 자금 대출, 어음할인 등 자금 중개 행위에 한정되며 부동산 투자와 같이 직접 사업을 영위하는 행위는 업무 범위에 포함되지 않는다. 그럼에도 저축은행들은 소액신용대출 취급을 줄이는 등 서민 금융기관 기능을 소홀히 하면서 부동산 개발 사업과 같은 사실상 투자은행 기능을 수행했다.

2009년 말 기준 저축은행의 업종별 여신 비중은 부동산 관련이 50%, 도소매업 6.6%, 음식숙박업 3.0%, 제조업 5%였다. 반면 서민 금융 비율은 2005년 21.0%에서 2007년 18.3%로 줄었고 그 이후에도 감소세를 나타냈다. 저축은행들은 부동산 대출을 할 때, 후순위 채권을 시장에 팔아서 자금을 마련하여 부동산 기획 대출^{PF} 같은 곳에 집중시켰다. 또한 저축은행들은 특수목적회사^{SPC}를 활용해서 일종의 자기계정 거래를 했다. 예컨대 한 저축은행은 총 120개의 SPC를 설립하여 전국 각지에서 개발사업을 벌였는데, 건설업 83개, 외국 건설사업 10개, 선박투자사업 9개, 금융업 6개 등이었다. 건설업에는 아파트, 주상복합, 오피스텔 건설과 휴양지 개발, 골프장 건설 등이 포함되어 있었다. 최근 나타나고 있는 투자은행의 특징은 자금시장에서 자금을 조달하여 위험이 높은 자기계정 거래$^{Prop\ Trading}$ 방식으로 자본이득을 노린다는 점인데, 놀랍게도 저축은행 영업 행태에서 투자은행의 특징을 읽을 수 있었다.

저축은행들의 영업 행태가 이렇게 바뀐 데에는 정부가 신자유주의 금융 구조조정을 추진하면서 규제 완화, 특히 부동산 관련 대출에 대한 규제 완화 정책을 편 탓이 크다. 예를 들어 '상호저축은행업 감독규정'에는 저축은행이 한 차주에게 대출해줄 수 있는 한도가 자기자본의 20%, 금액으로는 80억 원 이하로 설정되어 있었는데, **우량 상호저축은행**에 한해 금액 한도를 배제한다는 예외가 만들어졌다. 이리하여 한 차주에게 80억 원 이상의 대출을 해줄 수 있는 길이 열렸다. 더욱이 **우량 상호저축은행**을 느슨하게 규정하여 그 범위를 넓힘으로써 규제 완화 효과를 최대로 키웠다. 그밖에도 참여정부 후기에 저축은행 영업구역 제한 완화, 자산운용 규제 완화, 거액여신 한도 제한 완화와 같은 여러 규제 완화가 이뤄졌다. 그 결과 부동산 기획개발 대출[PF]과 거액 대출의 증가가 두드러졌다. 저축은행의 PF 대출 규모가 크게 증가했고 80억 원을 넘는 거액 대출도 2006년 6월 말 0.9조 원에서 2009년 말에는 17.6조 원으로 대폭 늘어났다.

저축은행들의 부동산 관련 대출은 경기 변동에 따른 위험이 크다는 특징을 갖는데, 실제로 2008년 글로벌 금융위기 이후 부동산이 침체에 빠지면서 저축은행들도 위기를 겪어야 했다. 금융위원회는 저축은행 사태의 원인을 외부 환경의 변화, 대주주와 경영진의 도덕적 해이, 여신심사 능력의 부족 등에서 찾았지만 더 근본적인 원인은 규제 완화 등으로 저축은행이 자기의 본질적인 기능을 수행하지 않는 데 있었다.

새마을금고 위기는 저축은행 사태의 데자뷰

최근의 새마을금고 위기는 2011년의 저축은행 사태와 닮은 꼴이다. 무엇보다 사태의 원인이 닮았다. 새마을금고는 협동조합은행 원리를 바탕으로 만들어진 조직으로 지역 밀착형 서민 금융기관이라는 특징을 갖는다. 새마을금고는 시군구와 같은 (기초)자치단체를 영업 기반으로 하는 지역금고와 직장 사업체를 영업 기반으로 하는 직장금고가 있다. 지난해 말 새마을금고의 수는 1,294개인데, 총자산 규모는 284조 원이고 전체 이용자 수는 2,262만 명에 이른다. 서민금융기관인 새마을금고의 규모가 만만치 않음을 알 수 있다. 새마을금고도 저축은행처럼 금융 구조조정 이후 그 영업 행태가 서민금융 중심에서 준투자은행 중심으로 변해왔다.

먼저 새마을금고의 건설업·부동산업 대출이 증가하는 모습을 보였다. 행정안전부가 국회에 제출한 자료에 따르면 건설업·부동산업에 대한 새마을금고의 대출 규모는 2019년 말 27.2조 원에서 2020년 말에는 38조 원, 2021년 말에는 46.4조 원으로, 그리고 2022년 말에는 56.3조 원으로 늘어났다. 관리형토지신탁 대출 잔액은 2019년 말의 1,694억 원에서 2020년 말에는 2.9조 원, 2021년에는 9.1조 원, 그리고 2022년 말에는 15.8조 원으로 급속하게 증가했다. 관리형토지신탁은 신탁회사가 중간에 끼기는 하지만 사실상 부동산 기획대출 PF로 분류할 수 있다. 이러한 대출은 서민금융, 지역금융과는 거리가 멀어도 한참 멀다.

그 밖에도 새마을금고들은 대체투자라는 이름으로 다양한 투자은행 기능을 수행했다. 예컨대 새마을금고들의 여유자금 70조 원가량을 모아서 투자하는 새마을금고중앙회의 결산자료에는 2022년 말을 기준으로 사모펀드PEF에 6.4조 원을 투자한 것으로 나타난다. 새마을금고중앙회가 사모펀드에 대규모 투자를 하면서 이 시장에서 **큰손** 역할을 수행하는 것으로 알려져 있다. 새마을금고중앙회는 앞으로도 사모펀드PEF에 대한 투자를 더욱 늘리겠다는 계획을 발표하기도 했다. 최근 일부 새마을금고의 부실 사태로 드러난 바에 따르면 새마을금고들은 **신디케이트 론**(대주단 공동대출) 기법도 널리 활용해왔다. 예컨대 대구역에서는 새마을금고 12곳이 대주단을 구성해서 오피스텔 분양 중도금 용도로 1,300억 원을 대출해주었다가 위기를 맞은 사건이 있었다. 그런데 사모펀드는 헤지펀드와 더불어 투자은행들이 전형적으로 활용하는 위험성 높은 금융수단이다. **신디케이트 론**도 주로 초대형 은행들이 활용하는 금융 기법이다.

새마을금고들이 이처럼 투자은행과 유사한 기능을 수행하게 된 데에도 규제 완화 정책이 자리 잡고 있다. 예를 들어 지난 2020년에 행정안전부는 새마을금고에 대한 블라인드 펀드(투자 대상을 미리 정해 놓지 않은 채 자금을 모으는 펀드) 출자 제한 권고를 해제했다. 2012년에 출자 제한을 권고한지 8년 만이었다. 이로써 새마을금고중앙회는 사모펀드PEF와 같은 대체투자를 늘릴 수 있었다. 블라인드 펀드 제한이 풀리던 해에 새마을금고중앙회는 3년에 걸쳐 7조 원을 출자한다는 계획을 내놓기도 했다.

새마을금고 위기가 생긴 근본 원인도 저축은행 사태 때와 마찬가지로 새마을금고들이 정해진 자기 역할에서 벗어난 데에 있다. 새마을금고들은 국민이 맡긴 돈을 위험이 크고 투기성이 강한 부동산 대출에 집중시켰다. 더욱이 부동산 개발 펀드에 돈을 묻는가 하면 부동산 개발 프로젝트에 직접 돈을 대기도 하고, 사모펀드PEF에 투자하기도 했다. 새마을금고들의 이러한 영업 행태는 사회가 새마을금고에게 기대하는 역할과 거리가 멀다. 사회가 기대하는 새마을금고(더불어 신용협동조합)의 기능은 서민 금융기관 역할이다. 사회는 서민금융기관 역할을 수행하기를 기대하면서 새마을금고에 여러 혜택을 주고 있다. 그런데 현재의 새마을금고들의 영업 행태는 그것이 과연 서민금융기관의 모습인지 묻게 한다. 새마을금고의 영업 행태가 투자은행의 영업 행태와 그다지 다르지 않기 때문이다.

이처럼 새마을금고가 협동조합으로서 역할을 하기보다 사실상 투자은행과 같은 기능을 수행하면서 서민금융과 지역금융 지원 기능은 위축되었다. 우리나라의 금융 배제 현상은 심각한 수준이다. 신용이 낮은 다수의 국민들이 금융기관을 이용할 기회를 빼앗긴 채 고금리 사금융을 이용하고 있다. 그 이면에서 고금리 사채 시장이 번성해왔다. 이러한 현상이 발생한 데에는 서민금융기관이 서민 금융기관으로서 제 기능을 제대로 수행하지 못한 책임이 크다.

다시 생각하는 금융 공공성

저축은행 사태나 새마을금고 위기의 바탕에는 금융 공공성이 무너진 현실이 놓여 있다. 그렇다면 금융 공공성이란 무엇인가? 사실

그동안 금융 공공성에 대해 많은 얘기가 있었지만 그에 대한 합의된 개념이 있는 것은 아니다. 헌법재판소는 "금융기관은 사기업이지만 국가경제와 국민생활에 중대한 영향을 미치는 금융업무를 담당하고 있고, 시장경제 질서의 원활한 운용을 위해서는 이와 같이 공공성을 지닌 금융기관이 투명하고 공정하게 그 기능을 수행하는 것은 필요불가결한 요청"이라는 판결을 통해 금융기관의 공공성을 말하지만 그에 대해 정의를 내리고 있지는 않다. 우리나라 은행법, 증권거래법 등에는 금융 공공성을 막연하게 추측할 수 있는 내용, 곧, 국민경제의 발전에 기여함을 목적으로 한다는 내용이 포함되어 있지만 역시 그 개념을 규정하고 있지는 않다.

그래서 금융 공공성이라는 개념은 그것을 사용하는 맥락 속에서 이해할 수밖에 없다. 대체로 금융의 공공성은 상업성에 대비되는 개념으로 사용되는 경우를 자주 본다. 상업성이란 금융기관이 이윤을 추구하는 과정에서 드러내는 속성을 말한다. 이에 대비가 되는 공공성은 사회(총자본)가 금융에 대해 기대하는 본질적인 역할과 관련된 속성이다. 개별 산업의 이윤추구 행태와 금융 기능에 대한 사회의 기대에 차이가 생기기 때문에 공공성이 문제가 된다. 헤겔식으로 표현하자면 **개별** 금융산업의 **특수**한 이익이 사회(총자본) **일반**의 이익과 어긋날 때 공공성이 이슈로 떠오른다.

특수 이익을 일반 이익에 종속시킬 수 있는 근거가 공공성이다. 사회는 공공성을 근거로 금융산업의 특수 이익을 여러 규제를 통해 제한하여 일반 이익과 조화를 이루도록 한다. 금융이 본질적으로 규제산업이라고 하는 것은 그런 의미이다. 실제로 금융산업은 국가의 면허증을 받아서 운영되는 규제 산업이다. 사회는 여러 규제를 통해 금융으로 하여금 금융으로서 본질적 기능에 충실하도록 요구한다. 금융에 딸린 규제를 완화하거나 철폐하면 금융이 그 본질에서 벗어날 가능성이 생긴다.

그렇다면 금융의 본질적인 기능이란 무엇인가? 금융의 본질적인 기능은 부가가치 생산과 노동력의 재생산 유지를 지원하는 데에 있다. 금융은 부가가치를 생산하는 산업자본을 지원한 대가로 산업자본이 생산한 부가가치의 일부를 넘겨받는다. 적어도 금융에 대해서는 그런 이미지가 지배적이다. 좀 더 구체적으로 금융의 본질적인 기능은 생산 활동을 지원하는 것, 사회의 일부 노동 계층(취업 준비자와 실업자)이 금융에서 배제되지 않도록 하는 것을 포함한다.

예를 들어 금융기관들이 개인을 신용점수로 줄 세우기 해서 신용점수가 낮은 청년이나 저소득층을 금융 문턱 밖으로 쫓아내면 금융산업으로서는 단기적으로 이익일지 모르지만 사회 전체로 보면 노동력 유지에 문제가 생긴다는 점에서 사회이익과 개별 금융산업의 이익에 틈새를 만들어낸다. 이럴 때 공적 규제가 개입하는데, 이때의 규제는 사회 전체의 이익을 위해 개별 이익을 희생시키는 것이다. 그렇지만 그것은 금융기관이 본질적인 기능으로 돌아가도록 한다는 의미에서 장기적으로는 사회의 유지와 발전에 도움이 되고, 금융기관의 경영에도 결코 손해가 되지 않는 결과를 가져올 수 있다. 결국 금융의 공공성이란 바로 개별 금융산업의 이익과 사회 전체의 이익을 일치시켜나가는 근거라고 할 수 있다.

보수주의자들도 금융의 공공성을 얘기한다. 그들은 금융이 제 기능을 제대로만 수행하면 공공성은 저절로 달성될 것이라고 말한다. 그러면서 그들은 금융기관을 규제하지 않고 놓아 두면 금융기관들이 본질적인 기능을 알아서 수행할 것이라고 주장한다. 그리하여 그들은 공공성 주장을 규제를 하지 말자는 주장으로 연결시킨다. 정부가 금융기관을 규제하여 전략적 육성부문에 자금이 배분되도록 하거나 취약 계층에 자금이 돌아가도록 해서는 안 된다는 것이다. 금융이 제 기능을 제대로만 수행하면 공공성이 달성된다는 데에는 보수주의자들과 진보주의자들이 어느 정도 의견 일치를 보인다. 그러나 그 방법으로서 보수주의자들은 규제 완화와 철폐를, 진보주의자들은 규제의 유지를 주장하는 셈이다.

현재 새마을금고 위기에 대한 대책으로 금융감독권을 행정안전부에서 금융위원회로 이관하는 내용이 거론된다. 물론 이러한 대책이 필요할 수 있다. 그러나 더 본질적인 대책은 새마을금고가 서민금융기관으로서 역할을 할 수 있도록 제자리를 잡아주는 데에 있다. 그렇게 하는 것이 금융 공공성을 회복하는 길이다. 좀 더 구체적인 대책들을 보면, 새마을금고에 쌓인 예금이 부동산이나 주식 투기로 향하지 않도록 해야 한다. 부동산 거래처럼 기존의 자산을 거래하는 것은 부가가치 생산과 아무 관련이 없으며 사회 전체의 시각에서는 자금의 비효율적인 배분을 나타낸다. 따라서 새마을금고가 기존 부동산의 거래를 지원하는 기능을 하지 못하도록 제한해야 한다. 물론 개별 금융기관으로서는 부동산 대출을 이윤을 손쉽게 얻을 수 있는 좋은 기회로 여길 것이다.

새마을금고가 투자은행과 같은 기능을 수행하는 것도 규제해야 한다. 예를 들어 새마을금고중앙회의 사모펀드PEF 투자는 제한해야 한다. 부동산 기획대출PF도 제한해야 한다. PEF 투자나 PF는 서민 금융기관이 해야 할 일이 전혀 아니다. 새마을금고중앙회가 자본시장에서 **큰손** 행세를 하는 것은 말이 안 되는 얘기다. 여기에 들어간 자금은 서민금융과 지역금융을 확대하는 데로 돌려야 한다. 대신 서민금융과 지역금융이라는 특성 때문에 수익성이 떨어질 수 있는 부분은 정부지원 확대를 통해 메워야 한다. 새마을금고는 명실상부한 서민금융기관으로서 우리나라 금융 배제 문제를 해결하는 중추 기관으로서 거듭나야 한다.

(2023.8.3.)

도움 받은 자료

- 대검찰청, "부산저축은행 비리사건 기소 설명 자료", 2011.5.2.
- 금융감독위원회, "상호저축은행의 서민금융 활성화 방안", 2007.10.30.
- 금융위원회, "저축은행 부실화 원인 규명 및 대책 마련을 위한 청문회 기관보고", 2011.4.20.
- 한국은행, 『한국의 금융제도』, 2018.
- 행정안전부, 『국회 국정감사 자료』, 2020.
- 헌법재판소, 판결문 2011헌바397.

제 2 장
금융은 정치다

Rich Banks, Poor Society

- 금융투자소득세보다 금융거래세가 낫다
- 문재인 정부, 세금으로 집값 잡으려다 실패
- 공적자금을 통한 부실 금융기관 구제의 딜레마
- 중국 봉쇄를 부추기는 투키디데스 함정론
- 우경화로 대선 패배한 미국 민주당, 한국은?

금융투자소득세보다
금융거래세가 낫다

금융투자소득세 논쟁의 허점

예정대로라면 내년 1월부터 금융투자소득세(금투세)가 시행된다. 2020년 말에 법이 통과된 지 5년 만이다. 법 통과 당시의 시행 예정 시기는 2023년이었지만 한 차례 연기되어 2년이 늦춰졌다. 시행을 얼마 앞둔 이 세제를 두고 논쟁이 한창이다. 여당은 여야 합의로 만든, 그리고 아직 시행에 들어가지도 않은 금융투자세를 아예 폐지하자고 주장한다. 민주당은 금융투자세를 유예하거나 완화하자는 쪽과 원안대로 즉시 시행하자는 쪽이 나뉘어 치열한 당내 논쟁을 벌이고 있다.

성격이 좀 불분명한 한 단체는 금융투자세 폐지를 내세우면서 촛불집회를 열겠다고 한다. 금투세는 금융투자소득 기준으로 많아야 상위 1% 정도에 영향을 주는 것으로 알려져 있다. 더욱이 금투세가 주식 거래 결정에 주는 영향의 정도는 매우 작을 것이라는 예측이 많다. 주식 투자자들이 주식 매매를 결정할 때 세금보다는 주식 가격이 오르거나 내릴 전망에 압도적인 우위를 두기 때문이다. 또한 정말로 금투세 때문에 주식 가격이 떨어질 것으로 확실하게 예상된다면 투자자들은 풋 옵션을 통해 이익을 얻을 수 있다. 따라서 주가가 떨어질 것이기 때문에 금투세를 반대한다는 주장은 황당하다. 그러한 주장을 내걸고 금투세 반대 집회를 한다는 것은 더욱 황당하다.

    금투세는 주식, 채권, 펀드, 파생상품과 같은 금융투자상품에 투자하여 얻은 소득(양도, 환매 등)에 세금을 매기자는 것이다. 지극히 당연한 제안에 대해 논쟁이 벌어지는 것 자체가 어딘지 어색하고 비정상적이다. 안타까운 점은 금투세 논쟁이 본류가 아니라 지류라는 점이다. 무슨 얘기인가? 금투세 도입은 증권거래세 폐지와 패키지로 묶인 제안이다. 이 둘 가운데 앞으로 자본시장에 진정으로 큰 영향을 줄 사안은 사실은 금투세 도입이라기보다는 증권거래세 폐지이다. 그런 면에서 논쟁의 중심에는 증권거래세 폐지 문제가 놓여야 한다. 하지만 현재는 이 문제보다 금투세 도입을 어떻게 할 것인가에 대한 논쟁만 이뤄지고 있는 상황이다.

    증권거래세에 대한 논쟁이 왜 중요한지, 그리고 금투세 도입과 증권거래세 폐지가 우리나라 자본시장의 전개에 어떤 함의를 가질 것인지를 이해하기 위해서는 먼저 패키지를 마련하게 된 과정을 살펴보아야 한다.

외국인 투자자와 증권업계 이해에 휘둘린
증권거래세 폐지

증권거래세 폐지와 금투세 도입의 공식화는 문재인 정부 시기인 2020년 6월에 기획재정부가 발표한 "금융투자 활성화 및 과세 합리화를 위한 금융세제 선진화 추진 방향"에서 이뤄진다. 물론 둘 가운데 핵심은 증권거래세의 폐지이다. 그렇게 보는 이유는 기획재정부의 발표 내용이 증권업계(외국인 투자자, 국내 기관투자자를 포함하여)의 요구를 반영한 것이고 업계가 바라는 핵심 요구사항은 증권거래세의 폐지였기 때문이다. 증권업계는 오래전부터 증권거래세의 인하, 나아가 폐지를 요구해 오던 터였다. 이러한 요구가 2010년대 들어서면 매우 강해진다. 거기에는 증권 거래의 행태가 근본적으로 바뀌었다는 사정이 놓여 있다. 가장 큰 변화는 미국에서 유행한 고빈도 거래의 세계적인 확산이라고 할 수 있다.

2000년대에 들어서면 미국에서는 컴퓨터 프로그램을 이용하여 미리 짜놓은 논리 구조(알고리즘)에 따라 주식, 파생상품, 외환 등을 자동으로 거래하는 방식이 유행한다. 알고리즘을 이용한 거래 방식의 하나가 **고빈도 매매**(HFT: High Frequency Trading)인데, 이것이 현대 증권 거래의 풍경을 생소한 모습으로 바꿔 놓았다. 자본시장연구원의 2012년 자료에 따르면 고빈도 매매에서는 주문의 전달과 체결이 1초에도 수백 번이 이뤄진다. 이 거래를 위해서는 정교한 자동화 프로그램, 고속 전용선, 고성능 컴퓨터가 필요하다. 주식을 보유하는 기간도 매우 짧은데, 대체로 장 마감 전에 주식을 모두 처분한다.

이러한 거래 방식이 유행하게 된 데는 다음과 같은 환경 변화가 있었다. 먼저 낮은 금리로 돈을 빌려서 투자할 수 있는 기회가 크게 늘었다는 점이다. 2000년에 닷컴 주식의 버블이 붕괴하고 거기에다 9.11테러까지 발생하자 미국은 금리를 매우 낮은 수준으로 낮추고 대출 조건도 완화했다. 투자자들은 투자 기회만 발견한다면 얼마든지 돈을 빌려서 자산시장에서 투자할 수 있었다. 2008년 글로벌 금융위기 이후에는 이른바 **양적 완화** 덕분에 빌린 돈으로 자산 투자를 하기가 더욱 쉬워졌다. 그러나 자산 투자가 쉬워진다는 것은 자산 투자자가 늘어난다는 것, 따라서 경쟁이 심해져서 수익을 내기도 그만큼 더 어려워진다는 것을 의미한다.

이런 조건에서 투자자들은 티끌 모아 태산 격으로 잦은 거래를 통해 이익을 조금씩 모아가자는 아이디어에 바탕을 둔 거래 기법을 발전시켰다. 증권시장에서는 저평가된 종목을 매수하여 오랫동안 보유하는 **가치투자**가 시들해지는 대신 기업의 가치에 상관없이 단기의 주가 움직임을 살피면서 인공지능AI 기반의 알고리즘을 이용한 거래 방식으로 순식간에 차익을 얻는 투자가 유행했다. 거대한 금융 데이터의 이용 가능성과 거래를 신속하게 처리할 수 있는 컴퓨터의 성능 개선은 이러한 방식의 투자를 뒷받침했다.

고빈도 매매 기법은 헤지펀드, 사모펀드, 뮤추얼펀드와 같은 전문 투자기관이 주로 활용했다. 그러나 개인투자자들을 위한 고빈도 매매 프로그램, 예컨대 예스트레이더YesTrader, 사이보스트레이더CybosTrader, 메타트레이더MetaTrader 등이 개발되면서 그 활용 대상이 더욱 넓어졌다. 이리하여 알고리즘 기반의 고빈도 매매는 미국과 유럽에서 크게 증가한다. 자본시장연구원의 2012년 자료에 따르면 전체 거래에서 고빈도 매매가 차지하는 비중이 미국은 50~60% 수준, 유럽은 50% 수준에 이른다. 2019년의 증권거래세법 개정안 전문위원 검토보고서에 따르면 미국의 경우 이 비율이 2018년 기준으로 60% 수준이다.

미국에서 발전한 고빈도 매매는 아시아에 진출한 미국인 투자자들에 의해 이들 국가에서도 확산한다. 미국인 투자자들은 금리 인하와 대출조건 완화에 따라 대외 투자를 늘려 나간다. 양적완화로 세계시장에 과잉 공급된 달러 자금의 많은 부분은 먼저 조세회피지역인 오프 쇼어 금융센터에 축적된다. 미국 연준이 2008년 글로벌 금융위기 직전 시기를 대상으로 조사한 바에 따르면 비거주자 보유의 달러 자산 잔고는 카리브해 금융센터가 41.1%, 영국이 22.9%를 차지하는데, 이런 곳들은 조세회피지역이다. 이러한 오프 쇼어 국제금융센터는 달러를 글로벌한 규모로 모은 다음 각국에 다시 분배하는 역할을 한다.

이렇게 각국으로 분배된 화폐자본은 그 나라에서도 알고리즘 매매를 추구한다. 올해 『한국증권학회지』에 실린 "외국인 주도세력의 투자전략 변화: 가치투자에서 고빈도 알고리즘"이라는 논문의 다음과 같은 인용문을 보자. "(Flash Crash라는 주가 폭락 사건 이후-인용자) 미국의 고빈도 알고리즘 매매에 대한 규제 강화와 시장 포화로 인한 수익성 악화 때문에 관련 회사들이 싱가포르, 일본 등 아시아로 이동하고 있다." "국내에 진출한 외국인 투자자의 아시아태평양 임원들과 면담한 결과 전 세계 많은 고빈도 알고리즘 매매 회사들이 한국

등 신흥 시장으로 이동하는 것은 사실"이다. 이러한 묘사는 알고리즘 매매가 미국에서 주변국으로 어떻게 확산하는가를 보여준다. 실제로 일본에서도 2010년대에 들어서면서 고빈도 매매가 증가한다. 싱가포르와 홍콩 등에서도 마찬가지 현상이 나타난다.

물론 우리나라에 진출한 외국인 투자자들도 가치투자 대신 고빈도 알고리즘 매매로 전환하기 시작한다. 2009년 3월 주문체결시스템이 EXTURE로 교체되면서 고빈도 매매를 할 수 있는 시스템 환경이 구축된다. 위에서 언급한 논문은 우리나라 고빈도 매매의 증가 현황을 보여준다. 이 논문의 저자들은 2005년부터 2022년에 걸친 기간을 5개 구간으로 나누어 연구를 진행했는데, 2012년~2016년 구간부터 외국인들의 투자 행태가 가치투자에서 고빈도 매매 중심의 투자로 바뀌어 가고 있음을 증명한다.

그런데 고빈도 매매의 걸림돌은 증권거래세이다. 약간의 시세 차익을 노리는 **단타 매매**에서 거래세를 넘어서는 수익을 얻기란 쉬운 일이 아니다. 따라서 우리나라에서는 거래세를 물지 않는 분야인 파생상품, 상장지수펀드ETF 시장에서 주로 고빈도 매매가 이뤄졌다. 2015년에는 대형증권사 대다수가 거래세를 면제받는데, 시장조성 과정에서 불가피하게 떠안은 위험을 회피하기 위한 거래에 세금을 면제해 주자는 이유에서였다. 증권사에 증권거래세가 면제되면서 증권사 자기계정 중심의 고빈도 매매가 늘어나기도 한다.

증권사들로서는 사모펀드나 헤지펀드 등과 같은 기관투자자들에 대한 증권거래세의 폐지가 중요한 의미를 갖는다. 증권거래세가 없어야 본격적으로 고빈도 매매가 증가할 수 있기 때문이다. 증권사들은 거래세를 인하하거나 폐지하면 거래량 증가에 따른 새로운 이윤 원천이 창출될 것이라고 기대했다. 여기에는 충분한 근거가 있었다. 미국에서 고빈도 매매가 유행하기 시작하면서 거래량이 폭증하는 현상이 나타났다. 뉴욕증권거래소의 경우 일일 평균 주식거래량이 2005년의 21억 주에서 2009년에는 59억 주로 늘어난다. 말할 필요도 없이 거래량의 증가는 증권회사의 수익 증가로 이어진다. 이리하여 고빈도 매매를 통해 이익을 얻으려는 외국계 사모펀드나 헤지펀드, 외국인 투자자들의 거래 행태를 모방하려 한 국내 기관투자자들, 고빈도 매매에서 새로운 수익원을 창출하려고 한 증권회사들, 이들의 이해와 엮여 있는 보수 정당, 보수 경제신문 사이에는 이심전심으로 **증권거래세 폐지 동맹**이 형성되었다.

증권거래세 폐지 동맹의 요구는 구체적인 행동으로 이어졌다. 먼저 기업들의 대변기구인 대한상공회의소가 증권거래세 폐지에 앞장섰다. 대한상공회의소는 2016년에 "금융·산업의 제도 애로와 개선방안 건의"를 통해 증권거래세 폐지를 건의 형식을 빌려 요구했다. 미국과 일본 등 대다수 선진국들은 거래세를 물리지 않고 있으며, 중국과 싱가포르 등 일부 국가가 과세하고 있지만 우리나라보다 세율이 낮다는 이유에서였다. 대한상공회의소는 특히 투자자가 손해를 보고 파는 경우까지 거래세를 부과하는 것은 불합리하다면서 증권거래세의 세율만이라도 낮춰야 한다고 주장했다. 비슷한 시기에 경제신문과 보수 언론에는 갑자기 증권거래세 폐지 주장들이 여기저기서 나타났다. 자본시장연구원도 거래세 개편 필요성을 강조하는 보고서를 냈다.

증권거래세 폐지 동맹은 구체적으로 법 개정 요구에 나섰다. 집권 당이던 더불어민주당은 2018년 11월에 **자본시장활성화 특별위원회**를 구성하여 이에 대응했는데, 10개월 동안 활동을 벌였다. 증권사들의 이익을 대변하는 한국금융투자협회는 2019년 1월에 집권 여당 대표와 간담회를 갖고 증권거래세 폐지와 금투세 도입을 묶음으로 제안했다. 특위는 출범 6개월 만에 증권거래세 인하를 수용하면서, 23년 동안 요지부동이던 증권거래세를 성공적으로 낮추었다고 자화자찬했다. 또한 특위는 2019년 9월 초에 "기로에 선 한국경제 자본시장에서 길을 찾다"라는 심포지엄을 개최해서 증권거래세 인하의 정당성을 홍보했다. 같은 달 말에는 특위 위원장이던 최운열 의원실과 국민의힘 추경호 의원실 주최, 금융투자협회와 자본시장연구원 후원으로 "증권거래세 폐지 후 자본시장 과세 어떻게 할 것인가?"라는 제목의 토론회를 개최하여 증권거래세 폐지가 여야 합의에 의해 이뤄진 것임을 부각시켰다. 이렇게 해서 다음 해 6월에 증권거래세 폐지, 금투세 도입이 정부의 공식 입장으로 정리된 것이다.

증권거래세 폐지 동맹의 생색내기용 금투세 도입

여기서 눈여겨봐야 할 대목은 증권거래세 폐지 동맹이 영리하게도 증권거래세 폐지만을 주장하지는 않았다는 사실이다. 이들은 증권거래세의 폐지와 금투세의 도입을 패키지로 묶어서 제안했다. 사실 금투세 도입은 정부나 여당보다 증권거래세 폐지 동맹이 먼저 주장했다. 증권거래세 폐지만을 주장해서는 이를 관철해 내기 어렵다는 사실을 이들은 누구보다 더 잘 알고 있었다. 큰 것을 얻기 위해서는 작은 것을 내주어야 한다는 지혜를 이들은 모르지 않았다.

예를 들어 자본시장 유관기관, 증권사, 자산운용사가 포함된 31개 기관이 참여하여 설립한 자본시장연구원은 주식 거래에 대한 양도소득세의 확대와 증권거래세 인하의 병행 추진을 주문하는 보고서를 냈다. 금융투자협회의 세제지원부장은 부동산의 경우 양도차익에 과세하는 것을 문제 삼지는 않는다면서 주식 투자로 이익을 내더라도 마찬가지로 돈을 번 사람이 차익에 대해 양도세를 내는 것은 당연하다고 말했다. 그러면서 그는 금융투자협회가 단순하게 증권거래세만 없애 달라는 것이 아니라고 설명했다. 곧, 금융투자협회는 증권거래세 폐지와 아울러 금투세의 도입도 주장한다는 것이다.

그런데 아이러니하게도 거래세 폐지 동맹이 증권거래세를 폐지하기 위해 내세운 구호는 "소득 있는 곳에 세금 있다"였다. 증권거래세 폐지 법안을 대표 발의한 국민의힘 추경호 의원은 증권거래세 폐지의 당위성을 설명하면서 "소득 있는 곳에 세금 있다"는 조세의 기본원칙으로 돌아가야 한다고 말했다. 경제신문을 포함한 보수 언론들도 "소득 있는 곳에 세금 있다"는 기사를 연일 쏟아냈다. "소득 있는 곳에 세금 있다"는 너무 당연한 주장이 이때는 전혀 엉뚱하게 활용된 셈이다. 이렇게 해서 거래세 폐지, 금투세 도입이라는 패키지가 완성되었다. 증권거래세 폐지 동맹은 금투세 도입을 주장했지만 그것이 기관투자자에게는 부과되지 않도록 하는 빈틈없는 모습도 보여주었다.

전반적으로 증권거래세 폐지, 금투세 도입 패키지는 사모펀드나 헤지펀드 중심의 외국자본, 국내의 기관투자자들, 그리고 증권업계의 이해에 편향된 성격을 갖는다. 이 패키지로 기관투자자들은 증권거래세 인하 혜택은 고스란히 누리면서도 금투세 적용 대상에서는 아예 제외된다. 외국자본도 증권거래세를 면제받지만 이중과세 협약에 따라 금투세 부과 대상에서도 제외된다. 증권사들은 고빈도 매매의 걸림돌이었던 증권거래세가 폐지됨으로써 다양한 매매 전략을 개발하여 거래량을 늘릴 수 있게 된다. 반면 정부는 증권거래세에 비해 훨씬 쪼그라든 규모의 금투세를 지켜보게 될 것이다.

증권거래세 가운데 농어촌특별세(증권거래세와 나란히 부과되는)는 남는다는 사실이 그나마 위안일지 모르지만 이것도 꼭 장담할 수 있는 것은 아니다. 증권거래세가 폐지되면 증권거래세 폐지 동맹은 이어서 농특세 폐지에 달라붙을 것이다. 증권거래세 폐지 뒤의 농특세 폐지 요구는 정해진 수순이다. 예를 들어 "폐지 시한 20년 넘긴 시대착오적 농특세, 존치 이유 없다"는 『매일경제』 신문의 2024년 5월 12일자 사설, "금투세 시행하려면 농특세 담긴 거래세부터 정리하라"는 『조선비즈』의 2024년 8월 12일 기사가 이를 증명한다. 자본시장연구원은 증권거래세의 단계적 폐지가 확정되기 전인 2019년에 이미 자본시장 포커스 2019-08호에서 "주식양도세의 대안으로 도입된 증권거래세는 양도소득세 과세범위가 확대됨에 따라 유지할 명분이 점차 약화하고, 부과근거 자체가 불분명한 농어촌특별세도 마찬가지이다"라는 보고서를 쓰고 있다.

진보주의자들이 주장해 온 금융거래세

증권거래세 폐지론자들이 내세운 논리는 과세체계의 합리화이다. 곧, 증권거래세가 불합리한 조세이기 때문에 이를 폐기하고 합리적인 소득세로 전환하자는 것이다. 조세는 정책 목적에 따라 소득에 매길 수 있고 거래에 매길 수도 있다. 거래에 세금을 매긴다고 해서 그것이 불합리할 이유는 없다. 다만 상품 거래세라면 저소득층이 상대적으로 조세를 더 많이 부담하게 될 가능성이 있어서 불합리할 수 있다. 그렇지만 증권거래세에는 그런 면이 없다. 증권거래세는 사실 오랫동안 진보활동가들이 요구해온 의제이다.

증권거래에 대한 과세를 포함한 금융거래세는 존 메이나드 케인스라는 이름을 떼어 놓고는 얘기할 수 없다. 케인스는 1936년에 출판한 『일반 이론』에서 증권거래세 아이디어를 꺼냈다. 이 책에서 케인스는 시장의 심리를 예측하는 활동을 **투기**로, 그리고 자산의 수명 전체에 걸쳐 미래수익을 예측하는 활동을 **기업**으로 정의했다. 쉽게 얘기해서 시장 심리를 예측해서 돈 버는 활동을 투기, 생산적인 자산 투자를 해서 거기에서 생기는 현금흐름을 통해 돈 버는 활동을 기업이라 한 것이다. 그런데 케인스에 따르면 시장에서 이뤄지는 기업에 대한 가치평가는 변덕이 심하다. 그것을 안정적으로 지탱할 강력한 확신의 뿌리가 없기 때문이다.

케인스는 금융시장이 발달하면 투기 활동이 기업 활동보다 우세해질 가능성이 높다고 보았다. 만약 투기 활동이 기업 활동이라는 꾸준히 흐르는 강물 위에서 벌어진다면 별 문제가 없겠지만 거꾸로 기업 활동이 투기 활동이라는 소용돌이에 말려든다면 상황이 심각해진 다고 케인스는 주장했다. 케인스는 자본의 활동이 카지노의 부산물이라면 일이 제대로 될 리 없다는 말로 상황을 비유했다. 따라서 공공의 이익을 위해 카지노에는 접근이 어려워야 하고 그것은 증권시장에도 마찬가지라고 케인스는 말한다. 케인스는 투기 활동이 기업 활동을 압도하는 현상을 막기 위해 증권거래세의 도입이 필요하다고 본 것이다.

케인스는 과도한 금융거래나 금융의 성장이 실물자본의 축적을 오히려 더디게 할 것이라고 생각했다. 산업자본이 장기에 걸쳐 안정적으로 발전하기 위해서는 과도한 금융거래를 억압해야 하고 그래야 더 많은 자본축적, 더 많은 일자리가 생길 것이라고 케인스는 보았다. 케인스의 이러한 아이디어는 제2차 세계대전 이후의 브레턴우즈 체제, 케인스식 복지국가 제도에도 반영되었다. 케인스는 금융의 발전이 꼭 좋은 것인가, 투기활동에 의한 주가의 상승이 장기적인 경제발전에 좋은 것인가를 물었다. 그는 그렇지 않다고 대답하면서 정책대안으로서 거래세 부과나 금융억압을 얘기하고 있는 것이다. 주식가격의 상승이 꼭 좋은 것만은 아닐 수 있다는 케인스의 말에 귀 기울일 필요가 있다. 왜냐면 증권거래세나 금투세의 모든 논의들은 예외 없이 주가의 상승을 바람직한 현상으로 전제하고 있기 때문이다.

1970년대 초에 토빈은 케인스의 아이디어를 발전시켜 토빈세를 제안했다. 이 토빈세는 케인스의 증권거래세 아이디어를 외환거래에 적용한 것이라 할 수 있다. 금융거래세는 크게 보자면 국내의 증권거래(주식, 채권, 파생상품)에 적용되는 증권거래세와 외환거래에 적용되는 외환거래세가 있다. 토빈이 토빈세 아이디어를 낸 1970년대 초는 자본 이동의 자유가 본격적으로 증가하면서 국경을 넘나드는 자본의 폐해가 본격적으로 드러나던 무렵이다. 이를 완화하기 위한 정책으로 제시된 토빈세는 이후 진보 활동가들의 의제로 자리잡았다.

2008년 글로벌 금융위기를 계기로 금융거래세를 도입하자는 요구가 전 세계적으로 높아졌다. 이러한 운동의 원류에는 케인스의 아이디어가 놓여 있다. 실제로 몇몇 유럽 국가에서는 금융거래세를 도입하기도 했다. 예를 들어 프랑스와 이탈리아는 주식을 포함한 금융거래에 거래세를 도입했다. 프랑스는 2012년 8월부터 금융거래에 대해 0.2%의 세금을 부과하기 시작했는데, 2017년에는 세율을 0.3%로 높였다. 이탈리아는 2013년부터 금융거래세를 도입하여 0.22%의 세금을 매기고 있다. 영국은 거래세 성격의 인지세를 0.5%의 세율로 부과한다. 한편 미국 민주당의 해리스는 금융거래세 도입을 대선 공약으로 내걸었다.

앞서 언급한 바와 같이, 금융거래세는 일찍부터 진보 의제로 꼽혀 왔다. 2008년 이후에는 금융거래세의 도입 필요성이 훨씬 높아졌고 실제로 금융거래세를 도입하자는 진보 활동가들의 목소리도 커졌다. 글로벌 수준에서 볼 때 금융거래세를 축소하거나 폐지하는 것은 시대의 흐름에 역행하는 것이다. 금융 과잉이라는 2008년 글로벌 위기의 주요 원인이 여전히 해소되지 않고 있는 현실에서 금융거래세의 유용성은 전혀 줄어들지 않았다. 그럼에도 우리나라는 증권거래세를 단계적으로 폐지하겠다고 나섰다. 물론 구멍이 숭숭 뚫린 금투세로 이를 대체한다지만 말이다.

증권거래세 되살리는 방안에 대한 사회적 논의를 시작해야

증권거래세 폐지에 따라 고빈도 매매 기술을 활용한 투기 거래가 증가하면 케인스의 표현대로 투기의 거품 위에 기업이 놓이는 상황이 생겨날 수 있다. 그런 거래는 장기에 걸친 안정적인 투자나 일자리를 감소시킬 수 있고, 이 때문에 자본시장 발전에도 역행할 수 있다. 투기 거래의 증가는 장기적으로 주가의 상승이 아니라 오히려 하락 요인으로 작용할 수 있다. 그런 면에서 증권거래세는 여전히 유용한 기능을 할 수 있다. 기획재정부가 2019년의 국회 답변 자료에서 밝힌 바와 같이 증권거래세는 과도한 단기매매 억제 효과를 분명히 갖는다.

우리나라의 증권시장에서는 투기 성향이 매우 강하게 나타난다는 현실도 되돌아보아야 한다. 선물, 옵션 거래액의 절대적인 규모나 GDP 또는 시가총액에 대비한 상대적인 규모는 주요 나라들에 비해 매우 높게 나타난다. 그만큼 우리나라의 투기 성향이 강하다는 의미이다. 더욱이 우리나라 증권시장의 변동성도 매우 높은 편이다. 우리나라 증권시장에는 외국의 핫머니 유출입이 많아서 국제시장이 동요할 때는 자금이 급격하게 빠져나가는 모습을 자주 보인다. 심지어 우리나라가 외국자본의 ATM이라는 비아냥을 듣기도 한다. 이런 현실을 개선하는 데도 증권거래세는 여전히 유용하다.

증권거래세 폐지로 거래가 증가하면 중개업자들은 이익을 얻을 수 있을 것이다. 헤지펀드나 사모펀드도 초단기 거래를 통해 이익을 얻어낼 수 있을지 모른다. 그렇다고 그것이 국민경제에 무슨 도움을 줄 것이라고 기대하기는 어렵다. 증권거래세를 소득세로 전환하는 데에서 생기는 손에 잡히는 이익을 떠올리기 쉽지 않다. 그런 면에서 증권거래세를 중심으로 하면서 금투세를 보완해서 운용하는 조세체제를 마련하는 것이 중요하다. 기획재정부도 2019년 국회 답변자료에서 영국, 프랑스, 이탈리아 등도 증권거래세와 주식 양도세를 모두 과세하고 있으며, 두 세금을 병과할지, 택일할지 여부는 입법정책적 결정사항이라고 설명한 바 있다.

증권거래세의 필요성이 큰 우리나라가 금융소득세 단일체제를 선택하고 있는 미국을 따라가야 할 이유는 어디에도 없다. 그렇다면 이미 단계적 폐지를 결정한 증권거래세에 대해 그 유용성을 재검토하고 이를 되살리는 방안에 대한 사회적인 논의를 새롭게 시작해야 하는 것은 아닌가?

(2024.9.24.)

도움 받은 자료

- 구기동, "증권거래제도와 조세의 역할", 한국조세재정연구원, 2019.
- 김갑래·황세운, "금융투자상품 양도소득 과세체계 선진화: 입법정책적 고려 사항", 『이슈보고서 17-10』, 자본시장연구원, 2017.
- 기획재정부, "금융투자 활성화 및 과세합리화를 위한 금융세제 선진화 추진 방향", 2020.6.25.
- 대한상공회의소, "금융산업의 제도 애로와 개선방안 건의", 2016.12.7.
- 우민철·엄윤성, "외국인 주도세력의 투자전략 변화: 가치투자에서 고빈도 알고리즘", 『한국증권학회지』, 2024.
- 이인형·강소현·김준석, "글로벌 거래소 변화 양상과 시사점", 자본시장연구원, 2012.

문재인 정부,
세금으로 집값 잡으려다 실패

**문재인 정부의 실패한 부동산 정책,
을지로위원회는 제대로 평가했나**

민주당 정부는 왜 지난 대선에서 패배했는가? 더불어민주당 을지로위원회(위원장 박주민)가 최근 발간한 『민주당 재집권전략보고서』(이하 보고서)는 그에 대한 답을 주고자 한다. 여섯 개의 장으로 구성된 보고서는 민생 개혁, 공정 경제, 주거 보장, 노동 존중, 산업 전환, 돌봄을 다룬다. 이 보고서의 발간 위원장인 우원식 의원은 발간사에서 대선 패배의 원인으로 **부동산·자산 등 부의 양극화**를 맨 먼저 꼽는다. 여러 의견을 담은 보고서 속에서 대선 패배의 원인이 부동산 가격 상승에 있다는 데에는 대체로 동의가 이뤄진 듯하다. 그런 면에서 부동산 가격 상승 문제를 살펴보는 주거 보장 부분은 대선 패배를 반성하고 성찰하는 보고서의 핵심을 이룬다.

그렇다면 보고서는 문재인 정부에서 부동산 가격이 상승한 원인을 제대로 짚어내면서 유의미한 대안을 제시하고 있는가? 보고서의 내용이 가진 특징은 한마디로 부동산 가격이 상승한 원인과 그에 대한 대책을 모두 세금에서 찾는다는 데에서 나타난다. 정말 부동산 정책 실패의 원인이 세금 문제에 있을까? 만약 문재인 정부의 부동산 정책 실패의 원인이 세금 문제가 아니라 다른 곳에 있다면, 보고서의 진단과 대안은 헛다리를 짚는 셈이 된다. 안타깝게도 보고서의 내용은 문재인 정부가 부동산 가격 상승을 막지 못한 원인을 정확히 짚지 못한 것처럼 보인다. 세금은 부동산 가격 안정을 이루는 데에서 그저 일부 역할을 맡는데 지나지 않는다는 점이 그 일차적인 근거이다.

먼저 주택 가격에 대해 보자. 보고서는 주택 가격이 세금에 달려 있다고 주장한다. 주택에 보유세를 부과하면 주택에서 발생하는 장래 편익이 감소하므로 주택의 가격이 하락하고 거꾸로 보유세를 감면해주면 주택가격은 상승한다는 것이다. 당장 드는 의문은 지난해부터 떨어지기 시작한 부동산 가격은 세금과 어떤 관련을 맺고 있는가 하는 점이다. 왜냐하면 최근의 부동산 가격 하락을 세금 탓으로 돌리기는 어렵기 때문이다. 누구나 인정하고 있듯이 최근의 부동산 가격 하락을 이끈 요인은 미국 연방준비은행Fed이 주도한 세계적인 금리 상승이지 세금 인상이 아니다.

보고서는 또한 2007년부터 부동산 가격이 안정세를 보인 것이 2006년부터 부과된 종합부동산세 덕분이라고 설명한다. 2009년까지 가파르게 증가하도록 설계된 종합부동산세가 투기 의욕을 꺾어 시장이 진정되고 거기에 주택 담보대출비율LTV과 총부채상환비율DTI 규제까지 더해지면서 이후 부동산 안정세가 나타났다는 것이다. 심한 논리 비약이다. 2007년 이후 우리나라 부동산 가격 상승세가 꺾이기 시작한 것은 2007년 8월의 베어스턴스 파산에서 시작해서 2008년 9월 리먼브라더스 사태까지 이어진 국제 금융시장의 동요, 그에 따른 글로벌 수준의 유동성 감소와 금리 상승 때문이었다. 글로벌 금융위기 이후 주요 나라들에서 부동산 가격이 10~30%씩 하락하는 것은 드문 현상이 아니었고 우리나라도 거기에서 자유롭지 못했다.

당연하지만 보고서는 부동산 가격 안정 대책도 세금을 높이는 쪽에서 찾는다. 부동산 가격을 안정시키기 위해서는 무엇보다 보유세를 높여야 한다는 것이다. 그런 맥락에서 보고서는 노무현 정부의 부동산 정책을 높게 평가한다. 노무현 정부가 부동산 투기를 근절하기 위해 철학과 원칙을 저버리지 않고 보유세를 도입한 것을 그 근거로 든다. 그에 비해 문재인 정부의 부동산 정책은 낮게 평가하는데 그 이유에 대해 보고서는 문재인 정부의 경우 처음부터 부동산 보유세를 높이겠다는 의지가 별로 강하지 않았다는 점을 든다. 그러나 노무현 정부든 문재인 정부든 부동산 정책에서 실패해서 정권을 내놓았다는 점에서 그 우열을 따지는 것은 무의미한 시도 아닌가? 두 정부 모두 부동산 가격을 안정시키기 위한 과녁을 잘못 설정했다면, 그 과녁에서 점수 계산을 한들 그게 무슨 의미를 갖지는 않을 것이다.

보고서에는 금리와 통화량 변동이 주택 가격 상승의 주요한 원인이고 따라서 현재의 주택시장이 중앙은행 정책 결정의 영향을 받을 수밖에 없다는 내용이 나온다. 여기까지는 좋은데, 그에 대한 대안이 원인 진단과 전혀 관련성을 맺고 있지 않다는 점이 문제다. 예를 들어 낮은 금리와 풍부한 유동성이 집값 상승의 원인이라면 낮은 금리가 지속된 이유는 무엇인지, 그것이 어떤 메커니즘을 통해 집값 상승으로 이어지는지, 유동성은 왜 대량으로 만들어지는지, 그 유동성이 어떻게 부동산 시장으로 몰려 들어가는지를 따져서 그에 대한 대안을 제시해야 할 것이다. 그런데 보고서는 그런 설명 없이 통화정책을 인위적으로 강화하거나 완화해서는 안 된다는 대안을 내놓고 있다. 통화정책을 전문가에게 맡겨놓아야 한다는 의미로 읽히는데, 이 부문이야말로 보고서의 한계를 가장 뚜렷하게 보여준다.

통화정책을 인위적으로 해서는 안 된다는 주장에는 통화정책이 모든 계급에 중립적으로 수립되고 작용한다는 가정이 포함되어 있다. 그러나 통화정책은 결코 계급 중립적으로 이뤄질 수 없다. 금융자본의 이익을 대변하는 주류 이론은 사심 없는 전문가가 국민경제 전체의 이익을 위해 중립적으로 금융정책을 수행한다고 설명한다. 그러나 이는 교과서에나 나오는 얘기고 현실에서는 여러 계급·계층이 벌이는 이해 대립의 각축을 통해, 또는 금융자본가 계급에 유리한 쪽으로 금융정책이 결정된다. 금융자본가들은 자산 가격을 끌어올리는 방향으로 통화정책을 이끌기 위해 다양한 노력을 기울인다. 금융정책의 결정은 여러 계급·계층의 이해가 가장 날카롭게 부딪치는 곳이다. 거기에서 금리와 화폐량 수준이 결정된다. 이렇게 본다면 집값 안정을 바라는 계급·계층의 이해를 정치 과정을 통해 통화정책에 반영시키지 못한다면 부동산 가격 안정은 절대로 이뤄낼 수 없다는 사실을 깨달을 수 있다.

이처럼 보고서는 부동산 가격 안정 정책의 핵심을 세금에서 찾는다. 문제는 이러한 인식이 민주당 부동산 정책 담당자들 사이에서 광범위한 동의를 얻고 있는 것처럼 보인다는 사실이다. 노무현 정부나 문재인 정부에서 부동산 가격 안정을 위한 대책으로 주로 논의된 사항은 세금 인상이었다. 그렇지만 세금 인상을 통해 부동산 가격을 안정시킨다는 것은 처음부터 가능한 일이 아니었고 따라서 그러한 정책은 이미 실패할 운명이었다. 부동산 가격이 오르내리는 이유는 따로 있는데, 세금을 통해 가격 안정을 이룰 수는 없는 노릇이었다. 이를 부동산 보유세를 인상하면 안 된다는 의미로 잘못 받아들여서는 안 된다. 사회 전체의 바람직한 발전을 위해서는 부동산 보유세를 반드시 높여야 한다. 다만 강조하고자 하는 바는, 부동산 세금이 부동산 가격에 영향을 줄 수 있는 부분이 매우 작다는 사실이다.

더욱이 세금 인상이라는 것은 관철해 내기가 쉽지 않은 대안이다. 세금 인상은 그 영향이 누구의 눈에나 분명하게 드러나는 이해하기 쉬운 정책이다. 그래서 정책 담당자는 세금 인상 정책을 제시하여 쉽게 설명할 수 있고 지지 세력을 끌어 모을 수도 있다. 거꾸로, 바로 그 때문에, 세금 부담을 지는 세력은 세금 인상에 즉각적으로 반발하고 나선다. 세금 인상을 두고 첨예한 대립이 벌어지는 이유는 그것이 너무 이해하기 쉬운 정책이기 때문이다. 그러므로 정책 당국자는 세금을 인상하기 위해서 매우 치밀한 준비를 해야 한다. 세금 인상의 당위성을 설득해야 하고 지지 세력을 끌어모아야 하며 반대자들의 의견을 소수파로 만들어야 한다. 만약 세력 관계를 계산하지 않고, 준비 정도도 충분하지 못한 상태에서 세금 인상을 밀어붙인다면 어느 순간에 되치기를 당할 수밖에 없다. 부동산 가격을 안정시키기 위해 세금을 인상하자는 주장은 도덕적일 수 있지만 정치적일 수는 없다. 진정한 정치적인 대안은 세금을 인상하자는 주장에서 나오는 것이 아니라 그것을 이끌어 낼 수 있는 준비 정도와 현재의 힘 관계가 어느 수준인지를 정확하게 평가하는 데에서 나온다. 세금은 정책의 영역이라기보다 정치의 영역에 속한다는 사실을 새겨야 한다.

부동산 가격을 끌어올린 일차적인 요인은 낮은 금리와 유동성

부동산 가격을 세금으로 설명하고 세금을 통해 안정시키겠다는 발상은 국제적인 논의 과정과는 동떨어진 매우 한국적인 것에 속한다. 2000년대 초반의 IT 버블 붕괴 이후, 그리고 2008년 글로벌 위기 이후 미국 연준을 비롯한 여러 중앙은행들은 금리를 낮추고 유동성을 공격적으로 확대하는 정책을 폈다. 이러한 정책의 목표는 자산 가격을 부양하는 데 있었는데, 실제로 세계 대부분의 나라들에서 부동산 가격이 상승했다. 물론 중앙은행이 갖는 성격과 외국 중앙은행에 대한 독립성의 정도에 따라 가격 상승률은 나라별로 달랐다. 이렇게 부동산 가격이 상승하면서 이를 안정시키려는 여러 방안들에 대한 국제적인 논의가 전개되었는데, 그 초점은 국경을 넘나드는 단기자본의 흐름을 어떻게 제어할 것인가 하는 데 있었다. 이는 당연한데, 아담 레보어가 『바젤탑』에서 얘기 하듯이, 미국 연준이나 유럽 중앙은행 등이 만들어낸 유동성이 주변국으로 흘러가서 그곳의 부동산 가격을 끌어올렸기 때문이다.

　이와 아울러 중앙은행의 독립성 문제도 논의되었는데, 그 이유는 단기자본을 제어하는 책임이 중앙은행에 있었기 때문이다. 예컨대, 이창용 총재의 말처럼 우리나라 중앙은행은 미국 연준의 정책에서 독립해 있지 않다. 그리하여 미국 연준의 영향이 고스란히 우리나라에 전달된다. 그런 의미에서 한국은행이 연준의 영향에서 독립하는 것이 부동산 가격 안정을 이루는 데에서 중요한 의미를 갖는다. 중앙은행 독립 문제와 함께 자산 가격을 금융정책의 목표에 포함시킬지 말지에 대한 논의도 많이 이뤄졌다. 자산 가격을 금융정책의 목표에 포함시키기 위한 여러 대안이 제시되기도 했다. 예를 들어 사회, 경제, 정치 등 다양한 분야에서 대안을 연구하고 정책 아젠다로 제시하는 영국의 공공정책연구소IPPR는 **주택가격 상승률 목표제**를 물가상승률 목표제와 비슷하게 운영하는 방안을 제안한 바 있다. 이처럼 국제적으로는 부동산 가격 안정 정책으로 단기 자본 통제, 중앙은행의 독립 문제, 자산 가격을 금융정책의 대상으로 삼는 문제 등이 주로 논의되고 있다. 문재인 정부 시기 우리나라의 부동산 가격 상승이 세계적인 현상의 일부였다는 점에서 그 대책도 국제적인 논의에서 완전히 벗어난 것일 수는 없었다. 외국에서 달러가 대량으로 흘러 들어와서 우리나라 부동산 가격을 상승시키고 있는데, 그것을 사후적인 세금으로 막을 수는 없었다.

　각 나라들에서 부동산 가격의 상승 요인은 구체적으로 낮은 금리와 풍부한 유동성으로 나타난다. 그 이면에는 금융자본의 이익과 달러의 헤게모니를 지키기 위해서 미국 연준이 편 정책의 결과 형성된 글로벌 유동성의 유입이 자리 잡고 있다. 어쨌든 표면적으로는 부동산 가격을 상승시킨 가장 중요한 요인이 낮은 금리 수준인 것으로 나타난다. 국토연구원이 2021년에 발간한 『주택가격 변동 영향요인과 기여도 분석』 보고서는 이를 잘 보여준다. 보고서에 따르면 샤플리 분해Shapley Decomposition라는 기법을 사용해서 2011년 1월부터 2021년 12월 사이를 대상으로 우리나라 주택가격(한국부동산원 아파트매매가격 지수 기준)에 영향을 준 요인을 분석하면, 금리가 60.7%, 대출 규제 17.9%. 주택 공급 8.5%, 인구구조 8.5%, 경기 4.4%로 나타난다. 부동산 가격 상승에서 금리 요인이 압도적이라는 사실을 알 수 있다. 물론 글로벌 주택가격 상승의 공통 원인도 낮은 금리와 유동성 증가로 나타난다.

이론적으로 보더라도 부동산 가격에 가장 큰 영향을 주는 요인은 금리와 유동성일 수밖에 없다. 부동산 가격은 부동산에서 생기는 임대료를 금리 수준과 같게 자본화한 것이다. 예를 들어 가격을 모르는 어떤 부동산에서 1년에 100만 원의 임대료가 발생하고, 예금 2,000만 원에서 100만 원의 이자가 발생한다면 임대료와 이자가 100만 원으로 같기 때문에 부동산 가격을 예금인 2,000만 원으로 치는 식이다. 만약 금리가 절반 수준으로 낮아져서 이자가 50만 원으로 줄어들면 이자가 임대료와 같은 수준인 100만 원이 되려면 예금이 4,000만 원으로 증가해야 한다. 이에 따라 부동산 가격도 두 배로 오른다. 곧, 금리가 절반으로 낮아지면 부동산 가격은 두 배로 오른다. 여기에 임대료를 제때에 받을 수 있을지에 대한 위험 정도, 그리고 임대료에 매기는 세금 등을 감안해야겠지만 기본적으로는 부동산 가격을 규정하는 요인은 금리 수준이다.

　이는 세계적인 저금리 현상이 왜 나타났는지, 그것이 우리나라에 전달되는 메커니즘은 무엇인지, 그리고 누가 낮은 금리를 통해서 이익을 얻고 있는지에 대한 분석이 현실 적합성을 갖는 부동산 대책을 마련하는 데에서 필수 사항이라는 것을 의미한다. 여기에서 중요한 점은 오늘날에는 지대(임대료)가 이자로 전환되었다는 사실을 이해해야 한다는 것이다. 마이클 허드슨이 『문명의 운명』에서 얘기하고 있는 바와 같이 과거의 지대는 주택 담보대출을 매개로 이자로 전환되었다. 마이클 허드슨은 미국 은행 대출의 80%가 부동산 대출이라고 말한다. 미국경제연구소NBER에 실린 한 보고서에 따르면 2012년 기준으로 영국의 유형별 은행 대출 현황을 보면 주택 담보대출 65%, 상업용 부동산 대출 14%, 소비자 대출 7%, 기업 대출 14%로 나타난다. 영국의 경우도 은행 대출의 79%가 부동산 대출임을 알 수 있다. 거꾸로 개인들이 보유하고 있는 부동산의 담보대출 비율도 70~80%가량 된다. 이것이 함의하는 바는 부동산 임대료 가운데 큰 몫이 은행에 지급하는 이자로 돌아간다는 사실, 곧 부동산 가격이 금융시장의 이해에 연결되어 있다는 사실이다.

　주택 가격의 상승은 이와 같은 부동산의 금융화 현상과 밀접한 관련이 있다. 부동산이 금융시장에 편입되면서 중앙은행마저 부동산 가격을 유지하는데 이해관계를 갖는다. 왜냐하면 상업은행들이 담보대출을 통해 부동산과 연결되어 있고 중앙은행은 은행들의 은행이기 때문이다. 예를 들어 중앙은행의 양적 완화는 상업은행의 신용을 뒷받침하여 부동산 가격을 떠받치는 데 목적을 둔 정책이다. 이러한 양적 완화 정책으로 이자율이 낮아졌고, 만들어진 돈은 실물부문으로 들어가서 고용이나 투자를 늘린 것이 아니라 투기적인 부문으로 흘러가서 부동산 가격을 상승시켰다. 결국, 지대(임대료)가 이자로 전환하면서 중앙은행을 정점으로 하는 금융시스템 전체가 자산 가격 보호에 더 큰 이해관계를 갖게 되었다. 이러한 구조를 깨트리는 것은 부동산 가격을 안정시키기 위한 중요한 과제 가운데 하나이다.

부동산 가격을 안정시키기 위해 고려해야 할 몇 가지 사실

부동산 가격에 가장 큰 영향을 주는 요인이 금리와 유동성이고 그것이 금융시장을 통해 결정된다면 부동산 가격을 안정시키려면 금융시스템을 거기에 알맞게 손질해야 한다는 결론이 나온다. 이를 위해서는 몇 가지를 고려해야 한다. 첫째, 자금의 흐름을 구분해야 한다. 과거 1980년대 후반에 일본에서는 화폐 공급량이 늘어나도 상품 가격은 안정되고 자산 가격만 상승하는 현상이 나타났다. 이른바 **일본 현상**이 나타난 것이다. 일본은행은 물가가 안정되어 있다는 사실을 근거로 화폐량 공급을 더욱 늘렸고 이는 또 다른 자산 가격 상승의 기회를 만들었다. 중앙은행이 공급한 돈이 자산시장에서 청구권의 거래에만 사용됨으로써 자산 가격을 끌어올린 것이다. 일본 현상이 의미하는 바는 제조 상품과 서비스를 거래하기 위한 화폐 수요와 금융상품, 곧 자산을 거래하기 위한 화폐 수요의 성격이 전혀 다르다는 사실이다.

일찍이 케인스는 이 두 가지 유형의 거래를 구분한 바 있다. 케인스에 따르면, 제조 상품이나 서비스와 관련된 거래의 금액은 대체로 총생산GDP과 비례관계를 갖는다. 투기성 거래나 순전한 금융상품의 거래는 총생산과 관련을 맺지 않으며 그 가격 수준도 소비재의 가격 수준과 매우 다르게 움직인다. 영국의 금융감독원장을 지냈고, 2008년 글로벌 위기 이후 유명한 『터너 보고서』를 쓴 아데어 터너는 『부채의 늪과 악마의 유혹 사이에서』라는 책에서 원자재 투기 거래나 금융 거래의 증가가 총생산 증가에 별로 기여하지 않는다는 케인스의 통찰력이 부동산 신용과 자산 가격 사이의 연관 관계와 함의를 이해하는 핵심적인 사안이라고 말한다. 그러면서 그는 현대 금융시스템이란 것이 시장에만 맡겨놓으면 필연적으로 과도한 돈을 만들어 내고 더욱이 그 돈이 새로운 설비투자보다 이미 존재하는 자산(특히 부동산)을 거래하는 데 쓰이게 된다고 강조한다. 이는 돈이 금융상품의 거래가 아니라 제조 상품이나 서비스 거래로 향하도록 하는 제도적 장치를 마련해야 함을 뜻한다. 한 가지 덧붙일 것은 일률적인 금리 정책이 금과옥조는 아니라는 사실이다. 중앙은행은 두 거래의 금리를 차등 적용할 수 있어야 한다.

둘째, 돈이 창출되는 메커니즘에 대한 이해가 필요하다. 부동산 가격 결정에 중요한 영향을 주는 요인이 유동성이라면 그 유동성은 도대체 어디에서 나온 것인가? 대공황기에 헨리 포드는, 국민들이 은행 시스템을 통해 돈이 만들어지는 과정을 이해한다면 당장 오늘 혁명이 일어날 것이라고 얘기했다고 한다. 사실 은행 시스템을 통해 돈이 만들어지는 과정을 이해한다는 것은 쉬운 일이 아니다. 더욱이 우리나라처럼, 주로 미국에서 흘러온 달러를 기반으로 돈이 만들어질 때는 그 과정을 이해하기가 더 어려워진다. 그렇더라도 과도한 유동성을 규제하기 위해서는 그것이 생성되는 메커니즘과 그것이 누구를 위해 사용되고 있는지에 대한 이해가 필수적이다. 우리나라처럼 돈이 주로 외국에서 유입된 달러를 기반으로 창출되는 경우에는 유동성을 규제하는 장치로서 달러 유입을 막을 수단을 가지고 있어야 한다. 예를 들어 이명박 정부 시절에 신현송 교수 주도로 도입한 거시건전성 3종 세트는 유동성을 규제할 훌륭한 수단이었다. 이러한 수단 없이는 유동성을 규제할 수 없고 따라서 주택 가격 상승을 막기도 어렵다.

셋째, 진정한 중앙은행 독립성이 무엇인지 고민해야 한다. 앞서 언급한 바와 같이 오늘날 중앙은행은 선출되지 않은 권력임에도 부를 특정한 계급·계층에게 유리하게 분배할 수 있을 만큼의 막강한 힘을 가졌다. 사실 금융화의 과정은 금융의 힘이 강해진다는 것, 아울러 중앙은행의 힘이 강해진다는 것과 동의어이다. 금융화 시기 중앙은행들은 점차 금융세력의 이해를 대변하는 쪽으로 기울어 갔는데, 그러면서 내세운 논리가 중앙은행이 정부에서 독립해야 한다는 것이었다. 정부에서 독립을 한 중앙은행들은 막강한 힘을 자산 계급에 유리한 쪽으로 행사하는 경향을 보였다. 금융화 시기에 부동산 가격이 지속적으로 상승한 중요한 이유의 하나도 이것이었다. 자산 가격을 안정시키기 위해서는 중앙은행이 금융시장의 영향력에서 독립하는 것과 그리고 앞서 얘기한 바와 같이 연준의 영향력에서 독립하는 것이 중요하다.

넷째, 무엇보다 이해당사자들의 목소리를 조직하는 문제를 부동산 대책의 기본으로 삼아야 한다. 부동산 가격이 금융 정책의 영향을 크게 받는다면, 그 금융정책에 부동산 상승으로 인해 피해를 보는 계층의 목소리가 반영되도록 하는 것이 몹시 중요하다. 현재는 금융 정책을 결정하는 금융통화위원회에 금융자본가와 산업자본가의 이해를 반영할 인사는 들어가 있지만 노동자, 농민, 소상공인의 이해를 대변할 인물은 들어가 있지 않다. 이들의 이해를 대변할 수 있도록 금융통화위원회의 구성을 바꾸는 것과 함께, 이들의 목소리가 조직되도록 해야 한다. 조직되지 않은 목소리는 정치적으로는 별 의미가 없다. 임차인 스스로 정치적인 목소리를 조직하는 것이 가장 좋은 방법이겠지만 정당이 그러한 목소리를 조직하는 활동을 지원할 수도 있을 것이다.

다섯째, 민주당은 부동산 정책을 실패하면 모든 것을 다 잃는다는 사실을 새삼 깨달아야 한다. 우리나라에서 부동산 정책은 정치의 근본 문제이다. 이는 당연한데, 무엇보다 개인 자산의 3분의 2 가량이 부동산으로 이뤄져 있고, 모든 국민이 내집 마련의 꿈을 여전히 간직하고 있기 때문이다. 비록 내집 마련이라는 구호가 부동산 부유층을 위한 이데올로기로 활용되는 측면이 있지만 이는 현재의 단계에서는 어쩔 수 없는 일이다. 노무현 정부와 문재인 정부의 사례에서 보듯 부동산 정책을 실패한 정부는 정권을 유지할 수 없다. 그리고 현재 경험하고 있듯이 정권 재창출의 실패는 다른 부문에서 만들어낸 모든 성과마저 물거품으로 만든다. 부동산 정책에서는 실패했지만 다른 부문에서는 성과가 있었다는 얘기는 통하지 않는다. 부동산 정책에서 실패한 정부는 모든 것에서 실패한 정부이다.

문재인 정부는 부동산 정책에 실패해서 정권을 내주었다. 문재인 정부가 부동산 정책에 실패한 이유 가운데 하나는 세금이라는 수단을 통해 부동산 가격을 안정시키려고 했던 점이다. 국토연구원의 보고서에 나타나 있듯이 부동산 가격을 상승시킨 압도적인 요인은 저금리였다. 그런데 문재인 정부는 저금리와 부동산 가격 상승의 연결 고리를 끊을 어떤 대책도 내놓지 않았다. 그저 저금리를 어쩔 수 없는 현상으로 받아들였다. 부동산 가격을 상승시킨 두 번째 요인은 주택 담보대출인데, 이에 대한 규제도 알려진 것과는 달리 사실은 매우 느슨했다. 이는 주택 담보대출 규모가 지속적으로 상승한 데에서 알 수 있다. 더욱이 노무현 정부 시기의 저축은행 규제 완화나 문재인 정부시기 새마을금고 규제 완화에서 보듯 은행 외의 다른 금융기관에서는 자금이 투기 시장으로 향할 수 있는 길을 더 활짝 열어주었다. 최근 문재인 정부 시기의 부동산 정책을 평가하는 보고서가 발표되었는데, 거기에서도 여전히 부동산 정책 평가 기준이나 안정화 대책을 세금에서 찾고 있다. 과녁은 다른 곳에 있는데, 걱정스런 대목이다.

(2023.8.31.)

도움 받은 자료

- 더불어민주당을 지키는 민생실천 위원회, 『민주당 재집권 전략 보고서』, 더봄, 2023.
- 마이클 허드슨, 『문명의 운명』, 아카넷, 2023.
- 아담 레보어, 임수강 옮김, 『바젤탑』, 더늠, 2022.
- 아데어 터너, 『부채의 늪과 악마의 유혹 사이에서』, 해남, 2017.
- 이태리, 박진백, 오민준, "주택가격 변동 영향 요인과 기여도 분석", 『국토 이슈 리포트』, 국토연구원, 2021.

Rich Banks, Poor Society

공적자금을 통한
부실 금융기관 구제의 딜레마

공적자금으로 부실 금융기관 구제,
부자를 위한 사회주의?

지난 3월에 미국의 실리콘밸리은행, 스위스의 크레디스위스은행과 같은 몇몇 금융기관들이 위기에 빠지자 이 금융기관들의 주주, 채권자, 고액 예금자, 그리고 영향력 있는 금융시장 분석가들은 즉각적인 국가개입을 요청했다. 실제로 정부들은 빠른 속도로 위기에 빠진 금융기관 지원에 나섰다. 정부들은 법으로 정해진 예금보호 한도와 상관없이 예금 전액을 보호해 주겠다고 선언했고, 어려운 금융기관을 지원할 대규모의 긴급 장기대출 프로그램을 마련했다. 또한 정부들은 위기에 빠진 금융기관뿐만 아니라 비슷한 처지에 있는 다른 금융기관들에 대해서까지 지원을 늘리겠다는 의지도 밝혔다. 파산한 금융기관들은 금융당국 주도로 다른 금융기관에 싼값으로 넘겨졌는데, 그 손실분은 결국 국민 세금으로 메우게 될 터이다.

위기에 빠진 금융기관에 대한 이러한 국가 개입은 새삼 많은 논란을 일으켰다. 무엇보다 또다시 납세자의 세금으로 금융기관을 구제해야 한다는 사실이 논란이었다. 2008년 글로벌 금융위기 이후 여러 나라들은 금융규제를 대폭 강화하는 내용의 법안을 제정했다. 예컨대 미국은 2010년에 다양한 금융규제 내용을 담은 도드-프랭크 법안을 제정했는데, 무려 16개 장과 541개의 조문으로 이뤄진 2,300여 페이지 분량이었다. 이 법안의 핵심 내용은 덩치가 큰 금융기관이라서 구제해 주어야 한다는, 이른바 **대마불사 문제**를 해결함으로써 앞으로 금융기관 구제에 납세자의 세금이 들어가지 않도록 하겠다는 것이었다. 세금으로 금융기관을 구제하는 사태를 막기 위한 노력은 금융안정위원회FSB와 같은 국제협력 기구를 통해서도 이뤄졌다. 금융안정위원회는 2011년에 대마불사 문제 해소를 위해 각국이 따라야 할 정책 방향을 제시하기도 했다.

그럼에도 이번에 파산한 실리콘밸리은행 처리 과정은 여전히 납세자의 세금이 부실 금융기관 구제에 들어가고 있음을 보여준다. 실리콘밸리은행의 2022년 대차대조표를 보면 돈이 들어온 쪽은 예금이 1,731억 달러, 차입금 224억 달러, 자기자본 163억 달러로 나타난다. 돈이 운용되는 쪽은 대출이 740억 달러, 유가증권 1,201억 달러, 기타자산 177억 달러로 합계 2,118억 달러이다. 미국의 연방예금보험공사는 파산한 실리콘밸리은행의 자산을 인수하여 그 가운데 시장에서 쉽게 팔 수 있는 자산 720억 달러를 다른 은행에 넘겼는데, 이때

165억 달러가량의 손실이 생긴 것으로 알려져 있다. 이는 나머지 자산에서도 상당한 규모의 손실이 발생할 수 있음을 짐작하게 한다.

정상적인 청산 절차를 따라 실리콘밸리은행을 처리한다면 다음과 같을 것이다. 예를 들어 실리콘밸리은행의 장부상 자산 2,118억 달러의 예상 처분 가치가 1,718억 달러라면(곧, 400억 달러의 손실이 발생한다면) 이 돈으로 먼저 예금보호 대상 예금(전체의 5% 미만으로 알려짐)을 지급하고 나머지로 고액 예금과 차입금을 지급할 것이다. 그런데 자산을 처분해도 고액 예금과 차입금을 다 지급할 수 없으므로 고액 예금자들과 채권자들은 보유 금액에 비례해서 손실을 떠맡게 될 것이다. 대체적인 추산에 따르면 실리콘밸리은행의 고액 예금자들이 실제로 떠안아야 하는 손실 금액은 최소 200억 달러에 이른다고 한다. 그렇지만 미국 연방예금보험공사가 고액 예금도 보호해 주겠다고 약속했으므로 결국 이 손실 금액은 공적자금으로 메워야 한다.

공적자금을 통한 부실 금융기관 구제를 두고 벌이는 좀 더 본질적인 논란은 그것이 이른바 시장원칙을 벗어난다는 점에서 생긴다. 영업에 실패하여 지급 불능 상태에 빠진 사적 기업을 국민 세금으로 지원해주는 것은 시장원칙의 기본이라 할 수 있는 자기책임 원칙에 어긋난다. 기업 이익이 나면 주주와 채권자가 챙기고 손실이 나면 사회가 떠맡는 구조를 두고서 시장원칙을 얘기하기는 어려울 것이다. 더욱이 공적자금을 통한 금융기관 지원으로 이익을 얻는 대상은 고액 예금자, 주주, 채권자와 같은 사회의 부유층에 속하는 사람이 대부분이다. 그래서 노벨경제학상을 받은 스티글리츠 같은 경제학자는 영업에 실패한 금융기관을 납세자의 세금으로 구제하는 것을 부자를 위한 사회주의라고까지 했던 것이다.

공적 자금을 통한 부실 금융기관 구제가 이른바 시장논리에 어긋난다는 점과 또 이를 누구든 쉽게 알아챌 수 있어서 정치적인 이슈로 발전할 가능성이 높다는 점 때문에 구제금융을 제공하는 당국은 그것이 구제금융이라는 모습을 띠지 않도록 세심하게 배려하지 않을 수 없다. 그리하여 납세자의 세금이 들어가는 명백한 금융기관 구제에 대해서도 그것이 구제금융이 맞는지 그렇지 않은지에 대한 논쟁이 벌어진다. 실제로 실리콘밸리은행의 고액 예금 보호를 두고도 그것이 구제금융인지 아닌지에 대한 논쟁이 벌어졌다. 나아가 금융당국은 구제금융이라는 용어 사용 자체를 꺼린다. 구제금융이라는 용어 대신에 구제 프로그램을 나타내는 영어 대문자의 여러 명칭(TALF, BTFP와 같은)이 생겨나는 이유는 이 때문이다.

사실 일시적인 자금 부족에 빠진 금융기관에 대한 지원 논리는 금융산업의 특성에서 나온다. 어떤 금융기관의 파산은 금융업무의 특성상 쉽게 산업 전체의 위기로 퍼져나갈 수 있고, 나아가 금융부문의 혼란은 실물 부분의 어려움으로 이어질 수 있다. 따라서 공적으로 그러한 금융기관을 지원할 필요성이 생기는데, 거기에서 발전한 것이 중앙은행의 최후 대출자 기능이다. 중앙은행은 위기에 빠진 은행에 대해 수익성 악화 때문에 생긴 지급 불능 상태가 아닌 한 우량 증권을 담보로 벌칙 금리를 부과하여 충분히 자금을 제공해준다(이른바 **배젓트 원리**).

지급불능 상태에 빠진 금융기관 지원을 위한 논리는 시스템 위기론에 바탕을 둔 **대마불사론**, 또는 시스템적으로 중요한 금융기관 구제론이다. 이는 부실 금융기관에 공적자금을 투입하기 위해 좀 더 세련된 형태로 다듬은 논리라 할 수 있다. 이 논리의 핵심은 덩치가 큰 금융기관일 경우 그것의 청산이 미칠 파급력의 크기를 고려하여 부채가 자산보다 많은, 다시 말해서 자기자본이 전혀 없는 금융기관에 대해서까지 지원 대상을 확장하자는 데에 있다. 이러한 지원은 중앙은행 최종 대출자 기능을 통한 지원과는 성격과 방식이 다르다.

그렇다면 어떤 금융기관의 청산이 시스템 위기를 부를지 그렇지 않을지, 또는 시스템 위기가 나타난다면 그 크기가 어느 정도일지를 사전적으로 어떻게 알 수 있는가? 사실 사전적으로는 이를 알 방법이 없다. 그렇기 때문에 공적자금을 통해 금융기관을 구제할 때 금융당국은 위기의 가능성과 예상 피해 규모를 크게 과장하는 경향이 있다. 이는 사후적으로도 마찬가지인데, 예를 들어 2008년 금융위기 때 보험회사인 AIG에 대해 1,680억 달러를 지원했던 사실을 두고 당시 재무부장관이었던 폴슨은 "만약 AIG가 파산했다면 금융시스템은 완전히 붕괴했을 것이고 실업률은 어렵지 않게 대공황 시기의 25% 수준까지 올라갔을 것"이라고 허풍을 떨었다.

공적자금을 통한 부실 금융기관 구제는 시장 원칙에서 벗어나지만 이를 통하지 않고서는 금융자산의 가격을 유지할 수 없다는 점에서 이것은 딜레마이다. 엄밀히 얘기하면 금융자산가나 금융당국의 선택이 시장원칙 쪽이 아니라 현실적인 이익 쪽으로 이미 기울어 있다는 면에서 이것은 딜레마랄 것도 없다. 금융자산가 계층은 위기가 닥칠 때는 항상 예금자 전액 보호와 부실 금융기관에 대한 국가 개입을 요구할 것이고 현재의 신자유주의 이념 지형에 큰 변화가 없는 한 금융당국은 그것을 받아들일 것이다.

덩치 큰 금융기관은 살려주어야 한다는 논리의 기원

공적자금을 통한 금융기관 구제 논리 가운데 대표적인 것이 이른바 **대마불사론**(TBTF: Too Big To Fail)이다. 이 논리의 요점은 금융기관의 부실 정도가 아니라 규모를 따져서 구제 여부를 판단한다는 데에 있다. 덩치가 큰 금융기관의 파산은 시스템 위기로 번질 수도 있기 때문에 이를 막기 위해 부실이 크더라도 구제를 해주어야 한다는 것이다. 이 대마불사론은 금융자산의 가격을 떠받치기 위한, 곧, 금융세력의 이익을 보장하기 위한 여러 논리들 가운데 하나이다. 다른 여러 금융 논리와 마찬가지로 미국에 기원을 둔 대마불사론은 금융자산이 급속하게 팽창을 시작하던 무렵에 나타났다. (우리나라는 1997년 외환위기 이후에 공적자금을 투입하여 금융 구조조정을 한 바 있는데, 이때 적용한 논리도 바로 이 대마불사론이었다.)

1980년대 들어서 미국과 영국 주도로 펼쳐진 금융자유화와 금융규제 완화를 계기로 전세계의 금융자산이 본격적으로 불어나기 시작한다. 1980년의 전세계 총생산GDP은 11억 달러였는데, 맥킨지 보고서에 따르면 같은 시기 전세계 금융자산(주식, 채권, 펀드증권, 대출채권의 합계)은 12억 달러였다. 이때는 금융자산의 규모와 총생산의 규모가 엇비슷했음을 알 수 있다. 2010년에 이르면 전세계의 총생산은 63억 달러, 금융자산은 219억 달러로 늘어난다. 30년 사이에 총생산은

5배가량, 그리고 금융자산은 18배가량 증가했다. 이리하여 금융자산 규모는 총생산의 3.5배에 이르렀다.

이자나 배당의 청구권에 지나지 않는 금융자산의 가격은 가공적인 성격을 갖는다. 그 이유는 그것의 가격이 미래의 현금흐름에 대한 기대를 바탕으로 계산해낸 가상적인 수치에 근거를 두기 때문이다. 금융자산의 가격 계산에 현금흐름에 대한 기대가 반영되는 탓에 거기에 불확실성이 끼어든다. 따라서 금융자산의 가격 변동성은 매우 크게 나타나고, 이러한 변동성은 투기 거래의 밑받침이 된다. 그렇지만 금융자산의 가격도 결국은 실물부문의 이자와 배당금 지급 능력에 의존하는 한 그것의 과도한 팽창은 언젠가는 위기로 이어질 수밖에 없다. 이리하여 1980년대 들어 금융자산이 팽창하면서 금융기관들의 파산도 함께 늘어난다.

사실 제2차 세계대전이 끝난 뒤부터 1980년까지는 큰 은행의 파산이 드문 현상이었고 따라서 대마불사론이 불거질 일도 없었다. 그러다가 금융자유화와 규제 완화를 거치면서 주요 나라들에서 1980년대 중반부터 금융기관 파산이 잦아진다. 금융자산가 계층은 자연스럽게 금융기관 파산에 대해 자기의 손실을 최소화하면서 나아가 그 손실을 사회의 자원으로 메우려는 노력을 기울인다. 그런 노력의 과정을 통해서 개발된 논리의 하나가 대마불사론인 셈이다. 이 대마불사론은 구체적인 정책으로도 이어진다.

파산은행의 처리 방법은 두 가지가 있다. 하나는 예금자 보험금을 지급한 다음 아예 청산하는 방식이고 다른 하나는 공적자금을 투입한 다음 계약이전P&A을 통해 다른 금융기관에 넘겨서 영업을 계속하도록 지원하는 방식이다. 청산 방식은 금융기관 주주, 채권자, 고액 예금자들이 금융기관 운영 실패에 따른 책임을 지는 것이므로 거기에서 별다른 논란거리가 생기지는 않는다. 그러나 공적자금 투입 방식은 금융기관 부실 책임자와 부실에 따른 손실 부담자가 서로 다르다는 점에서 거기에서 논란이 생기는 것은 필연적이다. 그런데 1980년대 이후 미국이 주로 사용한 파산은행 처리 방식은 후자였다.

그렇다면 자본 잠식 상태인 은행에 대해서 공적자금을 투입할 수 있는 근거는 무엇인가? 이에 대해서 처음 제시된 근거는 **지역사회에 꼭 필요한 은행**이라는 개념이었다. 경영 실패로 자본 잠식에 빠진 은행은 주주, 채권자, 고액 예금자가 손실을 분담한 다음 청산할 수 있다. 청산하지 않고 그 은행을 유지하기 위해서는 기존 주주나 새로운 주주가 자본을 추가로 집어넣어야 한다. 주주가 아닌 공적 부문이 추가 출자를 할 수 있게 하는 논리 근거가 바로 지역 사회에 꼭 필요한 은행이라는 개념이다. 자본 잠식 상태인 은행을 공적 부문이 지원하는 것은 시장 원칙에 어긋난다. 그럼에도 지역사회가 그 은행을 꼭 필요로 한다면 공적 부문은 지역민의 편의를 위해서 자본 잠식 은행일지라도 자본을 출자하여 그 은행의 영업을 지원할 수 있다는 것이다.

그 다음에 제시된 논리는 대마불사론이다. 미국에서 대마불사 문제가 처음 불거진 것은 1984년 자산규모 미국 8위인 콘티넨털일리노이 은행이 지급불능 상태에 빠졌을 때이다. 미국 예금보험공사FDIC는 당시 10만 달러였던 예금보호 한도를 없애서 고액 예금자를 보호했을 뿐만 아니라 채권보유자에 대해서도 전액 지급을 약속했다. 은행의 고액 예금자와 채권자의 보호는 결국 은행 주식 가격의 유지로 이어진다. 왜냐하면 은행을 청산할 경우 은행 주식은 휴지조각이 될 것이기 때문이다. 예금보호 직후 열린 청문회에서 청문위원이었던 맥키니Stewart Mckinney 의원이 대마불사Too Big To Fail라는 용어를 처음 사용한 것으로 알려져 있다. 같은 청문회에서 통화감독청장은 미국의 11개 대형 은행들이 파산을 당하더라도 콘티넨털일리노이와 비슷하게 처리할 것이라고 얘기했는데, 이는 대마불사 논리를 이 은행들에게도 적용할 것이라는 사실을 함의한다.

이후 대마불사 논리가 적용될 대상은 점차 확대되는 쪽으로 가닥을 잡아간다. 처음에는 11개 대형은행에 한정되었던 대마불사론 적용 은행이 나중에는 그보다 더 작은 규모의 은행들로 확대된다. 2008년 글로벌 금융위기 이후에는 그 대상이 은행뿐만 아니라 투자은행, 보험회사, 펀드 등 거의 모든 금융기관으로 확대된다. 금융안정위원회는 국제적으로 적용될 대마불사 금융기관을 지정해 놓았고 각국의 금융당국도 국내에서 적용될 대마불사 금융기관을 정해 놓았다. 그러나 그러한 지정이 특별한 의미를 갖지는 않는다. 왜냐하면 이번 실리콘밸리은행 처리 과정에서 보듯 대마불사 금융기관이라고 지정해 놓은 것보다 규모가 더 작은 은행이 파산 위기에 빠지더라도 실제로는 구제의 대상이 되기 때문이다.

아울러 예금자 보호도 더 두텁게 하는 쪽으로 점차 나아갔다. 예금보험 한도액은 1984년 당시 10만 달러에서 나중에는 25만 달러 수준으로 조정된다. 그러나 이 예금보호 한도액도 그다지 큰 의미는 없다. 왜냐하면 파산 은행이 실제로 생겨서 위기가 닥치면 그 한도는 대부분 폐지되기 때문이다. 대형 금융기관을 구제한다는 대마불사론은 사실상 대마불사론이 아닌 것이다.

공적자금을 통한 금융기관 구제의 나쁜 효과

어떤 금융기관의 파산이 금융시장 전체의 위기로 번질 수 있다는 사실을 근거로 삼아 국가가 공적자금을 통한 구제금융에 나서면 그에 따른 여러 효과들이 발생한다. 그러한 구제금융이 실제로 금융시스템 위기를 막는 데 도움이 된다는 사실은 분명하다. 문제는 그것이 국민 일반의 부담과 지역금융, 서민금융의 희생을 바탕으로 이뤄지기 때문에 나쁜 효과가 두드러질 수 있다는 점이다.

첫째, 금융기관 대형화가 촉진될 수 있다. 금융기관 대형화가 촉진되는 형태는 다양하다. 예컨대 금융시장에 대한 믿음이 흔들릴 때 작은 금융기관의 예금은 파산 위험이 상대적으로 낮은 큰 금융기관으로 옮겨갈 수 있다. 이번에 미국의 실리콘밸리은행 파산 사태 때도 예외 없이 그런 현상이 나타났다. 또한 금융당국은 공적자금을 투입한 파산 금융기관의 자산을 보통 다른 금융기관에 넘기는데, 그 결과 그 자산을 인수한 금융기관의 대형화가 촉진된다. 대마불사론에 따라 금융기관의 규모가 크면 클수록 생존 가능성이 높아질 것이라는 믿음은 은행들 사이의 인수합병에 대한 유인을 제공함으로써 대형화를 촉진한다. 더욱이 대마불사 금융기관으로 지정되면 시장 평균보다 낮은 금리로 자금을 조달할 수 있게 되는데, 이 때문에 얻는 경쟁상의 우위도 금융기관 대형화를 촉진하는 유인으로 작용한다.

일반적으로 위기를 거치면서 자본이 대자본으로 재분배되는 과정은 하나의 경향이라 할 수 있다. 그런 면에서 대형화 자체는 문제가 아닐 수 있다. 실물부문의 성장에 대응하여 금융부문의 규모가 커가는 것은 자연스러운 흐름이다. 그러나 공적자금을 투입한 부실 금융기관 구제와 그에 따른 대형화는 서민, 지역 금융기관의 위축을 부를 수 있다. 우리나라 외환위기 이후에 지역은행이나 서민 금융기관의 영업이 위축된 중요한 이유가 부실의 정도가 아니라 덩치의 크고 작음에 따라 구조조정이 이뤄졌기 때문이라는 점은 시사하는 바가 크다.

둘째, 금융자산 불평등이 커질 수 있다. 공적자금을 투입하여 부실 금융기관을 구제하는 것은 그 금융기관의 주주, 채권자, 예금자를 보호하는 효과를 가져온다. 예를 들어 예금자 보호 한도를 없애서 고액 예금자의 예금을 보장하면 그 자체가 국민 세금을 고액 예금자에게 이전시키는 효과를 만들어낸다. 더욱이 위기가 퍼져나가는 국면에서 고액 예금자를 보호하면 그들은 정상적인 때보다 더 높은 금리의 이자를 받게 되며, 이를 바탕으로 위기 국면에서 값이 떨어진 유가증권, 부동산 등의 매입에 나설 수 있다. 이런 과정을 통해 자산 불평등이 심해지는 결과가 나타날 것이다. 또한 출연이나 부실자산 매입 등의 방식으로 공적자금을 투입할 경우에는 부실은행의 주가를 떠받치는 결과가 될 텐데, 이러한 과정도 마찬가지로 자산 불평등을 키울 것이다.

셋째, 납세자 돈으로 부실 금융기관을 구제하는 과정이 끊임없이 반복될 수 있다. 이는 대마불사론에 따른, 이른바 도덕적 해이의 결과이다. 미쉬킨은 대마불사론에 따른 부실 금융기관 구제가 반복되면 대형 금융기관들은 안정성보다 큰 위험을 동반하는 높은 수익성을 추구하게 되고, 이는 또 다른 금융기관 파산 가능성을 높인다고 얘기한다. 부실 금융기관 구제가 또 다른 부실 금융기관 구제를 부를 수 있다는 것이다.

어떻게 할 것인가?

대마불사 논리는 덩치가 큰 부실 금융기관을 구제하기 위한 근거이다. 금융당국은 대마불사 논리에 따라 공적자금을 투입하여 파산 위기에 빠진 대형 금융기관들을 구제한다. 그렇지만 그 결과 일반 납세자들의 미래 부담은 늘고 자산 불평등은 증가한다. 이런 면에서 공적자금을 투입하여 부실 금융기관을 구제하는 정책의 성격은 비교적 명백하게 드러난다.

그렇다면 공적자금 투입을 통한 구제금융을 모두 반대해야 하는가? 그렇지는 않다. 먼저 금융기관 구제와 그 금융기관의 고액 예금자, 채권자, 주주의 구제를 정확하게 구분해야 한다. 우리는 은연중에 두 가지를 섞어서 쓰지만 전자와 후자는 그 성격이 전혀 다르다. 공적자금으로 고액 예금자, 채권자, 주주를 구제하는 것은 이른바 시장 원칙에도 맞지 않을뿐더러 자산 불평등을 키우고 금융 세력에게 힘을 보태주는 강력한 지렛대 역할을 한다는 점에서 문제가 있다. 특히 고액 예금자 보호의 경우 위기가 다가올 때 통상 그 한도의 철폐를 불가피한 조치로 받아들이지만 정말 그러한지는 따져보아야 한다.

금융기관 자체의 구제는 이와 다른 형태이다. 부실 금융기관이라 하더라도 그것을 유지할 필요가 있다고 사회가 인정하는 경우에는 언제든 공적자금을 투입하여 구제할 수 있을 것이다. 국내외의 저명한 여러 학자들은 구제금융을 받은 은행을 아예 공공은행으로 전환하자는 제안을 한다. 그들은 구제금융을 받은 은행을 민주적으로 운영하고 대중에게 책임을 지는 공공은행으로 전환함으로써 은행 산업의 본질을 회복하고 나아가 소상공인, 서민, 중소기업에 대한 금융 지원을 늘릴 수 있다고 주장한다. 이러한 제안은 대형 은행들의 공공성이 사라지고 서민금융과 지역금융이 무너진 우리나라의 현실에도 시사점을 준다.

다음으로, 공적자금 투입의 방식이 다양할 수 있다는 점을 인식하는 것이 중요하다. 금융당국은 보통 납세자의 부담을 통한 고액 예금 보호, 부실자산 매입, 출자, 출연 등의 방식을 사용해서 부실 금융기관을 구제한다. 이러한 방식으로 공적자금을 투입하여 생긴 혜택의 대부분은 주주, 채권자, 고액 예금자에게 돌아간다. 이와 다른 공적자금 투입 방식도 있을 수 있다. 예컨대, 한때 우리나라에서는 금융기관의 신용불량자에 대한 채권을 평균 회수율에 준하여 평가된 가격으로 공적자금을 투입하여 인수하자는 논의가 있었다. 이러한 방식의 공적자금 투입은 저소득층의 부채 고통을 줄이면서도 금융기관을 간접적으로 지원하는 효과를 낼 수 있다. 2008년 글로벌 위기 당시 미국에서는 서브프라임 모기지 대출을 해준 금융기관이 아니라 대출을 받은 이용자들에게 공적자금을 투입함으로써 간접적으로 금융기관을 지원해주자는 논의가 있었는데, 이것도 마찬가지 맥락이다. 결국 중요한 것은 누구에게 혜택이 돌아가는 공적자금 투입인가 하는 문제이다.

(2023.4.13.)

도움 받은 자료

- 정신동, 『도드프랭크 금융규제 개혁과 그 이후』, 애플북스, 2008.
- 高田太久吉, 『マルクス經濟學と金融化論』, 新日本評論社, 2015.
- Frederic S. Mishkin, 이명훈 외 옮김, 『미쉬킨의 화폐금융론』, 2021.
- Gary A. Dymski, "Genie out of Bottle: The Evolution of Too Big To Fail Policy and Banking Strategy in the US", *Post-Keynesian Economics Society*, 2011.
- George G. Kaufman, "Too Big To Fail in Banking: What Does It Mean?", *Journal of Financial Stability*, 2013.
- Joseph E. Stiglitz, "America's socialism for the rich: Corporate welfarism", *The Jakarta Post*, 2009.

Rich Banks, Poor Society

중국 봉쇄를 부추기는 투키디데스 함정론

투키디데스 함정론의 유행

미국과 중국의 대립을 **투키디데스 함정**으로 묘사하는 것이 유행이다. 떠오르는 강대국과 기존 강대국 사이의 전쟁 불가피성을 강조하는 이 말은 미국 하버드 대학의 그레이엄 앨리슨 교수가 2015년 『애틀랜틱』지에 "투키디데스 함정: 미국과 중국은 전쟁을 향해 나아가고 있는가?"라는 글을 기고한 것을 계기로 자주 사용되기 시작했다 (사실 그 이전에 중국 시진핑 주석이 공식 석상에서 **투키디데스 함정**에 대해 몇 번인가 언급한 적이 있다. 시진핑 주석은 중국이 대내적으로는 **중진국 함정**에, 그리고 대외적으로는 **투키디데스 함정**에 빠질 위험에 직면해 있지만 이를 잘 비껴갈 것이라고 말했다). 앨리슨 교수가 그의 논지를 확장하여 2017년에 펴낸 『예정된 전쟁』이라는 책이 널리 읽히면서 여러 정치 지도자, 학자, 언론인은 미중 관계를 얘기할 때 이 말을 즐겨 인용했다. 미국과 중국의 대립이 사그라들지 않으면서 이 말의 운명도 마찬가지의 길을 걷고 있다.

앨리슨 교수는 그의 글에서 투키디데스가 가리키는 은유가 현재의 미중 관계를 들여다볼 수 있는 렌즈를 제공한다고 주장한다. 투키디데스는 고대 그리스의 역사가로 스파르타와 아테네의 전쟁을 다룬 역사서인 『펠레폰네소스 전쟁사』를 썼다. 당시 스파르타는 기존 강국이었고 아테네는 새로 떠오르는 세력이었다. 앨리슨은 고대 스파르타와 아테네의 관계에서 현대의 미국과 중국의 관계를 읽어낼 수 있다고 설명한다. 그 핵심은 새로 떠오르는 세력이 기존의 지배 세력에게 두려움을 줄 정도라면 전쟁은 예외가 아니라 **법칙**에 가깝다는 것이다.

앨리슨은 중국의 성장이 미국에게 두려움을 줄 정도라는 사실을 강조하기 위해 중국이 얼마나 빠르게 성장하고 있는가를 과장해서 설명한다. 앨리슨에 따르면 미국에 대비한 중국의 경제규모가 1981년에는 10%였지만 2007년에는 60%, 2014년에는 100%, 그리고 『예정된 전쟁』을 펴낸 2017년에는 115%가 되었으며, 이 흐름이 이어진다면 2023년에는 150%, 그리고 2040년에는 거의 세배가 될 것이라고 한다. 곧, 올해 말에는 중국의 경제 규모가 미국의 1.5배에 이른다는 것인데, 실제로 그렇게 될지는 의문이다. 앨리슨은 중국이 이제 세계사에서 가장 큰 행위자로 변모했는데도, 미국인 가운데 "이런 사실이 미국에 의미하는 바를 받아들이지 않으려는 사람이 많다"고 한숨을 내쉰다.

물론 앨리슨은 투키디데스 함정이 운명론이나 비관론과 거리가 멀다고 항변한다. 그는 중국과 미국이 현재 정면 충돌을 앞두고 있다고 말하면서도 투키디데스 함정에 빠지는 것을 피할 길이 있다고 덧붙인다. 그에 따르면 그 길이란 중국이 상승세를 계속 타지 않는 것과 미국에 대해서 호전적인 정책을 취하지 않는 것에 있다고 한다. 곧, 미국과 중국이 투키디데스 함정에 빠질 것인가 그렇지 않을 것인가는 오로지 중국 쪽에 달려 있다고 그는 말한다. 구체적으로, 엘리슨은 중국이 미중 대립을 피하려면 미국의 하위파트너에 머물러 있어야 한다는, 중국으로서는 받아들이기 힘든 사항을 은연중에 주문하고 있는 것이다.

미국 정책 당국자들 사이에서 투키디데스 함정론은 상당한 대접을 받고 있다. 앨리슨이 현재 미국 국방장관, 국무장관, 그리고 중앙정보국장CIA의 자문위원직을 맡고 있다는 사실에서 이를 미루어 짐작할 수 있다. 실제로도 앨리슨의 투키디데스 함정론은 미어샤이머 등이 주장하는 공격적 현실주의 국제관계 이론과 더불어 미국이 중국 정책을 수립하는 데에 큰 영향을 끼치고 있다. 중국 봉쇄전략은 이의 대표적인 사례일 것이다.

미국과 미국 기업들의 이익에 봉사하는
투키디데스 함정론

투키디데스 함정론의 한계는 무엇보다 그것이 스파르타와 아테네의 전쟁이 일어난 역사적 맥락 가운데서 올바르게 이끌어낸 함의인가 하는 데에 있다. 미국의 진보적인 경제학자인 마이클 허드슨은 지난해 펴낸 『문명의 운명』이라는 책에서 스파르타와 아테네의 전쟁을 스파르타의 과두정치(경제) 체제와 아테네의 민주정치(경제) 체제의 대립으로 볼 수 있음을 설명한다. 이는 새로운 세력에 대해 기존의 강대국이 느끼는 두려움을 펠레폰네소스 전쟁의 원인이라고 보는 앨리슨의 설명과는 사뭇 다르다.

당시 스파르타는 자체의 농지를 보유하지 않은 채 이웃 국가들의 인구를 노예로 부려서 잉여 농작물을 생산하도록 강요하는 체제를 유지했다. 그 덕분에 스파르타인들은 농업노동에서 해방되어 군사훈련에 전념할 수 있었고 그 군사력을 바탕으로 잉여 생산물을 수탈하는 체제를 이끌어갈 수 있었다. 그런데 그리스에서는 기원전 7세기부터 3세기까지 부채 탕감과 토지 재분배를 요구하는 대중 반란이 지속적으로 일어났다. 그러한 반란에 대해 아테네는 솔론, 페리클레스 시기에 대중의 요구를 수용한 토지 재분배와 부채 탕감이라는 민주적인 개혁으로 대응했다. 스파르타는 아테네의 민주적 개혁이 자기들의 불로소득 과두정치에 끼칠 안 좋은 영향을 걱정하여 그에 반대했는데, 그것이 전쟁으로까지 이어졌다고 마이클 허드슨은 설명한다.

앨리슨의 논리가 국민국가의 경쟁이라는 좁은 틀로만 미중 관계를 바라보고 있다는 사실은 투키디데스 함정론이 갖는 또 다른 한계이다. 세계체제론 연구자인 홍호펑은 지난해 펴낸 『제국의 충돌』이라는 책에서 그러한 한계를 날카롭게 지적한다. 국가들 사이의 관계를 결정하는 데에는 지정학적 경쟁뿐만 아니라 자본의 이해도 작용한다. 사실 자본의 이해가 국가의 대외 관계를 규정하는 더 본질적인 힘이라고도 할 수 있다. 예컨대 1990년대 초반에 미국이 지정학 안보론자들의 반대를 무릅쓰고 중국을 글로벌 가치사슬GVC에 이끌어 들인 데에는, 홍호펑도 설명하듯이, 미국 자본의 이해가 결정적으로 작용했다. 미국 기업들은 중국의 농촌에 흩어져 있는 우수한 노동력을 도시에 집중시켜서 수익성이 떨어진 미국 과잉 자본과 결합함으로써 이익을 얻을 수 있을 것이라고 기대했던 것이다.

1990년대 들어 중국이 수출주도 발전전략을 채택하여 저가의 상품을 세계시장에 대량으로 공급하면서 여러 나라에서 장기적인 물가 안정 현상이 나타나자 금융자본, 특히 미국의 금융자본은 거기에서 많은 이익을 얻을 수 있었다. 화폐 당국이 물가 안정을 근거로 화폐량과 이자율의 조절을 자산 가격의 상승에 유리한 방향으로 이끌 수 있었던 점이 이에 크게 기여했다. 연준 의장을 지낸 버냉키Bernanke B.는 낮은 금리와 낮은 물가상승률, 그리고 지속적으로 상승하는 자산가격의 조합을 **대안정**이라는 말로 정리했다.

한편 중국은 세계시장에 상품을 공급하여 번 돈을 주로 미국의 국채를 사는데 썼는데, 이 때문에 달러의 가치가 안정되었다. 또한 앨리슨이 말하는 바와 같이 미국은 매년 6,000억 달러의 예산을 마련하여 주요 무기체계를 개선하는 데 쓸 수 있었다. 보수파 금융 역사학자인 니얼 퍼거슨은 미국과 중국의 이러한 상호 의존관계를 차이메리카라는 말로 표현하기도 했다.

2010년 이후부터 미국과 중국의 관계에서 삐걱거림이 나타나기 시작하는데, 훙호펑은 거기에도 기업들의 이해가 작용하고 있다고 설명한다. 중국은 선진국들이 이미 형성해 놓은 글로벌 가치 사슬과 연계 속에서 이른바 **후진성의 특권**을 누리면서 자본을 축적해 나갔다. 중국의 기업들은 처음에는 노동집약적인 공정에 집중했지만 나중에는 첨단 기술분야에도 진출할 정도로 노동자들의 숙련과 기술을 발전시켰다. 2008년 글로벌 금융위기 이후 중국은 자국에 쌓인 과잉자본을 해소하기 위해 대외 진출을 적극적으로 시도했는데, 거기에서 나온 것이 일대일로 정책이다. 이리하여 세계시장에서는 미국 기업들과 중국기업들의 이해 대립이 커지기 시작했는데, 이것이 미중관계가 틀어진 근본적인 힘이라고 훙호펑은 설명한다.

훙호펑도 얘기하고 있듯이 미국과 중국의 관계 악화를 민주주의 체제와 권위주의 체제의 이데올로기적 대립에서 유추해 내려고 하는 것은 매우 수준 낮은 시도이다. 자본주의 국가의 행위는 그렇게 단순하지 않기 때문이다. 자본주의 국가의 대외 정책은 일차적으로 자본의 요구에 스스로를 적응시키는 노력의 과정에서 형성된다. 그렇다고 이것이 국가가 자본의 요구만을 직접 반영하여 대외 정책을 수립한다는 의미는 아니다. 그럼에도 국가의 대외 정책을 일차적으로 규정하는 힘은 자본의 이해이지, 겉으로 드러나는 이데올로기 대립이 아니다.

그런 면에서 국가의 정책 수립과정을 지정학이나 이데올로기 측면에만 포커스를 맞추는 앨리슨의 저서는 한계를 갖는다. 그런데도 투키디데스 함정론은 미국의 정책 당국이나 주류 사회에서는 마치 정설인 것처럼 받아들여진다. 이는 무엇보다 투키디데스 함정론이 미국이라는 국가의 이해와 일치하는 측면이 있고 또한 그것이 미국 대기업들의 이익에도 도움을 주기 때문이다. 예를 들어 미국이 중국 위협의 크기와 긴급성을 과장하여 수립한 여러 정책들은 결국 기업에 대한 국내 지원을 확장하는 내용을 담고 있다(국방수권법 개정을 통해 반도체 지원 예산 520억 달러를 배정하는 것과 같은).

투키디데스 함정론에 빠진 한국 경제

투키디데스 함정론은 우리나라의 대외 정책에도 큰 영향을 주고 있는 것처럼 보인다. 현 정부의 중국 정책은 대체로 이 투키디데스 함정론을 따르는 모습이다. 한동훈 법무부 장관이 외국 출장을 나갈 때 투키디데스가 쓴 『펠로폰네소스 전쟁사』를 남들 눈에 띄도록 팔에 끼고 나간 사건은 이를 상징적으로 보여준다. 중국 경제가 곤두박질치고 있다는 인식, 강경한 탈중국 주장, 대만 문제에 대한 간섭적인 발언은 투키디데스 함정론과 이러저러하게 맞닿아 있다. 미국이 주도하는 가치 동맹에 대한 옹호, 한미일 공조 강화, 특히 미국의 압력에 의한 한일관계 개선 노력도 마찬가지이다.

투키디데스 함정론이 우리나라에 끼친 영향은 무역 분야에서 두드러지게 나타나고 있다. 한국무역협회가 최근 발간한 자료는 우리나라의 무역수지 적자가 매우 심각하다는 사실을 보여준다. 지난해 우리나라는 478억 달러의 무역수지 적자를 기록했다. 이는 14년 만에 처음 있는 일이다. 더욱이 이러한 적자 추세는 올해에도 이어지는 모습이다. 이미 올해 4월까지의 무역수지 적자는 253억 달러를 나타냈다. 올해 1분기의 무역적자는 225억 달러인데, 이는 분기 수치로는 역대 최대 규모이다. 무역수지 적자의 증대는 수입 증가보다는 수출 감소 때문인 것으로 나타난다. 그런데 수출 감소의 많은 부분을 대중국 수출이 차지한다. 전체 수출 감소에서 대중국 수출 감소가 차지하는 비중이 지난해 4/4분기에는 58.6%였고 올해 1/4분기에는 57.8%였다.

대중국 수출이 감소한 이유에 대해서는 크게 두 가지 설명이 제시된다. 하나는 중국의 중간재 자립도 향상, 중국과 기술 격차 축소와 같은 구조적 요인이 대중국 수출 감소의 원인이라는 설명이다. 전국경제인연합회의 산하 기관인 한국경제연구원은 최근 발표한 자료에서 이러한 설명 방식을 제시한다. 정부도 대체로 이러한 설명 방식을 따르면서 여기에 코비드-19에 따른 영향을 추가한다. 다른 하나는 현정부 들어 변화한 대중국 정책의 효과로 중국 수출이 감소했다는 설명이다. 미국의 요구를 수용한 대중국 첨단 제품의 수출 제한, 또 다른 제한을 우려한 중국의 중간재 수입 국가 다변화와 자국산 대체, 대중국 강경 정책에 따른 중국 소비자들의 한국산 상품 기피 등이 결합하여 대중국 수출이 감소했다는 것이다.

구조적 요인론만으로는 대중국 무역 적자가 현정부 들어 급속하게 증가한 이유를 설명하기 어렵다. 만약 중국 수출 감소가 구조적 요인에 따른 것이라면 그 효과가 단시간에 나타날 수는 없기 때문이다. 중국 수출 감소를 코비드-19에 따른 영향 탓으로 돌리기도 쉽지 않다. 왜냐하면 코비드-19가 유행하는 기간에도 중국의 수입은 줄어들지 않았고, 따라서 우리나라만 중국 수출이 감소한 이유를 대기가 어렵기 때문이다. 대중국 정책 변화만으로 중국 수출 감소를 모두 설명할 수도 없다. 그 이유는 이미 2013년부터 중국에 대한 수출 증가세가 꺾이는 모습이 나타나기 때문이다. 실제로는 구조적 요인과 대중국 정책 변화 요인이 모두 중국 수출 감소에 영향을 주었을 것이다.

문제가 되는 부분은 정책 변화에 따른 대중국 수출 감소이다. 전체 대중국 수출 감소액 가운데 구조적 요인과 정책 변화 요인이 각각 얼마만큼을 차지하는지 계산해낼 수는 없을 것이다. 그렇지만 아무튼 대중국 정책 변화에 따른 수출 감소 요인이 존재하는 것은 분명한 사실이고 그것은 생기지 않을 수도 있었다. 이 점이 중요한데, 그 이유는 이 부분에서 발생한 무역 적자는 대중국 정책 선택이 달랐다면 줄일 수 있었기 때문이다. 수출주도형으로 굳어진 우리 경제에서 무역 적자가 갖는 의미는 매우 크고, 따라서 무역 적자 문제는 높은 관심을 가지고 지켜보아야 하는 사안이다. 우리는 1997년에 3~4년의 무역적자 누적으로 외환위기를 경험한 기억을 가지고 있다.

중국과 미국의 대립이 불가피하고 그것도 머지않은 시점에서 현실화할 것으로 가정하는 투키디데스 함정론은 순전히 미국의 지정학적 관점을 나타낸 것이다. 현재로서는 이 이론이 미국 금융자본이나 대기업의 이익을 보장하는 데에 상당한 이데올로기 효과를 내고 있기 때문에 미국 정책 당국자나 주류 사회에서 널리 받아들여지고 있다. 그러나 역시 미국의 대외 정책을 규제하는 힘이 자본의 이해관계에서 나온다고 본다면 투키디데스 함정론에 기반한 대외 정책은 언제든 뒤바뀔 수 있다. 미국이라는 국가와 미국 자본의 이익을 표현하는 투키디데스 함정론을, 그리고 그에 따라 형성되었지만 언제든 뒤바뀔 수 있는 미국의 정책을 우리가 무턱대고 따를 이유는 없다. 미국이 주장하는 가치 동맹이라는 허상에 매달려 중국을 배제한다고 하더라도 거기에서 한국 경제가 얻을 이익은 없을 것이다.

(2023.7.7.)

도움 받은 자료

- 그레이엄 앨리슨, 정혜윤 옮김, 『예정된 전쟁』, 2018.
- 마이클 허드슨, 조행복 옮김, 『문명의 운명』, 2022.
- 조반니 아리기, 강진아 옮김, 『베이징의 아담 스미스』, 2009.
- 한국경제연구원, "대중국 무역수지 적자 장기화·고착화 가능성", 2023. 6.29.
- 한국무역협회 국제무역통상연구원, "대중국 수출 부진과 수출시장 다변화 추이 분석", 『Trade Focus』. 2023년 7월호.
- 홍호평, 하남석 옮김, 『제국의 충돌』, (2022).

우경화로 대선 패배한 미국 민주당, 한국은?

투표장에 나타나지 않은 민주당 지지자들

여러 여론조사기관의 예상과 달리 이번 미국 대선은 도널드 트럼프의 압승, 해리스의 참패로 끝났다. AFP 통신은 전체 선거인단 538명 가운데 트럼프는 312명, 카라 해리스는 226명을 얻을 것으로 전망했다. 전국적인 득표수에서는 트럼프가 7,464만 표(50.5%), 해리스는 7,091만 표(48.0%)를 얻을 것으로 이 통신사는 예상했다(AFP, 2024.11.10.). 이전 대선에 비해 트럼프는 42만 표를 더 얻었고 해리스는 바이든이 얻은 표에서 약 1,040만 표를 잃었다.

언론들은 대선의 투표 결과를 분석한 기사들을 바삐 내놓았는데, 투표장에 나온 유권자의 수가 이전 대선에 비해 줄어들었다는 점, 그리고 그 줄어든 유권자가 주로 민주당 성향이라는 점에 주목했다. 첫째, 4년 전 대선에 비해 이번 대선의 투표자 수가 줄어들었다. 2020년에 투표장을 찾은 유권자 수는 1억 5,800만 명이었는데 이번에는 거기에서 1,250만 명쯤 모자란 1억 4,550만 명이었다. 미국 플로리다대학 조사에 따르면 투표율로는 2020년의 66.4%에서 이번에는 64.5%로 낮아졌다. 이와 달리 선거 등록을 아예 포기한 유권자 수는 크게 늘었다. 미국에서 유권자들은 대선 투표를 하기 위해서 사전에 등록을 해야 하는데, 이를 포기한 숫자가 2020년에는 1,200만 명이었고 이번에는 1,900만 명이었다.

둘째, 주로 민주당 지지 성향의 유권자들이 투표장에 나오지 않았다. 월스트리트저널WSJ은 대선 후보들의 득표수를 지역 특성, 인구사회학적 특성과 결합해 2020년 대선과 비교하여 분석한 결과를 내놓았다. 이 매체는 개표를 99% 이상 마친 2,240개의 카운티(미국의 전체 카운티는 3,244개)를 분석했는데, 이에 따르면 2020년 대선에서 바이든의 우세가 강했던 지역일수록 투표자 수의 감소 폭이 컸다. 거꾸로 트럼프가 우세했던 지역에서는 투표자 수가 거의 감소하지 않거나 오히려 늘어났다. 정치 전문 언론매체인 폴리티코도 카운티 별 투표율을 이전 대선과 비교하는 방식을 통해 이와 유사한 결과를 제시했다.

월스트리트저널WSJ은 소득 수준이나 노동조합 가입 비율을 통해서도 선거 결과를 분석했다. 이에 따르면 평균 소득 수준이 상대적으로 낮고 노동조합 가입 비율이 높은, 따라서 민주당 지지 성향이 강할 것으로 예상되는 카운티일수록 투표자 수의 감소 폭이 컸다. 거꾸로 소득 수준이 상대적으로 높고 백인 비율이 높은, 따라서 공화당 지지 성향이 강할 것으로 예상되는 카운티에서는 오히려 투표자 수가 늘어났다. 월스트리트저널WSJ은 이러한 분석 결과가 민주당 지지 성향 유권자들이 이번 선거에 적극적으로 참여하지 않았다는 사실을 말해준다고 해설했다.

투표장에 나간 민주당 지지자들의 지지 열의도 떨어졌음이 여러 조사에서 확인된다. 소수 민족, 여성, 젊은이, 도시 거주자, 노동조합 가입자 등은 전통적인 민주당 지지층으로 꼽힌다. 이번 대선에서 흑인 남성의 민주당 지지율은 77%였는데, 이는 이전 대선의 92%에 비해 크게 줄어든 수치다. 여성 지지율은 지난 대선의 57%에서 이번에는 54%로 낮아졌다. 민주당 성향의 언론매체인 뉴리퍼블릭이 분석한 바에 따르면, 전체 유권자의 57%가 노동계급인데, 그 가운데 44%만이 해리스에게, 54%는 트럼프에게 표를 주었다. 2020년에는 노동계급의 47%가 민주당에, 51%가 트럼프에 투표했다. 민주당과 공화당의 노동계급 득표율 차이가 4%p에서 10%p로 늘어난 셈이다. 물론 노동조합에 가입한 조직 노동자들은 공화당보다 민주당에 더 많은 표를 주었지만, 그 정도는 이전에 비해 약해졌다. 30세 미만 젊은이들의 민주당 투표율도 크게 떨어졌다. 이 연령대에서 해리스는 트럼프보다 6%p를 더 얻었는데, 2020년에는 바이든이 트럼프보다 25%p를 더 얻었다.

그렇다면 이번 대선에서 민주당 지지자들은 왜 민주당에 심드렁한 모습을 보였을까?

경제 지표는 좋다는데 시민의 삶은 팍팍하다

많은 언론과 전문가들이 꼽은 이번 선거의 핵심 이슈는 경제와 고용이었다. 대선 직전 AP 통신이 유권자 11만 명을 대상으로 조사한 바에 따르면 유권자들은 현재 미국이 직면한 가장 중요한 문제로 열 명 가운데 네 명이 경제와 고용을, 두 명은 이민을, 그리고 한 명은 낙태권을 들었다. 이민 문제도 넓은 의미에서 고용 문제의 한 부분이라는 점을 감안하면 사실상 미국인 열 명 가운데 여섯 명이 경제와 고용을 당면한 중요 문제로 든 것이다. 다른 조사기관들의 조사 결과도 대체로 비슷한 패턴을 보였다.

이러한 조사 결과에 비추어 이번 대선에서 민주당이 유리한 고지를 차지할 것이라고 점치는 분위기도 있었다. 왜냐하면 드러난 수치만으로는 미국 경제가 그 어느 때보다 건실하고 활기찬 것으로 보였기 때문이다. 주식시장의 다우지수는 2021년 초 30,000대에서 대선 무렵에는 43,000대로 사상 최고 수준에 올라섰다. 나스닥도 같은 기간에 13,000대에서 19,000대로 올라갔다. 틀림없이 미국 주식시장은 주요 나라들에 비해 더 좋은 성적을 기록했다. IMF에 따르면 미국의 2023년 GDP 실질 성장률(잠정)은 2.1%로, 일본 1.5%, 유로 0.1%, 우리나라 1.4%에 비해 좋은 편이었다. 미국의 실업률은 4% 수준으로 완전고용에 가까웠고 물가도 점차 안정세를 보였다. 민주당은 미국 경제의 실적을 자랑하던 터였고, 수치로만 본다면 그럴만한 근거도 있었다.

그러나 미국 유권자들은 드러난 수치와는 전혀 다른 평가를 내리고 있었다. 위에서 언급한 AP통신 조사에 따르면 미국인 열 명 가운데 여섯 명은 현재의 경제가 좋지 않다고 답변했다. 역시 대선 직전에 실시한 로이터 통신의 조사도 비슷한 결과를 보였다. 로이터 통신의 조사에서 미국 경제가 잘못된 길로 가고 있다고 답변한 유권자 비율은 미국인 열 명 가운데 여섯 명 꼴이었다. 생활비가 너무 높다고 답변한 유권자 비율도 열 명 가운데 일곱 명이나 되었다. 공표 지표와 유권자의 체감 경제는 전혀 달랐다.

공표 지표와 체감 경제에서 차이가 생기는 이유를 몇 가지 생각해 볼 수 있다. 첫째, GDP 성장률이 과장되었을 가능성이다. 미국 경제가 유로권이나 일본 등 주요 나라들에 비해 더 나은 성적을 기록한 것이 사실이다. 그러나 GDP 계산 방식이 성장률을 왜곡할 수 있다는 점에 주의를 기울여야 한다. 정부가 무기 제조를 위해 지출하는 비용의 처리 방식은 이의 대표적인 사례이다. 이 비용은 GDP 계산에 포함된다. 곧, 전쟁 비용이 늘어날수록 GDP도 커진다. 그렇지만 이렇게 늘어난 GDP가 일반 시민의 생활 수준 개선을 나타낼 리 없다. 오히려 그 반대일 가능성이 높다. 우크라이나 전쟁 이후 전쟁 비용 지출이 증가하면서 GDP 성장률은 지표상으로는 높게 나타나고 있지만, 다수 시민의 삶은 오히려 나빠졌을 수 있다.

둘째, 자산가격의 상승은 다수 시민의 삶과 아무런 관련이 없다. 현 재무부 장관인 옐런Jarnet L. Yellen은 2014년, 연준 의장일 당시 연준의 연구원들을 동원하여 미국의 불평등 정도를 조사한 바 있다. 이에 따르면 2013년을 기준으로 전체 부 가운데 상위 1%는 35%를, 상위 5%는 63%를 차지했다. 이에 비해 하위 50%는 1%만을 차지했고 최하위 20%는 자산을 전혀 보유하지 못했다. 주식, 채권, 뮤추얼펀드, 개인연금과 같은 금융자산을 분리해서 봐도 전체 자산의 분포와 별로 차이가 없었다. 전체 금융자산 가운데 상위 5%는 3분의 2를, 그다음 45%는 3분의 1을, 그리고 하위 50%는 2%만을 차지했다. 이러한 자산 보유 구조에서 예를 들어 주가가 상승한들, 그것이 소수 부유층을 제외한 다수 시민의 삶에 어떤 영향을 줄 수는 없을 것이다.

셋째, 실질 물가 상승률도 공표 수치보다 더 높을 수 있다. 지난 4년 동안 상품과 서비스의 평균 가격은 공식적으로는 대략 20% 정도 올랐다. 그런데 공식 물가 상승률을 계산할 때 들어가지 않는 의료보험료나 모기지 이자 지급액 등이 크게 증가했다. 지난 4년 동안 가계의 실질 소득은 지표상으로는 11% 정도 늘어났지만 세금, 의료 보험료, 주택 담보대출 지급이자 증가액을 빼면 별로 늘어나지 않았다는 것이 일반적인 평가다. 특히 소득이 낮은 계층의 실질 소득은 전혀 증가하지 않았다. 거기에다 주택 가격은 지난 4년 동안 45% 상승했는데, 이 때문에 임차인들이 지급해야 하는 임대료 부담까지 덩달아 커졌다.

넷째, 낮은 실업률도 안을 들여다보면 그다지 실속이 없다. 지난 4년 동안의 일자리 증가 대부분은 파트타임 고용이나 공공부문 서비스 부문에서 생겨났다. 임금이 높고 안정성이 있는 생산 부문의 정규직 일자리는 거의 늘어나지 않았다. 그러다 보니 지표상의 낮은 실업률과 달리 노동자들이 실제로 느끼는 고용 불안감은 여전히 크다. 많은 노동자들은 이민의 증가가 자기들의 일자리를 위협할 것이라고 믿는다. 물론 이러한 믿음에 객관적인 증거가 있는 것은 아니다. 그럼에도 노동자들이 느끼는 비이성적인 두려움은 트럼프 쪽의 반이민 캠페인이 먹히는 토대를 제공했다.

다섯째, 기업들의 실적도 신통치 않다. 경제가 좋다는 얘기는 기업들이 충분하게 돈을 벌면서 투자와 고용도 늘린다는 의미일 것이다. 그러나 미국 기업들 가운데 **매그니피슨트 7**, 무기 제조회사, 곡물과 에너지 대기업을 제외한 나머지 비금융 기업들의 수익성은 매우 낮은 수준이다. 주식시장에서도 **매그니피슨트 7** 기업을 제외하면 2021년 이후 주가가 전혀 오르지 않았다. **매그니피슨트 7**이란 미국의 빅테크 기업 일곱 개를 말하는 신조어인데, 우리나라에서 **황야의 7인** THE MAGNIFICENT SEVEN으로 개봉된 영화 제목에서 따왔다. 애플, 마이크로소프트, 엔비디아, 알파벳, 아마존, 메타, 테슬라를 포함하는 **매그니피슨트 7**은 전체 주식시장 시가 총액의 30%를 차지한다. 현재 이 종목들이 주가 상승을 이끌고 있다.

결국, 공식적으로 발표하는 좋은 경제 지표는 월스트리트, 거대 하이테크 기업, 전쟁 기업, 곡물 대기업, 그리고 이들 기업의 주식을 가진 소수 부유층의 얘기인 셈이다. 다수 시민은 그러한 경제 지표를 체감하지 못하고 있다. 지표와 체감 경제의 괴리는 당연히 대선 투표 결과에도 반영되었다. 이번 대선의 한 출구조사에 따르면 경제가 좋지 않다고 생각하는 유권자 69%는 트럼프에 투표했다. 그런데 경제가 좋지 않다고 생각하는 유권자의 다수는 전통적인 민주당 지지자 쪽일 가능성이 크다.

다수 시민의 삶을 힘들게 한 민주당의 경제정책 보수화

지표로 나타나는 현실과 시민들의 체감 경제가 다른 이유는 민주당이 겉으로 표방하는 정책과 달리 실질적으로는 보수적인 정책을 펴왔던 데서 찾을 수 있다. 유권자들은 민주당이 공화당보다 상대적으로 더 진보적인 경제정책을 펼 것이라는 기대를 갖고 있다. 민주당도 스스로 노동조합 강화, 기업과 부유층에 대한 세금 상향, 사회 서비스 확대, 불평등 축소와 같은 좀 더 진보적인 이슈를 지속적으로 던져왔다. 바이든은 노동조합 친화적인 이미지를 만들기 위해 자동차 노동자들이 파업 행진을 할 때 거기에 참여하기도 했다. 또한 노동조합 조직화를 장려했고, 무역 정책을 수립할 때는 노동조합의 요구 사항을 적극적으로 들었으며 노동조합에 우호적인 인물을 연방 노동 위원에 임명하기도 했다. 그럼에도 바이든 정부 시기에 실질임금은 증가하지 않았고 노동자들은 민주당에서 점차 멀어져 갔다.

민주당의 실제 경제 정책은 당이 내건 슬로건과 달리 보수적이었다. 민주당의 많은 경제정책들은 사회의 소수자, 약자, 빈곤층, 노동자보다 대기업, 자산가, 특히 금융자본에 혜택이 가는 내용을 담고 있었다. 민주당은 시대 과제인 불평등 문제를 해결하는 데에서 별로 성공하지 못했고, 실효성 있는 정책을 편 것도 아니었다. 민주당의 경제정책 가운데 가장 보수적인 측면은 아마 물가를 다루는 데에서 찾을 수 있을 것이다. 물가 문제는 최근의 경제 문제 가운데서도 핵심을 이룰 뿐만 아니라 시민들의 삶에 대한 직접적인 위협이기도 하다. 당연하겠지만 이번 대선에서도 물가 문제는 시민들의 관심사였고 가장 뜨거운 이슈였다.

　바이든 정부에서 물가 문제가 떠오른 이유는 상품과 서비스 가격이 전례 없이 높은 상승률을 보였기 때문이다. 이 물가 상승은 어쩔 수 없이 생긴 현상이 아니었으며, 따라서 정책적인 노력을 통해 통제할 수 있는 변수였다. 노벨 경제학상 수상자인 스티글리츠는 2023년 초에 열린 전미경제학회AEA에서 바이든 정부에서 물가가 상승한 이유를 분석하는 논문을 발표했다. 그는 이 논문에서 바이든 정부에서 나타난 물가 상승이 수요가 아니라 공급 때문에 생겼다고 주장했다. 물가가 수요 때문에 오른다는 주장에는 노동자들의 씀씀이가 크다는, 따라서 노동자들의 과소비를 탓하는 의미가 담겨 있다. 스티글리츠는 수요가 아니라 공급망의 붕괴 때문에 식품과 에너지 가격이 상승해서 평균적인 물가가 올랐다고 주장했다.

　당시 공급망이 붕괴한 데에는 우크라이나 전쟁이 놓여 있었다. 우크라이나 전쟁은 우크라이나의 나토 가입 추진과 나토의 전진 배치라는 배경 속에서 일어났다. 미국은 전쟁 비용을 지원하는 방식으로 우크라이나 전쟁을 지속시켰고, 이 전쟁은 현재까지도 이어지고 있다. 전쟁 과정에서 미국의 곡물회사나 에너지 기업은 가격 상승에 따른 큰 이익을 얻었다. 셰일 가스 과잉 투자로 2008년 금융위기 이후 어려움을 겪고 있던 미국의 에너지 기업들은 전쟁으로 단숨에 반전을 이뤘다. 이들 기업이 얻는 이익이 너무 커서 횡재세가 얘기될 정도였다. 기업의 이익 증가는 주가 상승으로 이어져 주주들도 큰 이익을 얻었다. 물론 무기 제조회사들과 그 주주들도 전쟁이 길어지면서 큰 이익을 얻었다.

무기회사 인수를 늘려나간 사모펀드PEF들도 전쟁에 따른 이익 배당을 받았다. 우크라이나 전쟁은 금융시장에 좋은 뉴스였다. 과거에는 전쟁이 금융시장에서 악재로 받아들여졌는데, 전쟁이 불확실성을 높인다는 이유에서였다. 월스트리트는 전쟁을 싫어한다는 것이 정설이었다. 그러나 사모펀드 등을 통해 무기회사들마저 금융시장에 편입되면서 이제 전쟁은 오히려 금융투자자들에게 호재로 받아들여졌다. 우크라이나 전쟁이 끝난 뒤에는 1,000조 원가량의 재건 시장이 건설회사나 사모펀드에 이익을 가져다 줄 것이다. 우크라이나 대통령인 젤렌스키는 지난해 9월, 뉴욕을 찾아가서 블랙록 등 사모펀드들에게 우크라이나 재건 사업에 참여해줄 것을 요청했다.

우크라이나 전쟁이 미국에서 계층별 분배에 미치는 효과는 다음과 같이 요약해서 정리할 수 있다. 곧, 우크라이나 전쟁은 곡물과 에너지 기업, 무기 제조 기업, 재건 기업 등과 그 주주들에게 큰 이익을 가져다준다. 나아가 사모펀드 등을 통해 금융시장 전체에도 좋은 소식을 전달한다. 그러나 다수 시민들은 물가 상승에 따른 고통을 겪어야 한다. 거기에다 전쟁 비용에 따른 재정 지출의 증가는 교육, 교통, 사회 복지 등 공공 지출에 대한 양보 요구로 이어진다. 결국 우크라이나 전쟁은 다수 시민의 희생을 바탕으로 월스트리트와 극소수의 부유층을 살찌우는 분배정책이라 할 수 있다. 바이든은 그런 보수 정책을 지금까지 이어 왔고, 역설적이지만 트럼프는 전쟁 중단을 대선 공약으로 내걸었다.

미국 연준은 물가 상승에 대해 금리 인상으로 대응했다. 앞서 스티글리츠가 얘기한 바와 같이 물가 상승의 원인이 공급 쪽에 있다면 그 해법은 금리 인상이나 신용 축소가 아니라 상품 공급을 확대하는 쪽에서 찾아야 할 것이다. 스티글리츠도 물가 상승 대책으로 재정 확대를 통해 공급 제약을 완화하는 방안을 제시했다. 물론 물가 문제의 궁극적인 해법은 서둘러 전쟁을 끝내는 데에 있을 것이다. 그럼에도 연준은 물가 문제의 해법을 물가안정목표제를 내세우면서 금융시장을 옥죄는 방향에서 찾으려 했다. 그러한 방향의 정책은 고용을 축소시키고 불안정하게 한다는 점에서 노동자들의 희생을 부른다. 연준은 이를 잘 알고 있었지만 금융시장 옥죄기를 통해 자본에 유리한 고용 환경을 만들려고 했다.

인플레이션감축법IRA이나 칩스법Chips Act도 노동자보다는 자본의 이익에 치우쳐 있었다. 이 법의 목표는 기반시설 복구, 핵심산업 재건, 기후투자 확대, 기술 인력 양성 등을 통해 중산층과 저소득층의 삶을 개선한다는 것이었다. 실제로 이 법으로 기후 투자, 핵심 산업에 대한 투자가 증가하는 등 어느 정도의 목표하는 성과가 생겼다. 그러나 대규모로 투입된 자금이 기업에 대한 보조금 형태로 들어갔기 때문에 노동자들에게는 별로 혜택을 가져다 주지 못했다. 이 때문에 인플레이션감축법IRA이나 칩스법Chips Act의 혜택을 많이 받은 주에서 오히려 민주당이 표를 덜 받는 현상이 나타났다.

해리스의 경제 공약이 보수 쪽으로 기울었다는 점도 유의해서 짚어봐야 한다. 해리스는 공공의료보험 확대를 위한 금융거래세 도입, 법인세 인상, 식료품 가격 통제, 사회보장과 저소득층 지원 확대, 기회균등의 확대와 같은 다소 진보적인 정책을 공약으로 내세웠다. 그러나 선거일이 가까워질수록 해리스 공약의 진보적인 색채가 엷어졌다. 해리스 캠프는 암호화폐를 규제하지 않겠다는 계획을 발표했는데, 이 때문에 암호화폐 업계에서 후원금이 몰려들었다. 세금을 높이겠다는 약속이나 기업 규제 약속도 후퇴했다. 해리스 캠프 쪽은 진보적으로 보이는 의제에 대해 의도적으로 거리를 두었다.

뉴욕 타임스는 해리스 캠프가 월스트리트 친구들에게서 캠페인 전략과 정책 조언을 구한다고 평가했다. 월스트리트저널WSJ은 해리스가 **노동자 중심**에서 **소비자 중심**으로 정책의 강조점을 미묘하게 옮겼다고 분석했다. 이는 해리스의 경제정책 공약이 보수 쪽으로 흐르는 것을 지적한 내용이다. 민주당은 온건하고 부유한 유권자에게 호소하여 얻는 표가 노동 계층에서 이탈하는 표보다 더 많을 것으로 계산했다. 이러한 전략은 사실 위험한 도박이었는데, 결과적으로 민주당의 도박은 실패로 끝났다.

미국 민주당의 대선 패배가 한국 민주당에 주는 교훈

2024년 미국 민주당의 대선 패배는 2022년 한국 민주당의 대선 패배와 닮은 점이 있다. 두 정당 모두 상대적으로 진보적인 정당이라는 이미지를 가지고 있었다. 스스로 내건 정책도 상대적으로 진보적인 내용의 것이었다. 그러나 실질적으로 집행하는 정책은 내건 정책과는 상당한 괴리가 있었고 보수 쪽으로 많이 기운 상태였다. 구호로 내건 정책과 실행 정책 사이의 괴리는 전통적인 지지자들의 심드렁한 태도로 이어졌고 이는 결국 대선 패배를 불렀다.

예컨대 바이든 정부의 우크라이나 전쟁 지원 정책, 물가 안정 목표에 기반한 연준의 금융정책 등은 보수적인 성격의 것이었고 기업 보조금을 중심으로 한 인플레이션 감축법이나 칩스 법도 마찬가지였다. 이러한 정책들로 자산가, 금융자본가, 기업은 큰 이익을 얻었지만 다수 시민들의 삶은 힘들어졌다. 우리나라 민주당 집권 시기의 부동산 정책은 구호와 실질 내용이 다른 대표적인 정책이었다. 정부여당은 집값 안정 구호를 열심히 외쳤지만 실제 집행한 정책은 이와 거리가 멀었다. 예컨대 집값이 크게 오르던 무렵 당국은 부동산 담보대출 규제를 시행한다고는 했지만 실제로는 담보대출 규모가 계속 증가했고 집값도 오름세를 지속했다. 낮은 금리는 산업 투자로 연결되는 것이 아니라 자산가격 상승만을 불러왔지만 중앙은행은 이를 바꾸려는 어떤 노력도 기울이지 않았다.

미국 민주당이든 한국 민주당이든 보수적인 정책으로 피해를 본 사람들은 민주당 지지자일 가능성이 크다. 그럼에도 보수적인 정책이 펼쳐지면서 이들은 민주당에서 멀어져갔다. 미국에서 민주당 지지자들이 투표장에 나타나지 않은 것처럼 한국 대선에서도 집값 상승에 실망한 민주당 지지자들이 투표장에 나타나지 않았다. 언젠가 황운하 의원은 저학력, 저소득층이 민주당을 지지하지 않는다고 불평한 바 있다. 황 의원은 아마도 민주당이 열심히 저소득층을 위한 정책을 펴고 있는데, 왜 그걸 몰라주느냐고 항변하고 싶었을 것이다. 황 의원이 간과한 점은 집값 상승에서 보듯, 민주당의 정책이 저소득층에 그다지 유리하지 않았다는 사실이다. 박지원 의원은 한 방송 인터뷰에서 경제 정책 면에서는 보수당과 민주당 사이에 별 차이가 없다고 말했는데, 이게 진실에 가까울 수 있다. 분명한 사실은 미국에서든 한국에서든 경제정책이 보수로 흐르면 민주당은 대선 승리에서 멀어진다는 것이다.

미국 민주당이 이번 대선에서 편 캠페인 전략도 한국 민주당에 시사점을 준다. 이번 대선에서 해리스는 처음에는 진보적인 정책을 내놓았다가 시간이 흐르면서 중도 지향적인 캠페인을 벌이는 쪽으로 방향을 바꾸었다. 미국판 중도층 확대 전략을 통해 해리스는 자기를 모든 계층에게 어필할 수 있는 후보로 내세우고자 했다. 해리스는 유대인 세력의 눈치를 보면서 이스라엘의 팔레스타인 침략에 입을 다물었지만 소수 민족 표를 의식해서 전쟁에 시달리는 팔레스타인의 고통을 얘기했다. 자본가, 자산가 계층의 지지를 얻기 위해 자기의 공약인 기업 규제를 말하지 않으면서도 노동자들의 지지를 얻기 위해 사회 보장의 확대를 주장했다. 모든 계층의 지지를 받겠다는 전략은 중도로 흐를 수밖에 없었는데, 이러한 전략은 성공적이지 못했음을 이번 대선은 보여주었다.

한국 민주당 내에도 **중도 견인론** 주장이 있다. 거대한 두 당의 지지자는 이미 정해져 있으므로 중도적인 캠페인을 벌여서 중도층을 끌어와야 선거에서 승리할 수 있다는 주장이다. 얼핏 들으면 그럴듯한 이 주장은 사실 과학적인 근거가 아니라 주먹구구에 기반한 것이다. 정말 중도 확장 전략이 유리한지 근거를 가지고 좀 더 찬찬히 따져봐야 한다. 미국 대선에 비춰보자면 **중도 견인론**은 현명한 전략이 아니다. 민주당으로서는 오히려 자기 지지자들의 이익을 확실히 보장하면서 그들의 지지를 튼튼하게 묶어 세우는 전략이 더 나을 수 있다.

(2024.11.14.)

제 3 장

금융은 규제다

Rich Banks, Poor Society

- 홍콩 H지수 주가연계증권(ELS) 사태와 금융감독
- 사모펀드가 온통 지배하는 세상
- BIS 비율 8%, 금융 이익을 지키는 숫자
- 은행의 자산금융 규제해야 가계부채 문제 해결

홍콩 H지수 주가연계증권(ELS) 사태와 금융감독

문제를 드러내고 있는 금융감독 체제

"금융감독은 칭찬받기 힘든 업무다." 이는 유명한 중앙은행 연구자인 굿하트Goodhart C.가 한 말이다. 굿하트의 말을 빌리지 않더라도 금융감독이 칭찬은커녕 욕을 얻어먹기 십상인 업무라는 사실은 누구든 쉬이 인정할 수 있다. 금융감독기구가 감독을 너무 까다롭게 하면 금융기관은 시간과 노력을, 같은 얘기지만 비용을 더 많이 들여서 이에 대비해야 한다. 그러면 틀림없이 감독기구에 대한 금융기관의 불평이 늘어날 것이다. 거꾸로 감독기구가 금융기관에 대한 감독을 너무 느슨하게 하면 금융 사고의 위험성이 높아진다. 실제로 그 위험성이 현실화하면 금융의 기능이 위축되어 실물부문이 불리한 영향을 받고, 사고 뒤처리를 위한 사회적인 비용도 대규모로 들어갈 수 있다. 이러한 상황이 벌어지면 금융감독기구는 국민의 비난을 피할 길이 없다.

금융감독원이 발간한 『금융감독 개론』에 따르면 금융규제regulation란 경제주체의 행위에 대한 기본 규칙을 사전에 수립하는 것이고 금융감독supervision이란 경제주체의 행위를 사후적으로 감시하는 것을 말한다. 이 규제와 감독은 서로 영향을 주고받는 관계이기 때문에 둘의 경계를 짓기가 쉽지 않다. 그리하여 현실에서는 금융감독이라는 개념을 규제와 감독을 포괄하는 넓은 의미로 사용하며, 여기에서도 이에 따르기로 한다. 최근 금융감독(규제와 감독)에 대한 국민의 비난 목소리가 크다. 부동산 프로젝트 파이낸싱PF 부실, 새마을금고 예금 인출, 홍콩 H지수 주가연계증권ELS 손실 사태와 같은 잇단 금융 사고가 명백한 금융감독의 실패로 보이기 때문이다.

예컨대 홍콩 H지수 주가연계증권 사태를 보자. 홍콩 H지수란 홍콩 증권거래소에 상장된 중국기업 가운데 우량주를 골라서 지수로 만든 것을 말한다. 이 지수의 등락에 따라 수익률이 결정되는 일종의 파생금융상품이 홍콩 H지수 주가연계증권이다. 금융기관들은 이 상품을 대량으로 만들어서 고객에게 팔았다. 이 상품이 이슈로 떠오른 이유는 홍콩 H지수가 큰 폭으로 떨어지면서 이 상품에 가입한 고객들이 대규모 손실을 볼 것으로 예상되기 때문이다. 이미 지난 2월 16일까지 만기가 돌아온 상품 1조 2,117억 원 가운데 6,558억 원의 원금 손실이 발생했다(이데일리 2024.2.19.). 손실률은 무려 54%이다. 그런데 이 상품의 총판매액은 19.3조 원에 이르고 그 가운데 15.4조 원이 올해 만기가 돌아온다. 앞으로 손실이 눈덩이처럼 불어날 수 있다는 얘기다.

홍콩 H지수 주가연계증권 손실 사태는 금융감독에 여러 문제가 있음을 드러내 준다. 첫째, 이 사태가 일회성의 우발적인 사고가 아니라는 점이다. 2019년에도 외국 금리 연계의 파생결합펀드DLF, 파생결합증권DLS에서 유사한 금융 사고가 일어났다. 이를 계기로 금융감독 당국은 개선방안을 발표했고 은행연합회와 함께 모범규준을 만들기도 했다. 그렇지만 현실에서 당국의 대책이 전혀 효력을 발휘하지 못했음을 이번 홍콩 H지수 ELS 사태가 보여준다. 더욱이 최근의 금융 사고들은 그 원인 면에서 2008년 글로벌 금융위기 직후의 키코 사태, 28조 원가량의 공적자금 투입을 부른 2011년의 저축은행 부실 사태, 각종 사모펀드 사태, 더 멀리는 2000년대 초의 카드대란에도 맥이 닿아 있다. 이러한 사실들은 우리나라 금융감독 체제에 심각한 문제가 있음을 일깨워준다.

둘째, 왜 이렇게 복잡하고 위험하기 짝이 없는 상품이 계속 팔리고 있는가 하는 점이다. 이름도 생소한 ELS, DLF, DLS는 일종의 파생금융상품으로 위험도가 매우 높고 상품을 판매하는 창구 직원들도 그 구조를 고객들에게 제대로 설명해 주기 쉽지 않을 만큼 복잡하다. 그런데 금융감독원이 2023년 11월에 발표한 실태조사 자료를 보면 이 상품에 가입한 투자자 가운데 65세 이상 고령자가 차지하는 비중이 계좌 수로는 21.6%이고 금액으로는 30.5%이며 1인당 평균 투자 금액은 7천만 원에 이른다. 위험하고 복잡한 상품의 판매는 고객이 상품 구조와 특성에 대해 충분한 이해와 지식, 그리고 완전한 정보를 가지고 있다는 사실을 전제한다. 이러한 전제가 성립하는 조건에서 상품 판매가 이뤄졌는지는 의문이다.

　더욱이 복잡하고 위험한 파생금융상품은 공정성까지 의심받아 왔다. 예를 들어 2019년에 판매했던 외국 금리연계 파생결합펀드DLF의 수익구조를 보면 이 상품의 불공정성을 어느 정도 짐작할 수 있다. 윤석헌 전 금융감독원장에 따르면 이 상품에 대해 고객은 4.93%의 수수료를 미리 지급했는데, 이 가운데 3.43%는 상품을 설계한 외국계 투자은행에, 1%는 판매를 맡은 은행에, 0.39%와 0.11%는 펀드 운용을 맡은 증권사와 자산운용사에 돌아갔다. 외국계 투자은행에 일방적으로 유리한 수익구조라는 것을 알 수 있다. 외국의 금리나 주가에 연계한 파생금융상품의 수익구조가 서로 유사하다는 점을 고려하면 홍콩 H지수 ELS도 여기에서 크게 벗어나지는 않았을 것이다. 그럼에도 금융기관들은 그러한 상품을 만들어서 판매했고 금융감독 기구는 그것을 규제하지 않았다. 그 이유는 아마도 금융감독 기구가, 교과서에서나 성립할 법한 전제, 곧, 고객이 상품 구조와 특성, 거기에 더해 수수료 구조까지 완전히 이해하고 투자한다는 전제가 현실에서 성립한다고 가정하고 금융기관에 대해 어떤 상품이든 자유롭게 설계할 수 있도록 규제를 완화해 준 데 있을 것이다.

　셋째, 금융감독 기구가 금융기관의 이해에 편향되어 있다는 점이다. 2019년에 DLS, DLF 사태가 일어나자 금융위원회는 그해 11월, "고위험 금융상품 투자자 보호 강화를 위한 종합 개선방안"을 발표했다. 핵심은 투자자가 이해하기 어렵고 원금 손실의 가능성이 큰 상품을 **고난도 금융투자상품**으로 정하고 그러한 상품을 은행이 판매하지 못하도록 규제한다는 것이었다. 그러나 12월에 내놓은 최종안에는 은행 판매를 사실상 계속 허용하는 내용을 담았는데, 여기에 은행권의 압력이 있었음은 두말할 나위 없다. 이를 계기로 홍콩 H지수 ELS의 판매도 증가했다. 이러한 일련의 과정은 금융감독 기구가 사회 전체의 보편적인 이익보다 금융기관의 특수한 이익에 기울어 있음을 보여준다.

넷째, 핵심성과지표KPI가 금융 사고에서 중요한 역할을 한다는 점이다. 여러 은행들은 비이자수익(수수료)을 올린다는 명목으로 영업점 직원들에 대해 성과지표까지 만들어서 펀드 상품의 판매를 독려해 왔다. 영업점 직원들은 스스로 이해하기도 쉽지 않은 고위험·고난도 파생금융상품을 무리해서라도 어쩔 수 없이 판매할 수밖에 없었는데, 이는 은행 경영진이 판매를 독려했기 때문이다. 금융 사고가 나면 금융감독 기구는 사고 원인을 대부분의 경우 **불완전 판매**로 몰고 가면서, 그 책임을 영업점 직원 탓으로 돌린다. 홍콩 H지수 ELS 사태에서도 마찬가지의 모습을 보였다. 그러나 사고의 더 근본적인 원인은 규제했어야 할 상품의 판매를 허용한 데 있으며, 따라서 그 책임의 대부분은 금융감독 기구에 돌아가야 한다.

금융세력 편향적인 우리나라 금융감독의 틀

우리나라 금융감독 기구에 대체 어떤 문제가 있는 것일까? 이를 파악하기 위해서는 먼저 현행 금융감독 기구의 틀을 살펴보아야 한다. 현행 금융감독 기구의 틀은 1997년 외환위기 직후 국제통화기금

IMF과 미국의 요구에 의해 만들어졌다. IMF(그리고 사실상 IMF를 뒤에서 움직인 미국)는 외환위기 때 구제금융을 제공하면서 여러 가지 이행 조건을 달았다. 거기에는 금융감독 기구에 대한 내용도 포함되어 있었다. IMF가 우리나라에 제시한 이행 조건들은 대체로 국제 금융자본의 이해를 뒷받침하는 것이었다.

1997년 외환위기 때의 상황을 잠시 복기해 보자. 당시 우리나라 기업들은 국내 금융기관들의 중개로 국제 금융기관에서 대규모 투자 자금을 차입했다. 이 투자의 많은 부분이 나중에 부실로 드러나면서 국내의 여러 기업들과 나아가 금융기관들까지 어려움에 빠졌다. 이들 기업들은 국제 금융기관에서 빌린 차입금을 갚기 어려워 부도를 낼 처지에 놓였다. 이른바 시장 논리에 따른다면 사적인 기업들 사이에서 발생한 자금 거래 관계는 당사자들끼리 스스로 처리해야 한다. 만약 기업들이 투자 실패로 실제로 차입금을 갚지 못한다면 돈을 빌려준 국제 금융기관들이나 이를 중개한 국내 금융기관들이 마땅히 책임을 져야 한다. 국내 금융기관들마저 차입금 상환 의무를 이행할 수 없다면 최종적인 책임은 국제 금융기관이 져야 한다.

그러나 국제 금융기관들은 시장 논리를 따를 생각이 전혀 없었다. 곧, 국내 기업 부실에 대한 책임을 질 생각이 없었다. 국제 금융기관들의 국적이 주로 미국이었기 때문에 이들은 미국 정부에게 문제 해결을 요구했고 미국 정부는 항상 하던 대로 IMF를 앞세웠다. 문제 해결 방식의 본질은 우리나라 기업들이 국제 금융기관에 진 채무를 우리나라 정부가 대신 떠안는 데에 있었다. 그 대신 정부가 기업들의 빚을 떠안는 데 필요한 자금을 IMF가 빌려준다는 것이었는데, 그것이 바로 구제금융 자금이다. 결과적으로 IMF가 제공한 구제금융은 떼일 가능성이 높았던 국제 금융기관들의 대출금을 갚는 데 사용되었다.

　IMF가 구제금융을 제공하면서 제시한 조건들 가운데 금융감독 부문은 크게 두 가지였다. 첫째는, 통합감독기구를 구성하는 것이었다. 외환위기 이전에는 우리나라 금융감독권이 은행, 비은행, 증권, 보험 등 금융 권역별로 흩어져 있었고, 감독 주체도 한국은행과 재경부로 나뉘어 있었다. 이를 하나의 통합된 기구로 모아서 금융감독을 수행하라는 것이 IMF의 요구였다. 여기에서 나중에 특히 중요한 의미를 갖게 되는 것은 은행감독 기능을 한국은행에서 떼내서 통합감독기구로 옮긴다는 내용이다. 둘째, 금융감독 기구가 독립적이어야 한다는 것이었다. 여기에서 **독립적**이라는 것은 금융감독 기구가 정치나 정부의 영향력에서 자유로워야 한다는 것을 의미한다. 이는 금융감독 기구가 정부 조직이어서는 안 된다는 것, 다시 얘기해서 민간 성격의 조직이어야 한다는 것을 뜻한다.

　구제금융을 받은 직후 우리나라는 IMF와 미국의 요구를 따라 금융감독 기구의 틀을 바꾸었다. 다만 국내 법체계상 금융감독 기구를 직접 민간기구 성격으로 설립하기 어렵다는 사정이 반영되었다. 이 때문에 우리나라 금융감독 기구는 정부 조직인 금융위원회와 민간기구 성격의 통합 금융감독원으로 구성된 혼합적인 조직 틀을 갖게 되었다. 금융감독원은 정부 조직인 금융위원회와 달리 대부분의 예산을 금융기관 분담금에 의존하고, 그 대가로 **금융서비스**를 제공하는 민간기구 성격의 특수법인이다. 이때 만들어진 금융감독 기구의 큰 틀은 현재까지 이어지고 있다.

그렇다면 IMF는 왜 우리나라 금융감독 기구가 독립된 통합기구여야 한다고 주장했을까? 이를 헤아리려면 먼저 우리나라 주요 금융기관이 외환위기 이후 금융 구조조정을 계기로 외국자본의 손으로 넘어갔다는 점을 떠올려야 한다. IMF는 외환위기를 겪고 있는 우리나라에 금리를 큰 폭으로 올리고 거꾸로 재정 규모는 줄일 것을 요청했다. 이러한 긴축의 가장 두드러진 효과는 주식, 부동산과 같은 자산 가격의 폭락으로 나타났다. 사실 IMF나 국제 금융자본은 자산의 폭락을 예견하고 긴축을 요구한 측면이 있었다. 자산 가격이 폭락하자 이 틈에 우리나라에 몰려온 외국자본은 은행을 비롯한 금융기관들의 주식을 헐값에 사들였고 그 결과 메이저 상업은행이 모두 외국자본의 손으로 넘어갔다. 구제금융 조건에는 외국자본이 국내 은행을 인수할 수 있어야 한다는 내용도 들어 있었는데, 그것이 외국자본의 메이저 상업은행 인수를 가능하게 했다. 외환위기 이전에는 외국자본이 국내 은행을 소유할 수 없었는데 IMF는 뒤에 벌어질 일을 예상하고 있었던 셈이다.

금융기관들(외국 금융기관이든 국내 금융기관이든)은, 당연하지만, 까다로운 금융감독보다 되도록 헐거운 금융감독을 받고 싶어 한다. 그런데 일반적으로 금융감독기구는 정치와 정부에서 독립해 있을 때, 더욱이 그것이 민간 법인 성격을 띨 때 금융기관들에 대해 더 강한 동료 의식을 가질 것이고 따라서 금융감독도 더 느슨하게 진행할 것으로 예상할 수 있다. 또한 은행 감독의 경우 상업은행은 그 기능이 중앙은행에 있는 것보다 다른 기구에 있는 것을 선호한다. 왜냐하면 중앙은행은 상업은행들과 일상적인 거래를 지속하기 때문에 그 사정을 속속들이 알 수 있는 위치에 있고 따라서 상업은행으로서는 그러한 상황이 더 불편할 수 있기 때문이다.

정리하자면, 독립적인 통합 감독기구의 설립은 국내 금융기관을 장악한 외국자본의 이해와 일치하는 내용이었다. 금융감독기구의 독립성은 정부의 간섭과 정치적 개입의 최소화를 보장하기 때문에 금융기관들과 금융시장의 주요 참가자들은 항상 이를 주장한다. 그러나 간섭과 개입의 최소화가 금융기관들에는 좋을지 모르지만 사회 전체의 이익에 도움이 되지는 않는다. 민간 금융기관의 이해에 편향된 규제의 완화와 느슨한 감독은 당연히 잦은 금융사고를 부를 것이다. 실제로 외환위기 이후에 벌어진 대부분의 금융사고는 규제 완화와 느슨한 감독의 결합으로 생겨났다. 금융의 이해를 보호하는 방향으로 만들어진 금융감독의 틀은 결국 사회에 큰 부담을 안기기 마련이다.

금융감독 이데올로기의 변화

주요 나라들의 현행 금융감독 시스템은 1980년대 이후 금융의 급팽창을 배경으로 성립한 것이다. 금융의 팽창은 자본과 노동, 금융자본과 실물 자본의 관계에서, 그리고 정책 결정 과정에서 금융의 목소리가 커진다는 것을 의미한다. 금융 세력의 힘이 강해지면서 금융규제와 감독 정책에 대한 이데올로기에서도 일정한 변화가 생겨났다.

이른바 신자유주의의 일반적인 이데올로기, 곧, 규제 완화, 시장화, 민영화가 금융감독에도 배어들었다.

무엇보다 금융감독은 국가기구가 수행할 때보다 시장에 맡길 때 더 효율적으로 수행된다는 이데올로기가 널리 퍼졌다. 이 논리에 따르면 금융시장도 금융기관을 감시하는 금융감독의 주체가 될 수 있다. 만약 금융기관이 내부통제에 실패하여 금융사고를 낸다면 금융시장은 이에 대해 즉각적으로 벌을 줄 것이다. 쉽게 얘기해서 금융사고를 낸 금융기관의 주주들은 자기가 보유한 주식을 팔아치워 버릴 것이고 그러면 주가가 폭락할 것이다. 주가의 폭락은 금융기관 경영진에 대해서는 큰 벌이나 마찬가지이다. 따라서 금융기관 경영자들은 알아서 금융사고 예방에 최선을 다할 것이고 이는 시장의 규율이 잘 작동하게끔 이끈다.

이러한 논리에 따라 미국을 비롯한 주요 나라들에서는 금융감독과 시장 규율이라는 **두 바퀴 금융감독론**이 등장했다(규제, 감독, 시장 규율이라는 **세 개의 기둥 금융감독론**으로 제기되기도 했다). 이의 특징은 시장 규율을 금융감독 기구와 나란히 금융감독의 주체로 강조한다는 점이다. 이러한 논의는 금융당국의 역할을 최소 수준으로 제한하고 금융감독 기능을 되도록 시장의 자율 기능에 맡기는 것이 바람직하다는 주장으로 이어졌다. 여기에, 당국에 의한 자의적인 금융감독의 확대가 금융기관들의 혁신 능력을 빼앗아 결국 사회적인 이익의 감소로 이어질 것이라는 주장도 보태졌다.

금융기관 리스크 관리기법의 혁신은 시장 규율에 의한 금융감독론에 힘을 실어주었다. 시장 규율론자들은 대출의 증권화나 신용부도스왑CDS 등을 통해 개별 금융기관들의 위험을 시장 전체로 분산할 수 있는 기법, 여러 형태로 존재하는 금융기관의 리스크를 정량적 식별을 통해 통합적으로 관리할 수 있는 기법, 자산-부채 동시 관리 기법 등을 혁신적인 리스크 관리 기법의 성과로 선전했다. 이들은 개별 금융기관들이 개발한 리스크 관리를 참고한다면 금융감독 비용을 줄이면서도 그 효과는 높일 수 있다고 주장했다. 국제결제은행BIS의 『2006년 연차보고서』도 증권화나 신용부도스왑CDS과 같은 신용리스크 이전transfer 시장의 확대가 시장을 좀 더 완전하고 효율적인 방향으로 가게 하는 중요한 발걸음이라고 평가하여 시장 규율론자들의 편을 들어주었다.

감독 능력 한계론은 금융감독을 시장 규율에 맡겨야 한다는 주장을 정당화하는 또 다른 논리였다. 금융의 팽창은 다양한 금융혁신으로 이어졌고 이것이 다시 지렛대 역할을 하면서 금융의 팽창 속도를 더 높였다. 이렇듯 금융 혁신이 하루가 다르게 이뤄지는 현실에서는 금융감독기구가 금융기관을 따라갈 수 없고 따라서 감독 기능을 차라리 시장 규율에 넘기는 것이 효율적이라는 논리가 금융감독 한계론의 요지이다.

이러한 논리는 시장 규율 주장을 지지하기도 했지만 금융감독기구의 입지를 키워주기도 했다. 첫째, 금융감독이 금융기관을 따라갈 수 없는 조건에서 금융 사고가 났을 때 금융감독기구에 그 책임을 전적으로 물을 수는 없다는 주장을 가능하게 했다. 둘째, 금융감독 능력을 키우기 위해서는 금융감독 종사자의 급여를 최소한 금융기관 종사자만큼은 높여 주어야 한다는 주장을 할 수 있게 했다. 그러나 미국의 경우, 2008년 글로벌 위기 후 드러난 바에 따르면 금융감독 당국은 위기 가능성을 충분히 파악하고 있었다. 이는 금융감독기구가 금융기관을 못 따라간다는 주장이 근거가 없음을 얘기해준다.

다른 한편, **감독 능력 한계론**은 민간 금융기관이 리스크 측정의 정밀화를 목적으로 개발하여 사용하고 있는 기법을 금융감독에 공식적으로 활용하자는 주장으로 이어졌다. 실제로 개별 금융기관이 개발한 위험관리 기법이 공식적인 금융감독 기법으로 인정되기도 했다. 제이피 모건이 개발한 최대예상손실(VaR: Value at Risk) 관리기법은 이의 대표적인 사례이다.

미국 연준Fed 의장을 지낸 그린스펀은 2010년의 한 연설에서 2008년 금융위기를 되돌아보면서 금융당국이 새로운 문제를 예견하는 능력이 있는지 걱정이며, 금융혁신에 의해 과거의 금융감독 기법의 틀이 시대에 뒤떨어졌다고 주장했다. 이러한 주장은 **감독 능력 한계론**의 표현이다. 그러면서 그는 연준의 감독 기능에 비해 JP 모건의 감시가 더 효율적이라는 인상을 갖는다고 말함으로써 민간 금융기관이 개발한 기법의 활용을 옹호했다. 은행의 위험관리를 담당하는 국제결제은행BIS의 바젤위원회도 고도의 리스크 관리를 하고 있는 은행인 경우 스스로 개발한 기업신용평가를 이용하는 것을 허용하고 있다.

금융감독을 시장 규율에 맡기자는 주장보다 더 극단적으로 나아간 형태는 금융감독 기구의 민간 기구화 주장이다. 금융감독을 시장 규율에 맡기는 것을 넘어서 아예 금융감독 기구를 민간 법인으로 설립하자는 것이다. 이러한 주장은 IMF가 구제금융을 제공한 나라들에서 실제로 실험되었다. 1990년대 이후 구제금융을 받은 여러 나라들에 대해 IMF는 민간 성격을 갖는 독립적인 금융감독 기구의 설립을 요구했고 실제로 실현되기도 했다. 우리나라에 대한 IMF의 요구도 금융감독 기구의 민간 기구화론에 바탕을 두고 있다고 볼 수 있다.

위에서 언급한 여러 주장들의 핵심은 금융감독을 느슨하게 하자는 데 있다. **가벼운**light-touch **규제 감독**은 금융 세력의 목소리가 커진 시대의 금융감독 이데올로기를 대변한다. 이와 같은 이데올로기가 지배하고 또 이것이 정책에 반영되면서 실제로 여러 나라에서는 금융감독 기능이 점차 약해지는 현상이 나타났다. 시장 규율에 대한 과신이나 리스크 관리기법에 대한 예찬은 금융감독 기구로 하여금 위험에 대한 예방적 개입을 어렵게 했다. 금융감독원이 펴낸『금융감독개론』에서 설명하듯이 금융감독의 가장 중요한 목적은 금융안정이라 할 수 있는데, 금융감독이 느슨해지면서 금융안정에 대한 중요성이 낮게 다뤄졌다. 2008년 글로벌 금융위기는 금융감독을 느슨하게 하고 금융안정을 소홀히 한 총체적인 대가라 할 수 있다.

2008년 글로벌 금융위기는 자율적인 시장규제론이 허상임을 보여주었다. 고도의 위험관리 기법이 위험을 분산시킴으로써 금융 안정에 기여할 수 있다는 생각은 전혀 근거가 없음이 드러났다. 2008년 글로벌 위기를 계기로 여러 나라들에서는 금융감독을 강화하는 방향으로 개혁이 이뤄지고 있다. 물론 실질적인 개혁이 이뤄지고 있는가에 대해서는 다양한 평가가 나올 수 있다.

우리나라 금융감독 체제 개혁의 방향

우리나라 금융감독이 많은 문제점을 드러내고 있고 국제적으로도 금융감독을 강화하려는 흐름이 나타나고 있는 상황은 금융감독 체제를 바꿔야 할 필요성을 제기한다. 큰 방향은 금융감독 기구가 국민의 비판을 많이 받는 쪽보다 금융기관의 불평을 많이 듣는 쪽이어야 할 것이다.

현재 전문가들을 중심으로 금융감독 기구를 어떻게 바꿀 것인가에 대한 논의가 이뤄지고 있다. 대체적으로 합의가 이뤄진 내용은 금융위원회와 금융감독원으로 이원화해 있는 구조를 일원화하자는 것, 금융위원회 업무 가운데에 포함된 금융산업 육성 정책 기능을 기획재정부로 보내자는 것, 금융기관의 건전성을 관리하는 기능과 금융기관 행위 규제를 관리하는 기능을 분리하자는 것 등이다. 이러한 내용의 금융감독기구 개혁은 필요하다고 본다. 그러나 이것으로는 충분하지 않으며 좀 더 근본적인 개혁을 구상해야 한다.

금융감독기구 개혁의 핵심은 민간 기구로서 갖는 성격을 바꾸는 데서 찾아야 한다. 무엇보다 금융감독기구가 금융기관의 특수한 이익이 아니라 사회 전체의 보편적인 이익을 중심으로 기능하도록 해야 한다. 이를 위해 첫째, 금융감독기구가 정치와 정부의 영향력에서 벗어나는 것이 과연 바람직한지에 대한 근본적인 성찰이 있어야 한다. 왜냐하면 금융감독기구의 독립성이 금융기관 이익 친화적인 금융감독을 나타낼 수 있기 때문이다.

둘째, 금융감독원을 반관반민 상태로 그대로 두는 것이 바람직한

지도 검토해야 한다. 이와 관련하여 특히 금융감독원 예산을 계속 금융기관 분담금으로 채워야 하는지를 검토해야 한다. 금융감독원이 분담금을 받아 운영하면 예산을 아낄 수 있다고 생각할 수 있지만 그렇지 않다. 2022년 기준 분담금은 2,700억 원 수준이다. 그런데 금융감독이 실패하여 생긴 저축은행 사태에 들어간 공적자금 규모는 28조 원가량이다. 예산을 아끼는 것보다 금융감독을 잘하는 것이 사회적으로 더 효율적일 수 있다는 의미이다. 이와 나란히 금융감독기구가 공적기구로서 갖는 성격을 지금보다 훨씬 강화해야 한다. 일본의 금융감독청처럼 금융감독기구를 세금으로 운영하는 방안도 검토 대상에 포함해야 한다.

지난 2022년에 '금융감독 개혁을 촉구하는 전문가 모임(금개모)'은 금융감독 개혁을 위해 독립적인 공적 민간기구 설립이 필요하다고 주장한 바 있다. 명백히 과녁을 빗나간 주장이라고 본다. 금융감독 기구의 민간기구화는 이른바 신자유주의 기획 가운데 하나이고 국제 금융자본이 가장 바라는 바이기도 하다. 민간기구 성격의 금융감독 기구는 금융기관의 칭찬을 받을 수는 있어도 국민의 칭찬을 받기는 어렵다.

(2024.2.28.)

도움 받은 자료

- 금융감독원, 『금융감독 개론』, 2022.
- 금융감독원, "2024년도 금융감독원 업무계획", 금융감독원 보도자료, 2024.2.5.
- 금융감독원, "홍콩 H지수 기초 ELS 주요 판매사 현장 검사 실시", 금융감독원 보도자료, 2024.1.8.
- 금융위원회, "고위험 금융상품 투자자 보호 강화를 위한 종합 개선 방안", 금융위원회 보도자료, 2019.11.14.
- 김홍범, 『한국 금융감독의 정치경제학』, 지식산업사, 2004.
- 아담 레보어, 임수강 옮김, 『바젤탑』, 더늠, 2022.
- 윤석헌, "한국금융의 선진화: 도전과 과제", 『글로벌 금융 리뷰』 Vol.4 No.1., 2023.
- 이데일리, "홍콩 ELS 손실은 눈덩이…금융당국은 배상안 고심", 2024.2.19.
- BIS, 『2006년 연차보고서』, 2006.

사모펀드가
온통 지배하는 세상

지키기 어려운 MBK 파트너스의 약속

　한동안 자본시장을 떠들썩하게 했던 고려아연 경영권 분쟁 사태는 이제 다음 달 열리는 임시 주주총회에서 그 향방이 판가름 날 전망이다. 고려아연 사태는 회사의 최대 주주인 영풍(주)과 최고경영자가 동일한 주체가 아니라는 데서 출발한다. 두 주체 사이에 갈등이 생기면서 회사의 최대 주주는 기존 경영진의 경영권을 빼앗으려 했고, 그 과정에서 지원군으로서 MBK 파트너스라는 사모펀드를 끌어들였다. 시가 총액이 10조 원이 넘는 대형 기업을 사모펀드가 적대적 인수·합병M&A의 대상으로 삼았다는 점에서 고려아연 사태는 여론의 주목을 받았다. 고려아연 사태에는 주주들뿐만 아니라 여러 관계자들의 이해가 복잡하게 얽혀들었는데, 그 이해의 내용들은 고려아연 사태의 본질을 어느 정도 가늠할 수 있게 한다.

사모펀드 MBK 파트너스는 고려아연의 기업 지배구조 개선과 주주가치 회복을 약속했다. 최대주주가 경영권을 갖게 한 다음 훼손된 주주가치를 회복하고, 모든 주주를 위한 적극적인 주주환원 정책을 펼치겠다는 것이다. 거꾸로 고려아연의 현 경영진은 MBK 파트너스를 약탈적 투기자본으로 규정하면서, 기업사냥꾼의 적대적 M&A에 반대한다고 말한다. 그러면서 MBK 파트너스가 전체 주주와 구성원들의 이익에 반하는 독단적인 경영을 하여 주주가치를 훼손할 가능성이 크다고 덧붙인다. 노동자들은 사모펀드의 적대적 M&A가 대규모 해고와 고용불안을 부를 것이라면서 이에 강력하게 반대한다.

다른 한편 영풍(주)의 주주인 메트리카파트너스라는 헤지펀드는 영풍에 대해 정책과 거버넌스(지배구조)를 개선할 것을 촉구했는데, 묘하게도 영풍/MBK 파트너스 대 고려아연 구도는 사모펀드/헤지펀드 대 기업 구도로 전환하는 모습이다. 여기에 고려아연 경영진은 내용적으로는 이미 MBK 파트너스가 요구하는 방향으로 경영을 개선하겠다고 발표했다. 주주의 가치와 주주환원을 우선하는 경영으로 나가겠다고 선언한 것이다. 경영권을 누가 차지하든 고려아연은 주주가치 중심의 경영으로 나가는 방향을 이미 결정한 셈이다.

고려아연 사태는 사모펀드 제도에서 제기되는 전형적인 문제점들을 보여준다. 먼저 차이니스 월 문제이다. **차이니스 월**(만리장성)이란 운용사 내부의 자문부서와 투자부서 사이에 담을 쌓아 정보 공유를 금지하는 규칙을 말한다. MBK 파트너스에는 크게 두 부문이 있는데 하나는 경영권을 인수하는 바이아웃Buy Out 부문이고 다른 하나는 사모사채 등을 인수하는 스페셜 시튜에이션스Special Situations 부문이다. MBK 파트너스에서 고려아연의 M&A를 추진하는 부서는 바이아웃 부문이다. 그런데 과거 고려아연은 스페셜 시튜에이션스 부문과 신사업 상담을 진행하면서 비밀 유지 계약을 맺고 회사의 사업 세부자료를 건네준 바 있다. 고려아연은 MBK 파트너스가 이 자료에서 얻은 정보를 바탕으로 바이아웃 부문에서 M&A를 시도한 것이 아닌지 의심한다.

MBK 파트너스는 두 부서가 차이니스 월로 엄격하게 구분되어 교류 자체가 차단되어 있다고 주장한다. 그러나 실제로 그러한지를 곧이곧대로 믿기는 어려운 면이 있다. 과거에도 자산운용사들의 차이니스 월 위반이 심심치 않게 발생하여 사회적인 이슈로 떠올랐기 때문이다. 1997년 외환 위기 직후에 우리나라에서도 차이니스 월이 문제가 된 적이 있다. 당시 골드만 삭스는 진로(주)를 인수할 때 그 이전에 자문 역할을 하면서 알게 된 정보를 이용한 것이 아닌가 하는 의혹을 받았다.

탈세, 특히 역외 탈세도 사모펀드와 관련하여 단골로 발생하는 문제점 가운데 하나이다. MBK에 대해서도 국내 기업을 대상으로 인수 활동을 벌이면서 세금은 국내에 납부하지 않는다는 문제 제기가 있다. 실제로 MBK 파트너스 대표는 탈세로 고발되어 수백억 원의 세금을 추징당한 것으로 알려져 있다. 핵심 자산의 매각이나 기술 유출 문제도 사모펀드와 관련하여 생기는 전형적인 문제점들이다. 고려아연은 국가 핵심기술을 보유한 기간산업이다. 핵심 기술이 사모펀드에 의해 외부로 유출되지 않을 것인가 하는 문제가 제기된 상태이다.

사모펀드의 담론적인 약속

영어의 프라이비트 펀드Privat Fund를 번역한 용어인 사모펀드는 글자 그대로 프라이비트하게 모집한 펀드이다. 여기에서 펀드는 여러 주체에게서 모은 돈을 의미하고, 프라이비트는 **개인적**이라는 것과 **비밀스럽게**라는 이중의 의미를 갖는다. 곧, 사모펀드는 개인적으로 비밀스럽게 모아서 운용하는 돈이라는 뜻을 갖는다. 사모펀드의 가장 큰 특징은 금융 규제를 거의 받지 않는다는 점에 있다. 일반적으로 금융은 규제산업이라는 얘기를 듣는다. 사모펀드는 규제가 본질인 금융산업에서 규제를 면제받는 일종의 특혜를 누리면서, 거기에서 생기는 규제차익, 곧 규제가 상대적으로 약하기 때문에 생기는 이익을 얻는다.

사모펀드는 1980년대 후반부터 미국을 중심으로 성장했다. 2000년대 들어 사모펀드의 성장세가 두드러졌다. 특히 2008년 글로벌 위기 이후 이른바 양적 완화를 계기로 금융시장에 돈이 넘쳐 흐르면서 사모펀드는 초고속 성장을 이룩했다. 최소 18,000개에 이르는 미국의 사모펀드는 약 7조 5천억 달러의 자산을 굴리면서 1,100만 명 이상의 미국 노동자와 미국 바깥의 수백만 명 이상의 노동자를 고용하는 기업을 거느린다. 영국의 사모펀드가 소유하고 있는 기업 수는 3,000개 이상이다. 2012년 이후 파산 신청을 한 14개의 미국 대형 소매 체인 가운데 10개가 사모펀드 소유로 돌아갔다. 사모펀드의 영향력은 산업뿐만 아니라 전 세계인의 삶에까지 확대하고 있다.

2000년대 들어 사모펀드 규모가 급증세를 보일 때 사모펀드의 투기적 활동에 대한 반감도 점점 커갔다. 이에 사모펀드 업계는 사모펀드의 사회적 유용성을 홍보할 필요성을 느꼈다. 영국의 사모펀드 업계는 사모펀드에 대한 반감을 줄이기 위해 2007년에 데이비드 워커David Walker에게 의뢰하여 보고서를 작성했다. **워커 보고서**라 불리는 이 문건은 사모펀드와 관련하여 제기될 수 있는 여러 이슈를 다루면서 사모펀드 운용사의 대응 논리도 담고 있다. 사모펀드의 투자와 운영에 대한 여러 중요한 사실과 이슈 등 포괄적인 내용을 담고 있기 때문에 이 보고서는 지금까지도 사모펀드 연구에서 널리 인용된다. 이 보고서는 특히 사모펀드가 기업의 경영과 가치상승에 미치는 영향, 고용과 노동 시장에 미치는 영향을 집중적으로 다룬다.

이 보고서는 사모펀드 기능을 다음과 같이 제시한다. 사모펀드는 피인수 기업의 경영진과 협력하거나 또는 기존 경영진을 교체하여 기업의 성과를 개선하는 전략을 추진한다. 피인수 기업은 비용 절감이나 수익 증대를 통한 경영 효율화, 리더십 개선, 전략적 변화 등을 추구하여 기업 가치를 높인다. 이 보고서는 사모펀드가 비용 절감을 위해 인력을 줄이는 경향이 있기 때문에 고용에 미치는 부정적인 영향이 생긴다는 점도 다룬다. 특히, 비용 절감과 함께 대규모 구조조정이 이루어지는 경우도 많다는 사실도 덧붙인다. 보고서는 레버리지(부채)를 통한 투자의 위험성에 대해서도 다룬다. 그러한 방식의 투자를 통해 기업이 어려움을 겪게 될 때, 그 비용을 누가 부담할지에 대해서도 논의한다. 여러 주제를 다루는 워커 보고서의 핵심은 사모펀드가 단순히 수익만을 추구하는 것이 아니라, 전략적 경영 개선을 통해 기업 가치를 증대시키는 역할도 한다는 점의 강조에 있다.

워커 보고서의 바탕에 깔려 있는 이념은 **더 나은 소유권**이다. 이 개념은 주주와 경영진 사이 이해의 일치 정도가 더 높은 상태를 말한다. 주주와 경영진의 이해는 다를 수 있다. 예를 들어 주주는 주주가치의 상승에 목표를 두지만 경영진은 기업의 장기적인 성장이나 외형 확대에 목표를 둘 수 있다. 이러한 불일치가 생기면 주주와 경영진 사이에 긴장과 갈등이 나타날 수 있다. 사모펀드는 임원 임명이나 전략 실행, 업무 감독을 통해 주주와 경영진 사이 이해의 일치 정도를 높임으로써 소유권을 조직하는 더 나은 방법을 제공한다고 한다. 사모펀드는 주주와 경영진의 의사소통 사슬의 길이를 줄임으로써 효율성도 높일 수 있다고 한다.

사실 기업을 누가 통제해야 하는가는 오래된 논의 주제이다. 1930년대에 미국의 자본주의를 관찰한 벌과 민스Berle&Means는 기업을 경영자들이 통제한다고 주장했다. 주식회사 기업의 흩어진 주주들은 배당에만 관심이 있을 뿐 경영자를 통제할 의지가 별로 없다는 것이 이들의 판단이다. 경영자가 기업을 통제하는 경영자주의는 갈브레이스가 미국 자본주의를 관찰한 1960년대까지도 이어진다. 경영자주의에서는 기업의 소유와 통제의 분리, 전문 경영자와 노동조합의 협력적 기업 통제가 강조된다.

1980년대에 들어서면 주주가 소유권 행사를 더 적극적으로 행사해야 한다는 이념이 자리를 잡기 시작한다. 주식회사에서 주주는 회사를 대표하여 고용계약, 판매계약 등 계약을 체결할 수 있는 권한을 경영자에게 위임한다. 주주는 이사회를 통해 경영자가 주주의 이익에 반하는 계약을 하지 않도록 통제한다. 그러나 현실에서는 주주의 경영권 통제가 잘 작동하지 않을 수 있다. 이리하여 주주가 더 적극적인 역할을 통해 경영자들을 통제해야 한다는 인식이 주주들 사이에서 높아졌다.

경영진에 대한 주주의 통제 강화를 논리적으로 뒷받침하는 이론이 대리인 이론이다. 이 이론에서 주주는 위임자이고 경영자는 대리인인데, 정보를 더 많이 가지고 있는 대리인이 위임자의 이익에 반하는 행동을 할 수 있으므로 대리인의 목표를 위임자의 목표에 일치시키는 것의 중요성이 강조된다. 이처럼 주주가 더 적극적으로 기업 통제에 개입해야 한다는 아이디어는 **주주 자본주의**라 불린다.

주주 자본주의가 작동하기 위해서는 주식시장과 기업경영권 시장의 역할이 중요하다. 만약 경영진이 기업을 비효율적으로 경영하여 주가가 낮게 형성되면 이를 인식한 외부의 투자자는 그 기업의 주식을 주식시장에서 매입하여 경영진을 교체함으로써 다시 효율적인 경영을 되살릴 수 있다. 주식시장에서 그러한 역할을 하는 주체가 사모펀드라는 것이다. 그런 면에서 사모펀드의 성장은 주주 자본주의의 등장과 맥을 같이한다. 주주 자본주의는 현대 미국 경제의 핵심적인 측면을 표현한다. 그리고 사모펀드는 주주 자본주의 이념에 잘 들어맞는 금융기구이다. 사모펀드는 주주 자본주의를 통해 기업이 더 잘 운영될 수 있다고 약속한 셈이다.

사모펀드가 지배하는 세상

그렇다면 사모펀드는 그러한 약속을 잘 지켰는가? 사모펀드는 사회에 어떤 효과를 가져다 주었는가? 사모펀드는 지배구조를 개선하여 기업의 효율성을 높임으로써 사회에도 기여한다고 주장한다. 효율성과 관련하여 사모펀드가 비용 절감이나 수익력 향상에 기여할 수 있는지, 기업의 가치를 유의미한 수준으로 끌어올릴 수 있는지는 투자자 쪽에서 바라본 중요한 성과 평가 기준이다. 사모펀드가 고용이나 생산성에 유리한 영향을 줄 수 있는지, 기업이나 공공부문의 운용 방식을 바람직한 방향으로 이끌어 갈 수 있는지는 사회적 가치 측면에서 본 성과 평가 기준이다.

사모펀드는 투자자의 비밀 보장이나 투자 대상 면에서 금융규제에서 가장 자유로운 금융기구이다. 따라서 투자자 쪽에서 보면 사모펀드는 규제차익을 가져다 주는 상대적으로 유리한 투자 기구일 수 있다. 그렇지만 사모펀드가 고용, 생산성, 기업과 공공부문의 운용 방식에 유리한 영향을 가져다 줄 지는 미지수이다. 특히 워커 보고서도 지적하듯이, 사모펀드는 고용 수준과 안정성에 불리한 영향을 준다. 사모펀드가 기업의 단기 경영에 기반한 구조조정을 이끌어 수많은 노동자를 실업자 대열로 몰아갈 수 있다는 것이다.

실증 연구들은 사모펀드가 일자리를 줄이는 결과를 가져온다는 사실을 보여준다. 예컨대, 하버드 경영대학원과 시카고 대학의 연구원들이 2019년에 발표한 한 연구는 사모펀드가 인수한 기업에서 상당한 일자리 감소가 있었음을 보여준다. 이 연구에 따르면 사모펀드에 인수된 기업에서 2년 동안 평균 4.4%의 일자리 감소율이 나타났다. 토이저러스, 스포츠 오소리티, 아트 밴 퍼니처 등과 같은 사모펀드 소유의 소매업체들이 매장 폐쇄와 파산 절차를 통해 수십만 명의 노동자를 해고했다는 사실은 이의 단면을 보여준다.

노동조합은 사모펀드가 소유한 기업에서 협상력이 감소하고 노동자들의 노동 조건도 나빠질 것이라고 걱정한다. 노동조합이 사모펀드의 기업 인수를 반대하는 것은 당연하다. 국제 노동조합 총연맹 ITUC에 따르면 사모펀드가 인수한 회사는 임금과 복지 등 근무 조건에 대한 압박을 강화하고, 단체협상 참여를 거부하며, 노동조합 활동가들을 노골적으로 괴롭히는 경향이 있다고 설명한다. 심한 경우 경영진이 노동조합에 대한 적대감의 표현으로 노조 파괴를 꾀하기까지 한다는 것이 이 단체의 주장이다.

노동재단Work Foundation은 노동조합의 해체가 사모펀드의 기업 인수가 내포하는 하나의 동기임을 설명한다. 유럽 노동조합 연합은 사모펀드가 인수한 회사에서 노사 합의 시스템이 파괴된다고 말한다. 이러한 회사에서 노동자, 노동조합, 노사 협의회와 관련된 기존의 규범, 절차, 구조를 무시하려는 경영진의 의향이 더 강하게 나타난다는 것이다. 사모펀드가 인수한 기업에서는 일반적으로 경영진이 노동조합 대표와 협상하거나 회사 정보를 알려주는 데 별로 관심을 보이지 않는다. 노동조합은 사모펀드가 인수한 기업에서 누구와 협상을 해야 하는지 불분명한 상황을 맞이하기도 한다.

사모펀드가 기업을 인수할 때 대부분 차입 매수LBO 기법을 사용한다는 점은 기업의 수익성이나 생산성 향상이 아니라 파산 가능성을 높이는 결과를 가져올 수 있다. 사모펀드가 기업을 인수할 때는 보통 인수자금의 50~80%를 피인수 기업의 자산을 담보로 한 대출로 마련한다. 사모펀드가 피인수 기업의 자산을 담보로 기업을 인수하면 그 기업은 부채를 축소해야만 하는 상황에 몰리고 그리하여 자산매각이나 구조조정을 시행해야만 한다. 윌리엄 라조닉이라는 유명한 금융경제학자는 이러한 상황에 대해 사모펀드가 회사에 빚을 떠안김으로써 돈을 미리 챙긴다고 묘사한다.

차입 매수는 의심할 여지 없이 기업이 파산할 가능성을 높이는데, 문제는 기업의 파산이 금융위기로 이어져 사회 전체에 부담을 안길 수 있다는 점이다. 사모펀드는 사회의 신용을 대량으로 끌어다 이용해야 하기 때문에 레버리지 비율이 매우 높을 수밖에 없다. 워커 보고서에서도 언급하고 있는 바와 같이 레버리지가 없다면 사모펀드라는 사업모델 자체가 불가능하다. 사모펀드는 사회의 신용을 대규모로 끌어다 쓰는 데서 이익을 얻는다. 그러나 사모펀드나 기업은 유한책임제도로 운영되기 때문에 이들이 파산하면 그 비용을 사회가 부담해야 한다. 이른바 **손실의 사회화**가 나타난다.

사모펀드는 부가가치를 창출하지 않고 대신 이전에 존재하는 자산에서 가치를 추출하는 데 관여한다. 사모펀드 옹호자들은 사모펀드의 매니저가 자기의 전문 지식과 통찰력을 회사에 제공함으로써 가치를 더할 수 있다고 말한다. 그러나 그러한 가치의 실체는 불분명하다. 그리하여 사모펀드가 활발하게 활동하는 사회는 흰개미 자본주의로 비유된다. 흰개미는 집이 무너질 때까지 기초를 갉아먹는 특징이 있다. 사모펀드가 생산적인 투자를 희생시키면서 경제의 핵심

부문을 부채 더미로 몰아넣고 있다는 사실을 비유한 것이다.

사모펀드는 뱀파이어 스퀴드(흡혈 오징어)로 불리기도 한다. 사모펀드가 기업 인수를 넘어서 주택, 의료, 공공 부문 등 시민 삶에 직접적으로 영향을 끼치는 대부분의 영역에 진출해 있기 때문이다. 비영리 단체인 '사모펀드 이해관계자 프로젝트'는 미국에 30개 이상의 사모펀드 운용사가 5,100개 이상의 단지에 총 140만 채의 아파트를 소유하고 있다고 밝혔다. 이는 미국 전체 아파트 2,300만 채의 6%를 차지한다. 사모펀드는 주택뿐만 아니라 의료, 요양, 교육, 공공운수 등에도 진출을 확대하는데, 사모펀드가 인수한 공공부문에서는 공공성이 후퇴하고 이용 요금이 올라가는 현상이 나타난다. 이런 방식의 사모펀드 활동은 기업지배구조 개선을 통해 기업 가치를 올린다는 원래의 약속과 거리가 먼 것들이다.

우리나라 사모펀드

우리나라는 2004년에 사모펀드 제도를 공식적으로 도입했다. 우리나라에서 사모펀드 개념이 도입된 것은 1998년이지만 법으로 제도화한 것은 몇 년 뒤였다. 역설적이게도 우리나라가 사모펀드 제도를 도입한 시기는 론스타, 칼라일과 같은 외국계 사모펀드의 폐해가 가장 극명하게 드러나던 때였다. 당시 사모펀드 도입을 주장하던 사람들은 외국계 사모펀드의 폐해가 심하므로 토종 사모펀드를 키워 이에 대항하자는 논리를 폈다. 일제 강점기 때 종로의 일본 폭력배를 몰아내기 위해 조선 폭력배를 키워야 한다는 논리와 비슷하다.

얼마 전에 자본시장연구원은 우리나라의 사모펀드 제도의 성과를 평가하는 보고서를 발표했다. 이 보고서는 20년 전에 도입한 사모펀드 제도를 되돌아보기 위한 것이었다. 자본시장연구원의 보고서는 사모펀드가 인수한 기업의 주가 흐름이나 수익성을 중심으로 평가했다. 고용의 양과 질(안정성, 급여 수준), 다른 제도(사회보장 제도)나 전반적인 기업 경영에 끼치는 영향 등은 보고서의 평가 대상에서 제외되었다.

보고서도 평가하고 있는 바와 같이 우리나라의 사모펀드는 지난 20년 동안 급속하게 성장했다. 금융감독원이 발표한 자료에 따르면 2023년 말 사모펀드 약정액은 136.4조 원이고 사모펀드 운용사는 422사이며, 기관전용 사모펀드 수는 1,126개이다. 2005에서 2023년 사이 19년 동안 사모펀드 시장 규모와 펀드 수는 연평균 기준으로 각각 20.6%, 27.1% 성장했다. 국내 사모펀드 시장을 주도하고 있는 상위 3개사인 MBK 파트너스, 한앤컴퍼니, IMM은 자산 기준으로 기존 재벌들의 규모에 버금가는 수준에 이르렀다. 사모펀드 업계의 목소리는 매우 커져 있는 상태이다.

사모펀드가 성장하기 위한 전제조건은 규제 완화이다. 지난 20년 동안 우리나라에서 사모펀드에 대한 규제 완화는 지속적으로 이뤄졌다. 첫째, 사모펀드 운용사의 설립이 허가제에서 등록제로 바뀌었다. 이에 따라 운용사 설립이 쉬워져서 그 수가 늘어났다. 둘째, 사모펀드가 외부에서 빌릴 수 있는 돈의 비율도 높아졌다. 이는 사모펀드가 자산 운용 규모를 키우는 데 도움을 주었다. 셋째, 무엇보다 투자자의 범위가 넓어졌고 투자 최소 금액은 낮아졌다. 이는 소수의 고액 투자자에서 누구나 투자할 수 있는 방향으로 투자자 범위를 확대하는 효과를 가져왔다. 넷째, 운용사에 대한 감독, 정보제공 의무는 느슨해졌다. 사모펀드에 대해서는 규제가 아니라 **사적 자치 원칙**이 적용되었다. 금융감독 당국은 사적 자치를 내세워 투자자 보호에 별로 관심을 두지 않는데, 이 때문에 금융사고가 이어지고 있다.

이렇게 금융규제 완화 덕에 사모펀드가 급성장했는데, 이 사모펀드가 수행하는 흰개미, 뱀파이어 스쿼드 역할에 대한 제대로 된 보고는 드물다. 예외적으로 민주노동연구원이 2022년에 발표한 보고서는 사모펀드의 폐해를 잘 드러내준다. 이에 따르면 우리나라의 사모펀드 진출 분야는 안 미치는 곳이 없을 정도이다. 사모펀드는 전통적인 제조 산업을 넘어 공공부문, 물류, 부동산, 도시가스, 인터넷은행, 카드회사 등 사회 전반에 걸친다.

보고서에 따르면 우리나라 사모펀드 투자유형 가운데 주를 이루는 바이아웃 펀드는 몇 가지 특징을 갖는다. 첫째, 초기부터 고율 배당을 실시한다. 둘째, 인수 과정에서 빌린 자금에 대한 이자 비용을 대기 위해 회사 자산을 대량으로 매각한다. 셋째, 유상증자를 통해 사내 유보금을 주주에게 배분한다. 넷째, 투자자금 회수 목적 등으로 자본구조를 재조정한다. 다섯째, 투자자들에게 옵션에 따라 추가 수익을 보장한다. 이러한 특징들은 기업 가치의 상승과는 거리가 먼 것들이다.

사모펀드와 국민 연금

사모펀드의 자금 원천은 부유한 개인, 금융기관, 연기금 등이다. 연기금은 대체투자란 명목으로 사모펀드에 맡기는 자금의 양을 점차 늘리고 있다. 사모펀드 운용사들은 사모펀드가 다른 투자수단보다 수익률이 더 높다고 선전하면서 연기금의 사모펀드 가입을 부추긴다. 운용사들은 사모펀드가 추가로 얻는 이익이 연기금에 귀속되고, 이것이 국민 노후와 재산 증식에 기여하여 연금 수급자에게도 도움을 준다는 인상을 심어주기 위해 노력한다. 쉽게 얘기해서, 사모펀드의 궁극적 수혜자는 평범한 노동자들이라는 것이다.

문제는 사모펀드가 실제로 초과수익률을 얻는가이다. 운용사들은 사모펀드 가입자들에게서 높은 운용 수수료를 받는다. 사모펀드가 그러한 수수료를 빼고서 시장수익률보다 높은 초과수익률을 얻기란 쉬운 일이 아니다. 그에 대한 경험 증거도 별로 없다. 사모펀드와 헤지펀드를 연구하는 리처드 에니스Richard Ennis는 대체투자에 대한 광범위한 조사를 통해 사모펀드가 연기금 수익률에 가치를 더했다는 주장을 뒷받침하는 근거가 없다고 말한다.

사모펀드에 맡겨진 국민연금의 자금은 기업 인수에 사용되는데, 그 기업은 노동자들의 고용을 불안하게 하고 나아가 해고까지 한다. 그런데 국민연금의 자금 원천은 노동자들에게서 나온다. 사모펀드 제도의 옹호자들은 기업 경영자에 대한 사모펀드의 적대적 M&A 위협이 경영진들을 긴장하게 만들고 자본주의 경쟁을 작동시킨다고 설명한다. 그러나 그러한 경쟁의 일차적인 효과는 노동자들의 임금 삭감, 일자리 감소로 나타난다. 여기에 더해서 사모펀드가 관여한 공공 부문에서는 공공성 약화, 요금 인상 등이 나타난다. 결국 노동자들이 연기금에 맡긴 신용이 사모펀드의 지배력 증가로 나타나 연기금의 주인이라 할 수 있는 노동자들을 압박하는 결과를 가져온다.

그런 면에서 고려아연 지분 7.48%를 가진 국민연금이 MBK 파트너스의 적대적 인수합병M&A에 어떻게 대응해야 하는지는 명백하다. 국민연금은 MBK 파트너스의 고려아연 인수를 마땅히 반대해야 한다. 노동자들의 주머니에서 나온 돈으로 형성된 국민연금이 노동자에 대한 사모펀드 지배력 확대의 지렛대가 되어서는 안 된다.

(2024.12.26.)

도움 받은 자료

- 민주노동연구원, 『사모펀드 동향과 쟁점, 노동의 과제』, 2022.
- 자본시장구원, 『국내 PEF의 가치 제고와 투자성과 분석: 제도 도입 20년의 평가』, 2022.
- Richard M. Ennis, "The Fairy Tale of Alternative Investing?", 2022.
- David Walker, *Disclosure and Transparency in Private Equity*. Private Equity Reporting Group, 2007.

Rich Banks, Poor Society

BIS 비율 8%,
금융 이익을 지키는 숫자

정치적인 성격의 국제결제은행(BIS) 자기자본 비율

"은행이 자기의 이익을 위해, 또는 BIS 비율을 개선하기 위해 하는 일이 사회 전체의 이익에는 반할 수 있다." 2008년 글로벌 위기 직후에 장하준 교수가 한 언론 인터뷰에서 한 말이다(Korea Times 2008.12.14.). 그때는 "비 올 때 우산 뺏는" 은행들의 행태가 비난을 받던 분위기였다. 기업들이 그 어느 때보다 자금을 필요로 하는 금융위기 국면에서 은행들은 오히려 자금을 회수하고 있었다. 생산적 기업의 지원이라는 은행의 사회적 기능을 새삼 떠올리게 하는 일이었다. 이러한 은행들의 행태 뒤에는 국제결제은행BIS 자기자본 비율 규제가 도사리고 있었다.

BIS 자기자본 비율은 은행의 지급 능력을 가늠하는 표준적인 지표로 간주된다. 이 비율이 높으면 보통은 은행들의 지급 능력이 실제로 커진다. 그런데 이 지급 능력은 기업들의 사정이 나빠질 때 은행의 사정도 함께 나빠지는 특징을 갖는다는 데에 문제가 있다. 지급 능력이 나빠질 때 은행들은 기업들의 사정은 뒷전이고 먼저 자기부터 살려고 했다. BIS 자기자본 비율을 맞추어야 한다는 요구는 그러한 은행들의 행태를 더욱 다그쳤다. 그러다 보니 기업들의 사정은 한결 더 나빠졌고 은행의 사정 또한 마찬가지였다. 경제가 나선형으로 고꾸라지는 현상이 나타났다.

　은행이 경기의 흐름을 평평하게 하는 역할을 해도 시원찮을 마당에 거꾸로 증폭시키면서 기업과 은행이 함께 늪에 빠지는 이러한 현상은 **경기 증폭**pro-cyclical **효과**로 알려져 있다. 은행들은 기업들이 돈이 필요하지 않을 때는 빌려주려고 하고 정작 필요할 때는 돈을 회수하는 행태를 보임으로써 경기가 정상적인 흐름보다 더 큰 진폭을 그리게 했다. 은행들이 위기 국면에서 몸을 도사리는 부분은 어쩌면 그럴 수 있는 일이다. 그렇지만 은행의 지급 능력을 유지하게 하는 데 목적이 있다는 BIS 자기자본 비율이 은행들의 그런 행태를 부추기는 데에는 어딘지 좀 이상한 구석이 있다. BIS 자기자본 비율이 가진 이러한 문제점은 일찍부터 인식되었다. 여러 전문가들은 BIS 자기자본 비율 규제가 불경기에 오히려 경기를 악화시킬 수 있다는 점을 경고한 한 바 있다. 그러한 경고는 2008년 글로벌 위기 때 현실로 드러났다.

　경기 증폭 효과가 BIS 자기자본 비율이 가진 문제의 다는 아니다. 다른 여러 문제가 있는데 이에 대해서는 뒤에서 좀 더 자세히 살펴보기로 하고 먼저 국제결제은행BIS 산하의 바젤 은행감독위원회가 제정한 자기자본 비율이라는 것이 무엇인지 개념부터 살펴보기로 하자. 바젤 은행감독위원회는 은행들이 최소한 8%의 자기자본 비율을 유지할 것을 권고한다. 자기자본이란 말 그대로 남에게서 빌리지 않은 돈, 따라서 영업의 밑천이 되는 자기 돈을 말한다. 은행은 자기자본에 더해서 고객의 예금을 받거나 다른 곳에서 돈을 빌려서 이것을 대출이나 유가증권에 운용한다. 총 운용 자산 가운데 자기자본이 8% 이상은 되어야 한다는 것이 BIS 자기자본 비율의 권고 내용이다.

이러한 비율이 필요한 이유는 은행의 대출이나 유가증권 운용에서 손실이 발생할 가능성이 있기 때문이다. 대출은 떼일 수 있다. 주식이나 채권은 시장 가치가 떨어질 위험, 심한 경우에는 기업이 실패하여 주식이나 채권이 휴지조각이 될 위험에 노출된다. 운용 자산에서 손실이 발생하면 은행은 예금자에게 예금을 돌려주지 못하거나 외부 채권자에게 차입금을 갚지 못할 수 있다. 그런데 은행은 그 특성상 남의 돈으로 장사를 하는 조직이다. 그렇기 때문에 전체 운용자산에서 자기자본이 차지하는 비중이 일반 기업에 비해 훨씬 낮다. 이는 운용자산의 손실이 자기자본에 끼치는 영향이 상대적으로 크다는 사실을 함의한다. 여기에서 은행으로 하여금 운용자산을 좀 더 안전한 곳에 투자하거나 아니면 부실이 나더라도 이를 감당할 수 있는 기반인 자기자본을 많이 가지고 있게 해야 할 감독 필요성이 생긴다.

문제는 은행이 안전한 자산에만 투자하면 큰 수익을 기대할 수 없다는 데에 있다. 은행이 안전한 곳에만 돈을 빌려주는 것은 사회적으로도 바람직하지 않은 결과를 가져올 수 있다. 기술이나 혁신에 기반한 창업기업은 모험적이고 따라서 안전하지 않을 수 있는데 이런 곳으로 생산 자금이 흘러가지 않는다면 기술 발전이나 혁신을 기대하기는 어렵기 때문이다. 은행이 남의 돈의 비율을 최대한 줄이면서 자기 돈의 비율을 높이는 것도 꼭 바람직한 일은 아니다. 은행의 원래 기능이 남의 돈을 대표해서 그 돈이 생산적으로 흐르도록 하는 데 있기 때문이다. 결국 은행은 부족하지 않은 수준의 자기자본을 가지고서 어느 정도의 위험을 감수하면서 영업을 하는 것이 은행에도, 그리고 사회에도 바람직하다. 그 적정한 수준을 통일적이고 일률적으로 관리하자는 것이 BIS 자기자본 비율 규제의 내용이다.

이렇게 본다면 BIS 자기자본 비율 규제는 매우 기술적인 성격만을 갖는 것처럼 여겨진다. 그러나 그렇지 않다. 자기자본의 개념을 어떻게 정의하는지, 적정한 자기자본 비율을 어느 정도로 정하는지에 따라 여러 나라들의 은행 산업이 받는 영향이 크게 달라진다. 그렇기 때문에 국제결제은행(BIS: Bank for International Settlements)의 바젤 은행감독위원회(BCBS: Basel Committee on Banking Supervision)가 자기자본 비율 권고안을 만들 때부터 거기에는 여러 나라들의 이해관계가 복잡하게 얽혀 있었다.

민주적이지 않은 BIS 자기자본 비율 8% 규제

바젤 은행감독위원회Basel Committee on Banking Supervision(통상 줄여서 바젤위원회라 부른다)는 국제결제은행BIS 산하 위원회의 하나로서 1974년 말, G-10국가의 중앙은행 총재 결의로 만들어졌다. 이 위원회의 표면상 설립 목적은 은행감독 업무의 국제적 표준화, 감독당국 사이 협력 증진과 정보교환 촉진에 있다. 이 위원회는 BIS 사무국과는 독립적으로 업무를 수행한다는 특징을 갖는다. BIS 기능에서 자기자본 규제가 갖는 기능의 중요성이 커지면서 이 기구는 사실상 BIS를 대표하는 산하 기구처럼 인식된다.

바젤위원회 설립 배경에는 1970년대에 들어서면서 은행들의 파산 위험이 증가했다는 사실이 자리 잡고 있다. 미국은 1971년에 금-달러 교환 중지를 선언했다. 이에 따라 여러 나라들은 차례차례 변동환율제도로 이행했는데, 이는 환율 변동 폭의 극심한 확대를 불러왔다. 환율 변동이 커지면서 국제 거래를 하는 은행 가운데 환율을 잘못 예측해서 파산하는 곳이 나타나기 시작했다. 사실 그 이전에는 은행 파산은 매우 드문 현상이었다. 특히 주요 나라들에서 대형 은행이 파산한 사례는 대공황기 이후에는 거의 없었다. 그러나 이제는 대형 은행들도 파산할 수 있다는 위기감이 은행업 내부에서 생겨났다. 더욱이 1970년대부터 금융규제 완화가 진전되면서 은행들은 심해진 경쟁 환경에서 고위험·고수익 위주의 자산운용 전략을 선택할 수밖에 없었다. 이는 당연히 잠재적 은행 파산 리스크의 증가로 이어졌다.

바젤위원회가 만들어진 직접적인 계기는 1974년 독일 헤어슈타트 은행과 미국 프랭클린내셔널 은행의 파산이었다. 두 은행의 파산은 여러 가지 새로운 문제를 불러일으켰다. 먼저 두 은행이 여러 나라에서 국제업무를 수행한다는 사실에서 그 은행의 감독 책임을 누가 져야 할 것인지, 최종대부자 역할을 누가 해야 할 것인지의 문제가 생겨났다. 또한 은행 파산의 영향이 국제적으로 퍼져나갈 때 어떠한 국제 협력의 틀을 만들어 나갈 것인지의 문제도 생겨났다. 이런 문제들을 다루기 위해 G10 국가들(벨기에, 캐나다, 프랑스, 이탈리아, 일본, 네덜란드, 영국, 미국, 독일, 스웨덴 + 스위스)의 중앙은행 총재들(당시 G10 국가의 은행들은 세계 국제은행업의 90%를 차지했다)은 BIS 산하에 위원회를 만들기로 결의했는데, 그때 만들어진 기구가 바젤위원회였다.

바젤위원회는 다음 해인 1975년에 최초의 실적을 내는데, 그것은 은행 감독 책임을 분배하는 기준이었다. 여기에서 국제업무를 하는 은행의 감독 책임을 그 은행의 본국이 진다는 **본국주의 원칙**이 제정되었다. 바젤위원회는 이어서 국제 대출과 외환 포지션의 건전성을 자기자본을 통해 어떻게 규제할 것인가를 논의했는데, 이에 대해 위원들 대부분은 통일적이고 일률적으로 건전성을 규제한다는 생각에 회의적이었다. 따라서 바젤위원회는 먼저 이에 대한 연구를 진행하기로 했다. 연구의 출발은 여러 나라들이 사용하고 있는 자기자본 개념과 자기자본 비율의 측정 방식을 조사하는 것이었다.

1980년대 초반 라틴아메리카 국가들의 부채위기는 자기자본 규제 논의를 다시금 재촉하는 전환점을 만들었다. 부채 위기 국면에서 특히 미국의 은행들이 커다란 어려움에 빠졌다. 미국 은행들은 주로 라틴아메리카에서 발생한 거대한 부실 채권을 안고서 허덕이고 있었다. 이를 계기로 미국의 은행 감독 책임을 진 연준은 은행들의 무책임한 대출을 규제해야 할 필요성에 맞닥뜨렸다. 당시 연준 의장이었던 볼커Volker P.는 라틴아메리카 부채위기의 원인이 과도한 규제 완화에 있다고 생각했다. 이에 따라 연준은 은행 대출에 규제를 도입했다. 미국은 이미 1930년대에 자기자본 비율 10% 규제를 도입하여 운용하고 있었다. 그러다가 1960년대 중반에 이 규제를 폐지했는데 1981년에 이를 다시 도입한 것이다. 자기자본 10% 가운데 5%는 기본자본으로 유지해야 하는 의무까지 더해졌다. 여기에서 기본자본이란 후순위채권이나 대손충당금처럼 자본의 성격이 약한 항목을 뺀 부분을 말한다.

미국 은행들에 대한 자기자본 규제는 그렇지 않아도 곤란한 상황에 빠진 은행들의 사정을 더욱 어렵게 했다. 미국 은행들은 국내에서는 규제 완화로 전통적 업무를 다른 금융기관에 빼앗기고 있었다. 국제영업을 하는 은행들은 라틴아메리카 부채 문제로 시달렸다. 국제 은행업을 하는 은행들은 라틴아메리카 대출에서 발생한 손실을 전체 국민의 부담으로 떠넘기기를 바랐지만 정치인들은 이를 반대하는 유권자들과 은행업자들 사이에서 아슬아슬한 줄타기를 하고 있었다. 여기에 자기자본 비율이 부과되면 미국 은행들의 국제 경쟁력이 낮아지리라는 사실은 너무 분명했다.

한편 대외 경쟁력을 갖춘 일본의 기업들은 대외 진출을 늘리기 시작했는데, 이에 따라 은행들의 국제영업도 증가했다. 주거래은행제도를 채택하고 있는 일본에서 은행들이 외국으로 나가는 기업을 따라 함께 나가는 것은 자연스러운 현상이었다. 그 결과 일본 은행들의 국제 영업이 크게 성장했다. 랄프 브라이언트Ralpf C. Bryant에 따르면 1960년부터 1980년까지 국제은행업의 점유율은 미국이 30%, 일본이 20% 수준이었다. 1985년이 되면 이 비율이 미국은 23%, 일본은행은 26%로 역전된다. 1987년에는 국제 대출액 상위 10개 은행 가운데 7개를 일본은행들이 차지한다.

 미국 은행들은 자기들에게만 적용되는 자기자본 규제 부과가 국제 경쟁력을 떨어트린다는 형평성 문제를 들고나왔다. 미국 연준은 규제를 철폐하는 대신 규제의 국제적인 통일을 통해 형평성을 회복한다는 생각을 해냈다. 자기자본 규제가 BIS와 같은 기구를 통해 국제 기준으로 만들어지면 미국 은행들이 불리하지 않게 된다는 아이디어였다. 1984년부터 갑자기 미국 연준 의장인 볼커가 자기자본 비율 규제에서 주도적인 역할을 하기 시작했다. 1984년 5월에 미국 8위 은행인 콘티넨탈 일리노이 은행의 파산으로 60억 달러의 구제금융이 들어가면서 볼커의 발걸음은 한층 빨라졌다. 볼커는 같은 달 열린 바젤 중앙은행 총재회의에 참석하여 자기자본 규제 도입의 필요성을 강조했다. 물론 이때도 통일적이고 일률적인 자기자본 비율 규제가 가능할 것이라 생각한 중앙은행 총재는 별로 없었다. 그렇지만 미국 연준의 노력과 바젤위원회의 설립을 주도했던 잉글랜드 은행의 도움은 자기자본 규제를 향한 걸음을 재촉했다.

 미국이 자기자본 규제를 국제화하려고 했던 또 다른 이유도 있었다. 미국은 1980년대 초에 이른바 쌍둥이(무역수지와 재정수지) 적자를 겪고 있었다. 미국 연준은 BIS 자기자본 비율이 이 적자 문제를 해결하는 데에 기여할 것이라고 내다보았다. 예컨대 자기자본 비율 규제는 글로벌 은행들에게 위험자산보다 안전자산 투자에 초점을 맞추라는 메시지를 줄 텐데, 그러면 가장 안전한 자산으로 간주되는 미국 국채에 대한 수요가 늘어나리라는 사실은 쉽게 예측할 수 있는 일이었다. 맥킨지앤컴퍼니의 로웰 브라이언은 이 규제의 의도가 은행들로 하여금 미국 채권을 더 많이 구입하도록 하는데 있다고 생각했다. 미국 국채에 대한 수요가 늘어나면 미국은 이중 적자 문제를 더 쉽게 처리할 수 있게 된다.

자기자본 비율 규제의 도입이 구체화하는 시점인 1987년에 연준 의장인 볼커는 이것이 국제경쟁에서 불리한 처지에 놓여 있다고 주장하는 미국 은행들의 걱정을 완화할 것이라고 설명했다. 그러면서 볼커는 바젤 협약이 미국 은행들의 경쟁력에 대한 문제를 충분히 고려한 것이라고 덧붙였다. IMF 자료에 따르면 1987년과 1988년의 자기자본 비율은 캐나다가 5.03%와 5.40%, 독일이 4.99%와 4.69%, 일본이 2.18%와 2.49%, 영국이 8.28%와 8.94%, 미국이 5.18%와 5.58%였다. 여기에서 보듯 일본 은행들의 자기자본 비율이 유독 낮았다. 이는 일본 은행들의 특징인 외형 성장 중심의 영업 행태를 반영한다. BIS 자기자본 비율은 최종적으로 1988년에 8%로 정해졌는데(1990년 말부터 7.25% 이상, 1992년 말부터는 8% 이상 유지토록 의무화), 이 숫자가 사실은 객관적인 근거를 갖는 것이 아니었다. 영국의 은행들은 이 비율을 이미 넘어서 있는 상태였고 미국의 은행들은 쉽게 이를 달성할 것으로 전망되었다. 이러한 사정이 BIS 비율을 8%로 정하게 하는 배경이었다.

이 때문에 일부 비판가들은 이 8%라는 숫자가 일본을 겨냥한 것이라고 말한다. 예컨대 BIS에 대한 최고 전문가들인 캡쉬타인이나 리차드 해링&로버트 라이탄이 그런 주장을 편다. 미국과 영국의 금융세력이 일본의 금융성장을 막기 위해 BIS 자기자본 비율의 도입을 주도했다는 것이다. 실제로 일본의 은행들은 BIS 자기자본 비율의 영향을 크게 받았다. 자기자본 비율이 낮았던 일본의 은행들은 이 비율을 높이기 위해 대출을 줄일 수밖에 없었다. 1990년대 초에 이 BIS 비율을 맞추기 위해 일본의 은행들이 담보대출을 회수한 것이 일본의 자산 거품 붕괴에 큰 역할을 했다는 주장도 있다.

BIS 자기자본 비율은 그 제정 과정에서 나타나듯이 매우 비민주적인 것이었다. 첫째, 이 비율은 국제적인 조약이 아니라 몇몇 중앙은행들의 모임에서 결정되었다. 따라서 이 비율은 강제력을 갖지 않은 권고 사항에 지나지 않은 것이지만 현실에서는 마치 강제 규범인 것처럼 기능한다. 『바젤탑』의 저자인 아담 레보어도 이 자기자본 비율이 정당성을 갖는가를 물은 바 있다. 둘째, 이 비율의 제정에 특정국의 입김이 크게 작용했다. 특히 은행들의 국제경쟁력에 도움을 주고 이중 적자를 해결하려는 미국의 의도가 이 비율 제정에 결정적인 역할을 했다. BIS 자기자본 비율 규제를 계기로 미국의 쌍둥이 적자를 주변 중앙은행들이 미국 국채를 구입함으로써 떠받치는 구조가 더 단단하게 굳어졌다. 셋째, 8%라는 숫자는 나라들 사이의 이해 관계를 반영하여 결정된 것이다. 8%라는 숫자가 무슨 객관적인 근거를 갖는 것은 아니었다.

BIS 자기자본 비율 8% 규제가 만들어내는 문제점

　BIS 자기자본 비율의 목적은 은행들의 건전성을 높이겠다는 것이다. 금융감독원이 펴낸 『금융감독개론』도 BIS 비율 제정 목적이 고위험 자산에 집중하여 투자하려는 금융기관의 도덕적 해이를 방지하여 건전성을 높이는 데 있다고 설명한다. 실제로 BIS 비율 규제는 은행 경영의 건전성을 높이는 데 틀림없이 도움을 줄 것이다. 그러나 다른 한편 BIS 비율은 여러 문제를 만들어 내고 있다. 앞서 언급한 경기 증폭 효과는 그 가운데 하나이고 그 밖에도 다음과 같은 문제를 만들어낸다.

　첫째, 은행들로 하여금 안전성을 추구하게 하는데 이것이 사회적으로 바람직한 것은 아니다. 은행들은 자산 운용 대상에서 국채의 비중을 점차 높여 나가지만 이것은 생산적인 기업으로 흘러 들어가는 자금이 줄어드는 것을 나타낼 수 있다. 특히 국제 은행들의 미국 국채 구입 증가는 자본이 주변국에서 미국으로 흘러가서 그곳의 쌍둥이 적자 문제를 해결하는 기능을 한다는 사실을 나타낸다. 또한 안정성을 강조하는 규제는 은행들이 영업 대상을 기업대출에서 가계 담보대출로 바꾸도록 이끈다.

　둘째, 첫째 문제와 연결된 것으로 담보대출의 증가는 자산 가격의 상승으로 이어져서 부의 불평등한 분배를 증폭시키는 역할을 한다. BIS 자기자본 비율은 금융과 자산 가격의 연계를 강화하는 역할을 하는데, 이 때문에 금융자산과, 금융시장에 편입된 자산의 규모를 팽창시키고 이것이 결국 자산 불평등을 만들어내는 것이다. 이는 감독

규제가 국민과 국내 기업의 필요에 도움을 주는 것이 아니라 은행의 이윤 확대에만 도움을 주는 역설적인 결과를 가져올 수 있다는 사실을 보여준다.

셋째, BIS 자기자본 비율은 개발도상국들의 구조조정을 다그치는 역할을 한다. 그런데 이 구조조정이라는 것은 BIS 자기자본 비율을 맞추지 못한 금융기관들의 정리, 미래 가치는 있더라도 당장의 재무 상태가 나쁜 기업들의 퇴출, 고용의 축소나 불안정한 고용으로 전환, 사회복지 삭감, 공공 기업의 민영화, 그 민영화한 기업에 대한 외국 자본의 인수 허용 등을 포함한다. 국제 은행들은 신흥경제들에 무분별하게 돈을 빌려준 다음 나중에 언젠가 위기 국면에서 BIS 기준에 따른 자본이 부족하다는 것을 구실로 금융기관을 인수하러 들어오는 것이다. 이러한 사실 때문에 헨리 류Henry CK Liu 같은 국제금융 전문가는 바젤 비율이 국제 금융자본의 이익에 봉사한다는 얘기를 한다.

넷째, BIS 비율은 금융기관들에게 규제를 피해갈 수 있는 다양한 길을 찾게 했다. 실제로 금융기관들은 자산 유동화 기법과 같은 규제 회피 수단을 고안해서 BIS 규제 효과를 반감시켰다. 또한 금융기관들의 규제 회피 노력은 그림자 금융을 크게 발전시켰다. 금융기관들은 특수목적기구SPC, 사모펀드 등 감독기구의 규제를 벗어날 수 있는 기법들을 만들어냈는데, 이 **그림자 금융**이 금융 위기를 일으킬 수 있는 복병 역할을 할 수 있다는 걱정이 여기저기서 들려오는 상황이다.

BIS 자기자본 비율은 우리나라에도 큰 영향을 주고 있다. 지난 1997년 외환위기 때 IMF는 우리나라에 구제금융을 제공하면서 국내 은행들이 BIS 자기자본 비율을 충족해야 한다는 내용을 협정문에 집어넣을 것을 요구하여 관철했다. 사실 BIS 기준과 IMF 협정문 사이에는 아무런 논리적, 법적 연관성이 없다. 그런데도 은행들이 BIS 자기자본 비율을 지켜야 한다는 내용이 협정문에 들어가면서 우리나라에서는 권고 사항에 지나지 않은 이 비율이 반드시 지켜야 하는 법적 규범처럼 되었다. 이 BIS 자기자본 비율은 구조조정 과정에서 어마어마한 강제력이었다. 외환위기 이후 40%가량의 금융기관이 구조조정을 당했는데 그때 그 기준은 BIS 비율이었다. 외환은행이 론스타에 매각된 것도 자기자본 비율이 낮다는 이유였다. 구조조정 이후 이 비율이 낮은 금융기관들은 덩치가 더 큰 다른 금융기관이나 외국자본의 손에 넘어갔는데, 그 결과 대형화, 외국 기관화가 촉진되었다. 그 이면에서 규모가 작은 지역밀착 금융기관들은 해체되거나 대형 금융기관에 매각될 수밖에 없었고 영업도 크게 위축되었다. 외환위기 이후 지역 경제가 활력을 잃은 데에도 BIS 자기자본 비율이 일정한 역할을 했다. 또한 구조조정으로 수만 명의 금융기관 종사자들이 일자리를 잃어야 했다.

BIS 비율은 우리나라 가계부채 문제를 키우고 부동산 가격을 상승시키는 데에서도 중요한 역할을 했다. 은행들은 BIS 비율을 맞추기 위해 운용자산에서 위험자산 비율을 줄이고 안전자산 비율을 늘려야 했다. 바젤위원회가 제시한 권고에 따르면 은행이 보유한 자산에는 일정한 위험 가중치가 부여된다. 예를 들어 위험 가중치가 국채는 낮고 민간기업에 대한 대출은 높으며, 주택 담보대출은 그 중간 수준이다. BIS 비율로만 보면 자산 구성에서 국채나 주택 담보대출의 비중을 높이는 것이 은행에 유리하다.

바젤 비율 기준은 각 나라들의 감독 당국에 위험 요인의 평가나 위험 가중치 부여 방법에 대해 어느 정도의 국가 재량권을 인정한다. 금융감독원이 국회에 제출한 자료에 따르면 우리나라 은행들이 보유한 자산 그룹별 위험 가중치가 2023년을 기준으로 기업은 45%(공적 보증 감안), 신용카드는 16.3%, 개인 대출은 26.6%, 개인 대출 가운데 주거용 주택을 담보로 하는 대출은 15.2%로 나타난다. 이러한 수치들은 주택 담보대출의 위험 가중치가 가장 낮다는 사실, 따라서 은행들이 주택 담보대출에 이끌릴 가능성이 높다는 사실을 보여준다. 실제로 외환위기와 금융 구조조정을 거치면서 은행들은 개인 담보대출에 주력하는 모습을 보였다. 개인 담보대출의 증가는 우리나라 가계 부채 문제를 키우는 중요한 원인이었고 이것이 부동산 가격 폭등에 기여했으며 나아가 자산 불평등을 키우는 데서도 큰 역할을 했다.

활동가들은 BIS 자기자본 비율의 본질을 이해하고 있어야

외환위기 이후 우리나라가 IMF와 맺은 협정문에 은행들이 BIS 자기자본 비율을 지켜야 한다는 내용이 굳이 들어갈 이유는 없었다. BIS도 지속적으로 강조하고 있듯이 BIS 자기자본 비율은 권고 사항일 뿐 강제법규가 아니다. 엄밀하게 얘기하자면 BIS 비율은 임의적인 성격의 기준에 지나지 않는다. 그럼에도 IMF는 이를 협정문에 집어넣을 것을 요구했던 것이다. 활동가들은 BIS 자기자본 비율이 IMF

협정문에 들어가는 것에 반대 목소리를 내야 했지만 그러기는커녕 오히려 BIS 자기자본 비율을 반드시 지켜야 하는 신조처럼 받아들였다. 활동가들이 이런 모습을 보인 데에는 BIS 자기자본 비율의 본질을 이해하지 못했던 탓이 클 것이다.

  활동가들은 BIS 자기자본 비율이 선출되지 않은 민간 금융가들에 의해 만들어져서 금융세력의 이익을 위해, 특히 금융에 가장 큰 이해관계를 가진 미국의 이익을 위해 봉사하고 있다는 사실을 이해해야 한다. BIS 자기자본 비율의 본질을 제대로 이해하고 있어야만 언젠가 이 기준이 금융세력의 무서운 칼날이 되었을 때 그에 대처할 수 있을 것이다.

(2024.7.9.)

도움 받은 자료

- 아담 레보어, 임수강 옮김, 『바젤탑』, 더는 출판사, 2022.
- Charles Goodhart, *The Basel Committee on Banking Supervision: A History of the Early Years 1974–1997*, Cambridge University Press, 2011.
- Korea Times, "BIS Calls Trigger Vicious Cycle", 2008.12.14.
- Ralpf C. Bryant, *International financial intermediation*, Brookings Institution Press, 1987.
- Richard J. Herring, Robert E. Litan, *Financial Regulation in the Global Economy*, Brookings Institution Press, 1995.

은행의 자산금융 규제해야
가계부채 문제 해결

가계부채 증가를 이론적으로는
어떻게 설명하는가?

1980년대 이후 주요 나라들은 가계부채가 급격하게 축적되는 현상을 경험했다. 사실 가계부채뿐만 아니라 기업부채, 공공부채도 나란히 증가했다. 가계부채의 이면이라 할 수 있는 금융자산도 마찬가지였다. 금융부문의 성장 속도는 실물부문의 그것을 훨씬 앞질렀다. 금융의 성장이 두드러지는 이러한 현상은 자본주의 발전과정의 한 특징적인 면을 나타내는 것으로 여겨지기도 한다.

우리나라의 가계부채는 1997년 외환위기 이후에 급격하게 증가하기 시작한다. 출발은 뒤늦었지만 그 속도가 상대적으로 빨랐기 때문에 우리나라의 가계부채는 이제 다른 나라들에 비해 그 규모가 상대적으로 매우 큰 수준에 이르렀다. GDP 대비 비율이나 상환 능력에 대비한 비율과 같은 여러 지표들은 우리나라의 가계부채 수준이 주요 나라들 가운데 최상위권임을 보여준다.

그렇다면 가계부채는 왜 계속 증가해 온 것일까? 먼저 가계부채의 증가 현상을 이론적으로는 어떻게 설명하는지를 보기로 하자. 가계부채가 증가하는 이유에 대한 대부분의 설명 방식은 **생애주기가설**에 바탕을 둔다. 이 설명에 따르면 개인들이 생애 전체에 걸친 예상 소득을 기초로 소비를 고른 수준으로 유지하고자 할 때 가계부채가 발생한다. 소득이 적은 청년기나 노년기에는 빚을 내서 소비를 하고 소득이 많은 장년기에는 과거의 빚을 갚거나 앞날을 위해 저축을 늘린다는 식이다.

이 설명에서는 가계부채를 소비를 고르게 하고, 이를 통해 개인들의 효용을 증가시키는 데 기여하는 것으로 간주한다. 그러므로 가계부채 증가를 오히려 바람직한 현상으로 여기기까지 한다. 이 설명 방식의 한계는 가계부채의 증가 원인을 개인의 의사결정 수준으로 축소시키고 있다는 점과 세계시장 맥락이나 가계부채의 내부 구조에 대한 고려가 없다는 점에서 드러난다. 무엇보다 가계부채가 주요 나라들에서 왜 1980년대 이후에 갑자기 증가하기 시작했는가를 제대로 설명하지 못한다.

이에 따라 가계부채가 증가하는 이유를 다르게 설명하는 대안의 방식이 등장했다. 하나는 소득 불평등의 심화를 바탕으로 가계부채의 증가를 설명하는 방식이다. 소득 불평등의 심화로 저소득층의 소득이 감소하고 그에 따라 저소득층이 부채를 통해 소득 감소분을 보충하는 과정에서 가계부채가 증가했다는 것이다. 다른 하나는 세계시장 맥락에서 설명하는 방식인데, 가계부채의 증가가 세계시장의 달러 자본 흐름과 연결되어 있다고 보는 것이다.

노동소득 분배율이 낮아짐에 따라 생긴 소득 불평등의 증가를 가계부채의 팽창과 연결시키는 견해를 보자. 프린스턴 대학의 미안 Atif Mian과 시카고 대학의 수피 Amir Sufi는 소득 불평등의 확대와 가계부채의 증가를 연결해서 설명한다. 하버드대학 총장과 재무부 장관을 역임했고 케인스주의 정책의 지지자로 자처하는 래리 서머스 Larry Summers는 미안과 수피가 쓴 『빚으로 지은 집 House of Debt』을 극찬한 바 있다. 이 책과 다른 논문들을 통해 미안과 수피는 1980년대 이후 부자들은 더 부유해지고 더 많이 저축하는 데 비해, 가난한 가구는 더 적게 받고 따라서 더 많이 빌려야 했기 때문에 가계부채가 증가한 것이라고 설명했다.

미안과 수피의 주장은 가계부채를 축소하기 위해서는 소득 불평등을 완화해야 한다는 사실을 함의한다. 실제로 미안과 수피는 가계부채 문제를 해결하는 선결 조건으로 소득 재분배를 통한 불평등의 완화를 주장한다. 이들은 불평등의 완화를 위해서는 표준적이지 않은 거시경제정책이라 할지라도 이를 적극적으로 활용해야 할 필요성을 강조한다. 또한 이들은 가계의 너무 많은 빚은 이를 탕감해 주어야 하며 그렇게 하는 것이 부자들의 이익에도 부합한다고 덧붙인다.

소득 불평등 때문에 가계부채가 증가한다는 주장은 노동조합에 우호적인 여러 연구자 사이에서도 인기가 높았는데, 그 이유는 그것이 가계부채 문제의 해법으로 소득 불평등의 완화를 제시했기 때문이다. 예컨대 진보적인 경제학자인 스톡해머Stockhammer E.는 신자유주의 시기 자본 친화적인 정책으로 임금 몫이 축소하여 소득 불평등이 심해졌고, 그 때문에 저소득 계층은 부채로 소비를 메워야 했다고 설명했다. 그는 **임금주도 성장**wage-led growth 전략(우리나라의 소득주도 성장)을 통해 불평등을 완화함으로써 가계부채 문제를 해결할 수 있다고 주장했다. 프랑스의 조절학파 연구자들이나 미국의 진보적인 잡지인 먼슬리 리뷰Monthly Review를 중심으로 형성된 연구자 그룹도 비슷한 주장을 펼쳤다.

일부 주류 연구자들 사이에서도 가계부채의 증가를 소득 불평등의 확대와 연결하려는 시도가 엿보인다. 이들은 글로벌 금융위기 이전 시기에 가계부채 증가와 나란히 소득 불평등이 함께 높아졌다는 사실에 주목하면서 양자 사이에 관련이 있다는 주장을 내세운다. 그렇지만 이들은 저소득 가구가 형편을 고려하지 않고 고소득 가구의 소비 수준을 무리하게 따라가려다 가계부채가 증가했다는 사실을 강조하는 경향을 보인다(이른바 'Keeping up with the Joneses' 가설). 여기에는 가계부채의 증가 원인을 저소득층의 **과소비 탓**으로 돌리려는 의도가 배어 있다.

소득 불평등의 확대가 가계부채의 증가, 나아가 금융위기의 중요한 원인이라는 주장은 **라잔 가설**Rajan hypothesis로 알려져 있다. 라구람 라잔Raghuram Rajan 역시 1980년대 이후 소득 불평등이 확대하고 중산층과 저소득층의 실질 소득은 제자리에 머물러 있는 동안 정부가 돈을 쉽게 빌릴 수 있는 환경을 만들어준 탓에 가계부채가 증가했다고 설명한다. 라잔도 가계부채 축소의 대안으로 소득 분배의 개선을 제시한다.

 소득 불평등으로 가계부채 증가를 설명하는 방식은 그것이 제출하는 대안의 진보성과 무관하게 많은 한계를 드러낸다. 여러 나라의 사례를 보면 저소득층이 임금 감소를 보충하는 과정에서 늘린 가계부채는 전체의 작은 부분만을 차지한다. 가계부채의 훨씬 많은 부분은 부동산, 주식, 채권과 같은 청구권 자산이나 가상자산을 매입하는 과정에서 증가한 것이다. 임금 정체에 따른 소득의 감소를 가계부채의 증가로 연결하려는 시도에는 무리가 따른다.

 가계부채 증가의 원인을 일국적 차원이 아니라 세계시장 맥락에서 찾는 또 다른 설명 방식이 있다. 이 설명 방식의 특징은 가계부채 증가의 원인을 개별 경제주체들의 의사결정이 아니라 세계시장의 자본 운동에서 찾는다는 사실에 있다. 이는 가계부채 증가의 원인을 수요 쪽이 아니라 공급 쪽에서 찾는다는 것을 의미한다. 이 설명에서는 자본의 흐름뿐만 아니라 이윤을 추구하는 금융기관의 행태, 가계부채를 늘리기 위한 자산가 계층의 다양한 이데올로기 등이 강조된다.

 던컨Duncan R.은 가계부채를 포함한 전체 부채의 증가 계기를 달러와 금의 교환 중지에서 찾는다. 미국은 외부의 달러를 금으로 교환해 주겠다는 약속을 1971년에 일방적으로 깨트린다. 이후 미국은 경상수지 적자를 축소하려는 노력을 포기하고 그것을 달러 발행을 늘려 메우는 전략을 선택한다. 이에 따라 이른바 글로벌 불균형 현상이 나타난다. 미국의 경상수지 적자가 늘어나면 주변국들에서는 경상수지 흑자가 그에 비례해서 쌓인다. 미국의 경상수지 적자 증가는 주변국 기업의 수출 대금이 예금 형태로 미국의 은행 시스템에 쌓인다는 것을 의미한다. 이 예금은 어딘가에 운용되어야 한다. 흑자국에서는 은행 시스템에 쌓인 달러 청구권 자산을 배경으로 신용창출이 가능해진다. 이렇게 해서 글로벌 불균형이 흑자국과 적자국의 금융자산과 금융부채의 팽창을 불러온다는 것이 던컨의 설명이다. 유명한 발전경제학자인 웨이드Wade R.도 이와 유사한 설명을 한다.

이러한 방식의 설명에서는 은행의 역할이 강조된다. 여기에서 은행은 소극적인 자금 중개자가 아니라 적극적으로 대출을 확대하기 위해 나서는 전략적인 행위자로 묘사된다. 은행들은 전통적인 영업 기법 외에도 대출을 늘리기 위한 다양한 금융 기법들을 발견해 내려고 노력한다. 이는 금융 혁신의 원천으로 기능한다. 경쟁이 치열해지면서 은행들은 새로운 대출처도 찾아 나선다. 은행들은 청구권 증서(주식, 채권, 부동산 대출채권과 같은) 매매 시장이나 가계부문에서 유망한 대상을 발견했다. 은행들은 이 부문에서 적극적인 대출 전략을 펼쳤는데, 그 과정에서 가계대출도 증가했다.

자산금융이 주도하는 가계부채 증가

그렇다면 가계부채는 실제로 어떤 과정을 통해서 증가하는 것일까. 예금과 지급, 대출과 차입 등 금융활동의 증가는 금융자산과 금융부채의 증가로 나타난다. 금융의 사전적 의미는 자금의 융통이라 할 수 있는데, 이러한 정의에 따르면 금융은 플로우 개념이다. 금융활동은 일정한 시점에서 그 스톡을 측정할 수 있는데, 이것이 금융자산과 금융부채라 할 수 있다. 플로우인 금융활동이 증가하면 그 결과로서 스톡인 금융자산과 금융부채가 증가하는 것이다.

은행은 대출을 통해 이윤을 얻을 수 있는 한, 그 대출처가 어디인지에 대해 별로 관심을 두지 않는다. 은행의 대출은 기업으로 향할 수도 있고 가계로 향할 수도 있다. 1980년대 이후에 주요 선진국에서는 기업대출보다 가계대출이 더 빠르게 증가하는 모습이 두드러진다. 가계로 향하는 대출은 청구권 자산의 거래를 중개할 수도 있고, 가계의 소비생활을 중개할 수도 있는데, 편의상 전자를 **자산금융**으로 후자를 **생활금융**으로 부르기로 하자.

자산금융과 생활금융의 구분은 일찍이 케인스Keynes J.M.가 『화폐론』에서 화폐 순환을 산업 순환과 금융 순환으로 구분한 것과 맥락이 닿아 있다. 산업 순환은 상품의 생산, 유통, 분배, 소비를 거치는 재생산과 관련한 활동, 곧, 기업의 사업이나 가계의 소비 활동과 관련하여 발생하는데, 그 거래 금액은 명목 GDP와 안정적인 함수관계를 갖는다. 금융 순환은 화폐자본이 금융시장을 통해 움직이는 과정을 나타내는데, 기존 부(주식, 채권, 부동산, 가상자산)에 대한 청구권의 거래가 중심이며, 실제 생산 활동의 요구를 넘어 훨씬 멀리 확장할 수 있다는 특징을 갖는다. 투기성 상품(원유, 곡물, 1차 산품 등)이나 청구권 자산의 매매를 중개하는 금융 순환은 실물 경제와 아무 연결 없이 독자적으로 팽창할 수 있다.

산업 순환의 일부를 나타내는 **생활금융**이 지배적일 때는 앞서 설명한 라잔 가설이 성립할 것이며 거꾸로 **자산금융**이 지배적일 때는 그렇지 않을 것이다. 그런데 경험 연구들에 따르면 1980년대 이후 가계부채 증가의 지배적인 부분은 **자산금융**에서 발생한다. 자산금융 가운데서도 가장 많은 부분을 차지하는 부동산 대출은 1990년대 이후 급속히 증가하는 모습을 보인다. 영국의 사례를 조사한 한 연구에 따르면 2012년 기준 은행 대출 가운데 부동산과 무관한 기업대출은 14%, 생활금융은 7%에 지나지 않았으며, 상업용부동산 대출은 14%, 주택 모기지는 65%로 나타났다.

우리나라의 경우도 대부분이 가계부채가 자산금융 활동과 관련하여 발생했다. 우리나라의 가계부채는 1997년 외환위기 이후 지속적으로 증가하는 모습을 보였는데, 그 계기를 다음과 같이 정리할 수 있다. 첫째, 외환위기 이후 가격이 떨어진 자산을 매입하기 위한 외국자본이 대량으로 유입되어 은행 시스템에 쌓였다. 둘째, IMF 요구로 기업들이 부채 비율을 낮춰나갔는데, 이에 따라 은행들은 기업 아닌 다른 곳에서 대출처를 찾아야 했다. 셋째, 위기 이후 외국인 지분율이 높아진 대형 은행들이 상대적으로 안정성이 높은 가계대출을 공격적으로 늘리는 영업전략을 선택했다. 넷째, 구제금융의 조건으로 IMF가 BIS 자기자본 비율 8%의 즉시 준수를 요구한 조항도 가계부채를 늘리는데 크게 기여했다. 정부는 내수를 부양하기 위해 부동산 부문을 중심으로 적극적인 규제 완화 정책을 폈는데, 이는 담보대출 중심의 가계부채가 늘어나는 결과를 가져왔다.

우리나라의 가계부채 증가를 분석해 보면 다음과 같은 중요한 특징을 읽을 수 있다. 먼저, 소득이 많은 계층이 가계부채의 대부분을 가지고 있는데, 이러한 사실은 고소득층이 돈을 빌려주고 저소득층이 돈을 빌린다는 일반적인 이미지와는 정반대의 모습을 보여준다.

『2024년 가계금융복지조사』에 따르면 전체 가계부채 가운데 소득이 높은 5분위는 45.0%를 차지하는 데 비해 소득이 낮은 1분위는 4.3%만을 차지한다. 자산 분위별 기준으로 보더라도 보유 자산이 많은 가구일수록 부채의 규모가 더 크게 나타난다. 자산이 적은 1분위의 담보대출은 전체의 4.2%를 차지하는 데 비해 4분위는 24.7%, 5분위는 38.3%를 차지한다.

가계대출 가운데 신용대출만을 떼서 보더라도 이의 대부분을 고소득층이 보유하는 것으로 나타난다. 2024년 기준으로 소득이 적은 1분위의 신용대출은 전체의 4.1%를 차지하는 데 비해 소득이 많은 4분위는 25.6%, 5분위는 42.3%를 차지한다. 신용대출 가운데 고소득층이 높은 비율을 차지한다는 것은 이 계층이 생활비 이외에 자산 취득을 위해 신용으로 돈을 빌렸을 수 있음을 시사한다. 실제로 『2024년 가계금융복지조사』의 자금 용도별 분류 현황을 보면 신용대출의 30%가량은 주택 관련 대출이며 그 밖에도 가상자산 투자나 유가증권 투자를 위한 차입이 있을 것으로 보인다.

다음으로, 가계대출 증가의 대부분은 부동산, 주식, 채권, 가상자산 등 자산의 매입과 관련하여 증가했다. 우리나라의 가계부채는 생활금융보다 자산금융과 관련하여 증가했는데, 그 결과 전체 가계대출에서 주택 담보대출이 높은 비중을 차지한다. 한국은행의 『2024년 금융안정보고서』에 따르면 2024년 3/4분기 말 기준으로 전체 가계대출 가운데 주택 담보대출(개별 주택 담보대출, 전세자금대출과 집단대출의 합계)이 차지하는 비중은 61.9%이다. 전체 가계대출에서 주택 담보대출이 차지하는 비중은 2014년 54.6%에서 상승하는 추세이다.

신용대출 가운데서도 주택 구입과 관련된 대출이나 기타 자산 구입과 관련된 대출이 있으므로 실제의 **자산금융** 규모는 더 클 것이다.

주택 담보대출 가운데 다주택자의 주택 담보대출이 차지하는 비중도 높을 것으로 예상된다. 전체 주택 담보대출 가운데 다주택자의 주택 담보대출이 차지하는 비율은 가계부채 관련 정책수립을 위한 중요한 정보이지만 정기적으로 공표되지는 않는다. 과거의 자료를 통해 유추할 수밖에 없는데, 한국은행이 2016년 3월에 국회에 보고한 자료에 따르면 당시 주택 담보대출의 총규모는 630.8조 원이었고 그 가운데 2건 이상 주택 담보대출을 받은 가계의 대출 규모는 199.9조 원(31.7%)이었다. 이 비율이 유지되고 있다면 2024년 3/4분기 말 기준 주택 담보대출 1,112.1조 원 가운데 353.3조 원은 2건 이상 주택 담보대출을 받은 가계의 몫일 것이다.

가계부채 가운데 주택 담보대출 비율이 높고, 또 가계대출이 고소득층에 집중되어 있다는 것은 다음의 사실을 함의한다. 곧, 은행에 맡겨진 국민 전체의 신용을 소수가 독점하여 자산(특히 주택)을 늘리는 데 사용하고 있다는 것이다. 비슷한 얘기지만 가계부채가 부유층의 자산 형성과 관련 속에서 증가한다는 것이다.

가계부채 증가를 어떻게 멈춰 세울 것인가?

자산금융과 생활금융의 구분이 중요한 이유는 가계부채의 증가가 전혀 다른 원인에 의해 증가할 수 있고, 따라서 가계부채 문제에 대한 대안도 어느 쪽이 지배적인가에 따라 전혀 달라야 함을 보여주기 때문이다. 가계부채 문제의 대부분은 생활금융이 아니라 자산금융에서 생겨난 것이기 때문에 그에 대한 대책도 자산금융에 맞춰져야 한다. 가계부채는 부유한 계층이 소득이 낮은 계층에게 돈을 빌려주었기 때문에 증가한 것이 아니라 금융부분에서 생성된 신용을 부유한 계층이 독점하여 자산 구입을 늘리는 데에 활용했기 때문에 증가한 것이다.

과다한 가계부채는 수많은 문제들을 일으킨다. 여러 경험 연구들은 과도한 가계부채가 소득 불평등을 키울 수 있음을 보여준다. 곧, 소득 불평등 때문에 가계부채가 증가하는 것이 아니라 가계부채가 증가하기 때문에 소득 불평등이 증가한다는 얘기다. 가계부채의 증가는 자산 불평등을 키우는 데서도 중요한 역할을 한다. 금융부문에 집중된 신용에 대한 처분권은 그것이 어떻게 배분되느냐에 따라 불평등을 키울 수도 완화할 수도 있다. 신용에 대한 처분권이 고소득층에 집중적으로 배분되어 자산을 늘리는 데 활용된다면 당연히 자산 불평등은 심해질 것이다. 그 밖에도 과도한 가계부채는 금융위기 가능성을 키울 뿐만 아니라 경제 성장에도 불리한 영향을 준다.

따라서 가계부채 문제에 대한 정책적인 대응이 필요하다. 그 대응의 핵심은 은행 영업 행태에 대한 규제에서 찾아야 할 것이다. 그런데 가계부채가 갖는 이중구조는 가계부채 문제를 해결하기 위해서 가계대출을 **억제**하면서 동시에 **지원**해야 하는 모순적이고 복잡한 정책적 과제 상황을 만들어낸다. 재생산과 관련 없이 진행되는 청구권 자산의 거래는 부가가치 생산에 기여하지 않는다는 점에서 비생산적이기 때문에 사회의 신용이 그곳으로 향하는 것을 정책적으로 막아야 한다. 그렇지만 재생산의 연장선상에서 이뤄지는 생활금융은 오히려 지원해야 할 필요성이 있다.

가계부채의 대부분은 자산금융과 관련하여 발생하기 때문에 가계부채의 총량을 관리하기 위해서는 이를 적극적으로 규제해야 한다. 특히 투기적인 대출을 규제해야 한다. 투기적인 대출을 엄밀히 규정하기는 쉽지 않지만 다주택자·미성년자·고가주택의 주택 담보대출, 가상자산을 구입하기 위한 가계대출 등은 투기적인 대출로 간주해도 좋을 것이다. 생활금융과 관련한 가계부채는 재생산 규모(예컨대 GDP)에 의해 제한된다는 점에서 한계를 갖기 때문에 이를 규제하지 않더라도 크게 늘어나지 않을 것이다. 오히려 생활금융을 확대하여 금융에서 배제된 계층을 제도 금융으로 끌어들이는 대책이 필요하다.

자산금융과 생활금융을 구별하지 않는 일률적인 대책은 자산 가격을 유지하는 방향으로 이끌리기 쉽다. 예를 들어 채무자를 지원한다는 정책금리 인하는 가계부채 문제 해법의 길과 어긋나는 방향착오일 수 있다. 정책금리 인하가 자산가격을 유지·부양하고 이자 부담을 줄여줌으로써 가계부채를 많이 보유하고 있는 고소득, 고신용 계층에게만 혜택을 줄 수 있기 때문이다. 제도 금융권에서 밀려나 있는 계층이나 또는 주로 제2금융권을 이용하고 있는 계층에게는 정책금리 인하가 별다른 좋은 소식이 아니다. 그런 면에서 **하우스 푸어**나 **영끌** 계층을 지원하기 위해 정책금리를 인하해야 한다는 주장은 그 숨은 의도가 무엇인지, 그로 인해 누가 혜택을 보게 될 것인지를 따져보아야 한다.

가계부채 총량을 줄이는 데에서 무엇보다 우선으로 삼아야 할 과제는 다주택자의 주택 담보대출 규제이다. 앞서 언급한 바와 같이 우리나라 2주택 이상 보유자의 주택 담보대출은 350조 원가량으로 추정된다. 현재 다주택자에 대한 규제는 담보인정비율LTV을 통해 이뤄지고 있는데, 이를 강화해야 한다. 현행의 담보인정비율LTV 제도는 규제지역 다주택자에 한해 30%를 적용하고 있다. 2020~21년에는 규제지역 다주택자에 대해 담보인정비율LTV 0%를 적용한 바 있다. 신규 대출분부터 다주택자의 담보대출이나 미성년자 주택 담보대출에 대해서는 예외 없는 LTV 0% 적용을 검토해야 한다. 거액의 주택 담보대출에 대해서도 일정 한도 초과분은 LTV 0% 적용을 검토해 볼 수 있다.

주택 담보대출 규제 수단으로서 현행의 BIS 자기자본 규제 방식을 재검토해서 이를 적극적으로 활용해야 한다. 1997년 외환위기 이후 우리나라에서 가계부채가 증가한 중요한 요인 가운데 하나는 BIS 자기자본 규제이다. BIS 자기자본 비율 규제가 자본의 안정성에 목표들 두다보니, 은행들은 상대적으로 안정성이 높다고 인정되는 가계부채 증대에 영업력을 집중하게 된 것이다. BIS 자기자본 비율을 계산할 때 은행들은 보유 자산별로 각기 다른 위험가중치를 적용한다. 그런데 실제의 위험가중치를 보면 가계대출이 기업대출보다 훨씬 낮게 나타난다. 이를 최소한 기업대출 수준으로 올릴 필요가 있다.

(2025.2.13.)

도움 받은 자료

- 아티프 미안&아미르 수피, 박기영 옮김, 『빚으로 지은 집』, 2014.
- 라구람 G. 라잔, 김민주·송희령 옮김, 『폴트라인』, 2011.
- 통계청, 『2024년 가계금융복지조사』, 2024.

제 4 장

금융이 키우는 불평등

Rich Banks, Poor Society

- 밸류업, 한물 간 신자유주의 프로그램
- 부의 집중을 부채질하는 가상자산
- 다주택자에게 혜택 돌아가는 특례보금자리론
- 국민 지원금, 그리고 돈 풀면 물가 오른다는 신화

밸류업,
한물 간 신자유주의 프로그램

인위적으로 주가 끌어올리겠다는 밸류업

요즘 증권시장 주변에서는 **밸류업**이라는 말이 유행이다. 기업의 가치Value를 높인다up는 의미일 터이다. 그런데 이 용어가 적절한 것은 아니다. 왜냐하면 정부가 추진하는 밸류업은 기업의 실물 가치가 아니라 주식 가격을 높이는데 강조점이 있기 때문이다. 정부가 얘기하는 밸류업은 사실은 프라이스업Price-Up으로 고쳐 쓰는 것이 맞다. 엄밀한 의미에서 주식은 가치를 갖는다기보다 가격만을 갖는다. 어쨌든 이 말이 갑자기 유행하게 된 데는 정부가 올해 초에 발표한 밸류업 프로그램이 놓여 있다.

정부는 올해 1월에 "상생의 금융, 기회의 사다리 확대"라는 민생토론회를 개최하고 국민의 자산 형성을 지원한다는 여러 정책을 발표했다. 거기에는 금융투자소득세 폐지, 개인종합자산관리계좌ISA의 소득에 대한 세금혜택 확대, 상장사의 기업 가치를 높이는 밸류업 프로그램 도입 등이 들어 있다. 이 가운데 밸류업 프로그램은 다음 달에 "한국 증시 도약을 위한 기업 밸류업 지원 방안"으로 구체화한다. 5월에는 가이드라인(안)의 마련으로 이어진다. 이 프로그램은 주가를 높이는 일차적인 책임이 상장기업에 있다는 사실을 강조한다. 구체적으로, 상장기업은 이사회를 중심으로 각 기업의 특성에 맞게 기업의 주가를 올릴 수 있는 중·장기적인 계획을 자율적으로 수립하고 공시해야 한다. 투자자들은 기업들의 그러한 계획을 평가하여 투자 금액 배분에 활용할 것이다

밸류업 프로그램에 따르면 정부의 역할은 주주가치 중심의 기업 경영 문화가 정착할 수 있도록 분위기를 잡아주는 것과 주식 가격을 높이려고 노력하는 기업들에 과감한 인센티브를 제공하는 것이다. 인센티브에는 주주 환원을 늘린 기업에 대한 다양한 세금 혜택, 밸류업 우수기업에 대한 표창과 그 기업들에 대한 기관투자가들(연기금 등)의 투자 확대 등이 포함된다. 기관투자자들이 어떤 기업에 대한 투자를 확대하면 그 기업의 주가가 올라 주주들이 이익을 얻게 된다.

주주 자본주의 문화를 확산하는 데에서는 특히 기관투자자들의 역할이 강조된다. 기관투자자들은 주주 자본주의에 대한 충실성을 기준으로 투자자금 배분을 조절함으로써 전체적인 기업 문화를 주주 가치 중심으로 이끌어가는 데에서 일정한 영향력을 행사할 수 있다. 기관 투자자들이 그러한 역할을 더 잘 수행할 수 있도록 금융위원회는 스튜어드십 코드의 개정을 추진한다는 계획이다.

스튜어드십 코드란 기관투자자들이 수탁자로서 책임을 다하기 위해 지켜야 할 일종의 원칙이다. 이 원칙 가운데에는 수탁자가 투자자산의 가치를 보호하려는 목적으로 투자 대상 회사를 주기적으로 점검해야 한다는 내용이 들어 있다. 이를 활용하여 투자 대상 회사들을 주주가치 중심의 경영 문화로 이끌어 간다는 것이다. 스튜어드십 코드에는 현재 4대 연기금, 125개 운용사 등을 포함하여 222개 기관이 참여하고 있다.

정부는 연기금과 함께 외국자본을 더 적극적으로 주식시장에 끌어들이는 것을 자기의 역할로 설정하고 있다. 밸류업 프로그램에는 외국자본의 유치를 위해 상장 기업들의 영문 공시를 단계적으로 의무화하는 한편, 외국인투자자 등록제를 폐지한다는 계획이 들어 있다. 그밖에도 정부는 외국인 투자자들이 불편하게 느끼는 여러 제도를 그들의 요구에 맞게 바꿔나간다는 계획이다.

밸류업을 추진하는 이유로 정부는 기업의 자본효율성이 낮다는 점과 주가가 주요 나라들에 비해 상대적으로 낮게 평가되어 있다는 점을 든다. 우리나라 주가의 상대적인 저평가는 이른바 코리아 디스카운트 때문이라는 것이 정부의 인식이다. 그렇다면 코리아 디스카운트의 원인은 무엇인가? 정부는 그 원인을 미흡한 주주환원과 같은 주주 자본주의의 부족에서 찾는다.

일본이 부러웠나?

이 밸류업 프로그램은 금융위원회의 설명자료에도 나와 있듯이 일본 사례를 참조한 것이다. 금융위원회가 일본을 따라하는 이유는 아마 겉으로 드러난 일본 주식시장의 상승세일 것이다. 일본 니케이 지수는 2023년 1월에 2만 6,000엔 선을 유지하고 있다가 연말에 3만 6,000엔 선에 이른 데 이어 올해 7월에는 4만 엔 선을 넘어서기도 했다. 이에 비해 우리나라 주가는 2023년 연초의 2,500선에서 크게 벗어나지 못하고 있다. 자본시장연구원 자료에 따르면 최근 10년 동안 재투자를 고려한 총수익지수가 일본은 297% 상승할 때 우리나라는 61%밖에 상승하지 않았다.

일본에서 주가지수가 급격하게 상승할 무렵 일본 정부는 여러 가지 주가 부양 정책을 내놓았다. 지난해만 해도 "자본비용과 주가를 의식한 경영 실천 방안"이라는 자본시장 개혁 방안을 발표했다. 금융위원회는 아마 일본 주식시장의 상승세에 이러한 정책들이 영향을 끼친 것으로 파악한 듯하다. 밸류업 프로그램은 일본을 벤치마킹한 것인데, 금융위원회는 이를 통해 우리나라의 주식시장도 상승세로 돌릴 수 있다고 판단했을 것이다.

밸류업이 일본 정책을 본떴다는 점에서 이 프로그램의 성격을 좀 더 분명히 이해하기 위해 일본의 최근 주식시장 정책을 잠시 살펴볼 필요가 있다. 일본의 주가지수 상승 배경에 좀 멀리는 아베노믹스 성장전략이 놓여 있다. 1990년 자산가격 거품 이후 일본의 주식시장은 아베정부 제2기에 들어설 때까지도 침체를 벗어나지 못하고 있었다.

1990년에 3만 8,000엔 선을 넘어섰던 니케이지수는 아베 정부가 들어선 2012년 말에 겨우 1만 엔 언저리에서 움직이고 있었다.

아베 정부는 자산가격을 띄우는 것을 중심으로 하는 성장전략을 짰다. 이 전략은 주식이나 부동산 가격이 상승하면 **부(富)의 효과**로 소비가 늘고 이것이 투자로 이어져 결국 성장률이 회복된다는 논리에 바탕을 두고 있다. 일본에서는 당시 물가가 하락하는 디플레이션이 문제가 되고 있었는데, 아베 정부는 그것의 원인과 대책을 화폐 현상에서 찾았다. 아베 정부를 뒷받침하는 연구자 그룹인 이른바 **리플레파**는 화폐수량설에 따라 화폐 공급량을 늘림으로써 그러한 디플레이션에서 벗어날 수 있고 나아가 자산 가격도 띄울 수 있다고 보았다.

물론 자산 가격이 오른다고 해서 실제로 **부의 효과**가 생긴다는 보장은 없다. 금융부문의 **부의 효과**는 실물부문의 **낙수 효과**와 짝을 이루는데, 둘 모두 이를 증명하는 경험적 증거가 별로 없다. 상식적으로 생각하더라도 부의 효과가 생길지 의문이다. 예를 들어 건물 가격이 오르면 건물주는 부의 효과 때문에 소비를 늘리겠지만 임대료를 지급하는 세입자는 오른 임대료를 마련하기 위해 소비를 줄여야 한다. 사회 전체로 봐서 어느 쪽이 클지는 단정하기 어렵다. 자산 가격이 오른다고 해도 부의 효과가 실제로 생긴다는 보장이 없다.

그럼에도 아베 정부는 주가와 주주의 이익을 최우선에 두는 정책을 폈다. 여기에는 주가 상승을 연출해냄으로써 국민 생활 향상과 경제 성장에 아베 정부가 기여하고 있는 것처럼 보이게 하려는 정치적인 의도도 있었을 것이다. 그러나 아베노믹스는 **금융화가 자본주의의**

가을을 나타낸다는 얘기가 나올 무렵에 오히려 금융의 성장을 인위적으로 이끌어냄으로써 주주자본주의에 생명력을 부여하려는 뜬금없는 정책이었다. 이러한 정책에 대해 일본 안에서도 이것이 대기업, 부유층, 투기꾼의 이익을 위해 다수의 이익을 희생시키는 방향이라는 비판이 쏟아졌다.

아베노믹스의 주가 정책은 기업의 주주 구성 변화, 곧 외국인 주식 소유 비율의 증가와 신탁은행 비율 증가를 반영한 측면도 있었다. 일본 기업들의 주주는 전통적으로 상호보유가 많아서 주주배당 유인이 크지 않았다. 기업의 대주주들은 배당을 하기보다 내부 유보를 늘려서 계열사를 키우거나 신설하는 쪽을 선호했다. 그러나 1990년대에 생긴 불량채권을 처리하는 과정에서 외국인과 신탁은행의 지분율이 늘어나기 시작했다. 외국인과 신탁은행은 주가를 우선하는 방향으로 기업 경영을 바꾸라고 압력을 높여 나갔는데, 아베노믹스는 이를 받아서 실행하는 면이 있었던 것이다.

아베의 주가 정책을 구체적으로 살펴보면 첫째, 2013년에 내각 결의를 통해서 일본부흥전략(日本再興戰略)을 마련한 바, 여기서는 주주가치를 우선하는 문화를 강조했다. 둘째, 2015년에는 대표적인 신자유주의 제도인 사외이사제를 도입하는 내용의 회사법을 개정했다. 셋째, 같은 해에 기관투자자들에게 주가 상승에 대한 역할을 의무화하는 내용을 포함하는 방향으로 도쿄 증권거래소 상장 규칙과 스튜어드십 코드를 개정했다. 이제 기관투자자들은 기업에 고주가, 고배당 등의 주주 환원 확대를 촉구해야 하는 의무를 떠안았다. 넷째, 기업들은 자기자본 수익률ROE을 글로벌 수준에 맞게 달성하는 것을 경영의 최우선 목표로 삼는 방향으로 기업 거버넌스를 바꿔나가야 했다.

자기자본 수익률은 당기순이익을 분자로 하고 자기자본을 분모로 하는 비율을 나타낸다. 자기자본은 자본금과 내부 유보금으로 구성된다. 이 자기자본 수익률은 글로벌 투자자들이 가장 중요하게 여기는 지표이며 보통 자본 효율의 척도로 간주된다. 따라서 자기자본 수익률의 강조는 외국자본을 배려한 면이 있다고 봐야 한다. 이 비율을 높이기 위해서는 분자를 키우거나 분모를 줄여야 한다. 분자를 키우기 위한 수단으로는 구조조정, 임금 인하, 고용의 비정규직화, 더 엄격한 하청기업 관리, 법인세 인하 요구 등이 있고 분모를 줄이는 수단으로는 배당의 확대와 자사주 매입의 증가 등이 있다. 거버넌스의 개혁은 기업들로 하여금 이런 수단을 사용하게끔 강제할 터였다.

다른 한편 중앙은행인 일본은행은 주식 가격을 끌어올리기 위해 이른바 **추가 완화**를 통해 주식시장에서 주식을 직접 매수하는 정책을 폈다. 일본은행은 2016년 정책결정 회의에서 상장지수펀드ETF 매입을 매년 6조 엔으로 대폭 늘리기로 결정한다. 상장지수펀드ETF는 증권회사가 주식으로 운용하는 투자신탁에 투자자가 출자(ETF 수익증권 구입)해서 배당을 받는 투자신탁상품이다. 일본은행이 상장지수펀드를 매입한다는 것은 다수 종목의 주식을 일괄해서 구입한다는 의미를 갖는다. 일본은행은 이미 2013년부터 2016년까지 9.7조 엔의 ETF를 매입한 바 있는데, 이것을 더 확대하기로 한 것이다. 한국은행 동경사무소 동향분석 자료에 따르면 일본은행의 ETF 보유가치는 2023년 말 기준 70조 엔으로 추정된다.

아베 정부는 연기금의 적극적인 주식시장 참여 계획도 좀 더 구체화한다. 일본은 독립행정법인GPIF을 통해 연기금의 적립금을 관리하는데, 2014년 10월부터 연금 적립금의 운용자산 구성에서 주식의 비율을 점차 높여서 50%까지 올려 나간다는 계획을 수립했다. 실제로 연기금들은 주식 운용의 비율을 점차 높여 나간다. 아베 정부는 또한 외국인의 주식 매입을 적극적으로 지원하는 정책도 펴기로 한다.

2021년에 출범한 기시다 정부는 기본적으로 아베 정부의 주식시장 정책을 그대로 이어 받았다. 기시다 정부는 **새로운 자본주의**라는 이름으로 자본시장 개혁을 추진했다. 구체적인 내용으로는 외국자본 투자를 늘리기 위한 자본시장 환경 개선, 상장기업과 외국투자자의 적극적인 대화 권장, 영어로 행정을 처리하는 자산운용특구 설립, 기업지배구조 개편, 개인투자자의 예금을 자본시장으로 유인하기 위한 자산운용업의 고도화 등이 있다.

2023년 3월에는 "자본비용과 주가를 의식한 경영 실천 방안"을 마련하는데, 상장회사들에 대해 기업 주가가 낮은 이유를 분석하고 개선방안을 수립할 것을 요청하는 것이 핵심 내용이다. 같은 해 6월에는 "기업지배구조 개혁 실천을 위한 액션 프로그램"을 통해 기업과 투자자의 의식개혁을 촉구했고, 12월에는 자산운용입국론을 내세우면서 "자산운용 입국 실현 계획"을 발표했다. **자산소득 배증**이라는 구호를 내건 이 **자산운용 입국론**은 결국 2,000조 엔에 달하는 개인들의 금융자산(예금과 적금 중심)을 주식시장으로 돌리겠다는 의도의 표현이다.

아베에서 스가, 기시다 정권으로 이어지는 주식시장 정책을 압축해서 정리하면 뒤늦은 신자유주의의 강화 방안이라고 할 수 있다. 이미 신자유주의의 쇠퇴를 얘기하는 마당에 일본은 뒷북을 치면서 이를 강화하는 정책을 들고나온 것이다. 그런데 금융위원회는 이걸 뒤따르겠다고 밸류업 프로그램을 내놓았다. 우리의 경우는 여기에다 일본의 정책들에는 들어있지 않은 대규모 세제 혜택까지 곁들였다.

밸류업, 경제 성장에 보탬 안 되고 불평등만 키운다

일본의 정책을 베낀 밸류업은 많은 문제점을 안고 있다. 첫째, 주식이 오른다고 경제가 성장하는 것은 아니라는 점이다. 주식 가격은 사업에 투자되어 실제로 운영되고 있는 자본에 대한 소유권을 나타낸다. 이 소유권은 그 기업이 생산한 이윤에 대해 주식 소유 비율에 따른 배당 청구권이다. 이 청구권 증서는 상품으로서 거래되는데, 이를 소유한 사람들 사이에서 매매가 일어나더라도 그것이 기업의 실적에 무슨 본질적인 변화를 만들어내지는 않는다. 이 청구권의 가격은 현실의 기업 사정뿐만 아니라 예상 상황 변화까지 반영하여 결정된다는 점에서 어느 정도 투기적이다.

주식 가격은 이 주식이 대표하는 기업 실물가치의 움직임과는 전혀 무관하게 결정될 수 있다. 주식의 가격은 현실의 기업 실물가치를 훨씬 뛰어넘을 수 있다. 현실의 기업 실물가치에 대비한 주식의 가격을 주가순자산비율PBR이라 하는데, 이론적으로는 이것이 1에 가까워야 한다. 그러나 이 비율이 기업에 따라서는 1을 넘기도 하고 1 아래로 내려가기도 한다. 1보다 낮은 PBR은 주식 가격이 자기자본의 주당 장부가치, 곧 청산가치보다 작다는 것을 의미한다. 금융위원회 설명자료에 따르면 우리나라 기업의 평균 주가순자산비율^{PBR}은 1.04이다. 이 비율이 선진국 평균은 2.50이다. 곧, 선진국들에서는 일반적으로 실물자산에 비해서 주가가 훨씬 높게 형성되어 있다.

문제는 주가가 기업 실물가치에 비해 높게 형성되어 있다고 해서 그것이 그 나라의 경제 사정이 더 좋다는 것을 의미하지는 않는다는 사실이다. 예를 들어 주가순자산비율이 미국은 높지만 독일은 상대적으로 낮은 편이다. 그렇다고 독일 경제가 미국경제보다 더 나쁜 상태에 있다고 얘기하기는 어렵다. 1950년대에서 1970년에 이르는 이른바 자본주의 황금기에 비해 신자유주의 시기에는 이 비율이 크게 높아졌다. 그렇다고 신자유주의 시기의 경제가 자본주의 황금기 때보다 낫다고 얘기할 수 없다.

주식이 상대적으로 높게 평가되더라도 그것이 경제 사정에 별다른 영향을 주지 않는 것과 마찬가지로 주식 가격이 낮아지더라도 한 나라의 부^{wealth}는 별다른 영향을 받지 않는다. 마르크스가 말하는 바와 같이, 주식 가격 거품이 터진다고 하더라도 국민은 조금도 더 가난해지지 않는다. 이러한 사실은 주류의 연구에서도 확인된다. 미국 연준의 의장을 지낸 벤 버냉키는 『21세기 벤 버냉키의 통화정책』이라는 저서에서 2003년에 발표된 프레더릭 미슈킨과 유진 화이트의 연구를 인용하는데, 그 내용은 주가 하락이 경제에 미친 영향이 그리 크지 않다는 것이다.

밸류업 프로그램의 본질은 기업 실물가치에 대비하여 주가가 높게 형성되도록 유도하자는 것이다. 이를 위한 구체적인 방법으로, 기업에게 스스로 주가를 높일 수 있는 방안을 마련하도록 책임을 주는 것, 정부가 이를 뒷받침하는 많은 인센티브를 주는 것, 그리고 여러 제도와 정책을 주가 상승에 친화적인 방향으로 바꾸는 것 등이 제시된다. 그러나 이렇게 인위적으로 끌어올린 주가 상승이 주주들에게는 이익을 가져다줄지 모르지만 기업의 구성원인 노동자나 하청기업, 고객, 지역사회 등 이른바 이해관계자들에게는 이익을 가져다주지 않는다.

인위적인 주가 상승은 배당의 증가에 따른 임금 인하 압력, 하청업체에 대한 단가 인하 압박으로 이어질 수 있다. 국민경제적으로도 인위적인 주가 상승은 경제 발전에 좋은 영향을 주기는커녕 금융불안정만 키운다. 그런 점에서 관이 주도하여 인위적으로 주가를 끌어올리겠다는 밸류업은 주주라는 특정 계층에게는 틀림없이 이익을 가져다주겠지만 국민 절대다수에게는 오히려 큰 짐을 지운다.

둘째, 자기자본을 줄여서 주가순자산비율을 높이겠다는 정책은 성장 잠재력을 떨어트릴 수 있다. 밸류업 프로그램의 핵심 내용에는 배당을 높이는 것과 자사주 매입을 늘려 자기자본을 줄이는 것이 포함되어 있다. 이러한 정책은 단기적으로 주식 가격을 높이는 유력한 수단일 수 있다. 실제로 미국 기업들은 주가를 끌어올리는 수법으로 이 자사주 매입을 널리 사용하고 있다. 그러나 내부 유보자금을 배당의 확대나 자사주 매입에 돌리는 것은 투자 재원의 감소를 함의한다. 물론 어떤 기업의 기업 실물가치가 주가에 비해 높다는 것은 내부자금의 투자 수익률이 일반 이윤율보다 낮다는 것을 나타낼 수도 있다. 그러나 배당으로 환원된 돈이 투자로 향한다는 보장은 없다는 점에서 이런 논리로 고배당과 자사주 매입을 합리화하기는 어렵다. 오히려 투자 기금의 감소가 장기적으로 기업 성장을 방해하여 주가를 떨어트릴 수도 있다.

성장성이 낮은 기업의 경우 유보자금을 주주에게 환원하는 것이 사회 전체의 기업 이윤율을 높이는 데 기여할 수 있기는 하다. 환원된 자금이 이윤율이 더 높은 새로운 투자처를 발견할 수도 있기 때문이다. 그렇더라도 주주자본주의 문화가 지나치게 강조되어 주주 환원이 과도하게 이뤄진다면 결국은 자원 배분의 비효율로 이어질 것이다. 일본에서도 자사주 매입과 배당의 확대가 투자의 감소 쪽으로 민감하게 반응하자 유리한 투자 기회가 있는 기업은 형식적으로 주가순자산비율PBR 기준을 채우기보다 투자를 우선해야 한다는 점이 강조되기도 했다.

셋째, 밸류업 프로그램은 기업에 대한 세제 지원, 그리고 제도와 정책의 변경을 통해 사회의 자원을 주식시장에 몰아준다는 것을 핵심 내용으로 삼는다. 이러한 사회적 자원의 분배 방식은 불평등을 심화시키는 방향으로 작용할 수밖에 없다. 왜냐하면 주식의 소유가 매우 불평등하게 분포되어 있기 때문이다. 우리나라에서 주식은 극소수가 압도적인 부분을 보유하고 있는 것으로 나타난다. KB 경영연구소가 발표한 『2023년 한국 부자보고서』에 따르면 주식을 포함한 금융자산의 경우 총인구의 0.89%가 전체의 59%를 차지하고 0.02%가 41.1%를 차지한다. 이 수치들은 주식을 포함한 금융자산의 분포가 얼마나 불평등한지를 보여준다. 이런 상황에서 인위적으로 끌어올린 주가가 자산 불평등에 어떤 효과를 낼지는 따져 볼 필요도 없다.

넷째, 밸류업은 나라 살림에도 불리한 영향을 줄 것이다. 밸류업 프로그램이 그나마 실행되기 위한 조건은 기업들에 대한 인센티브이다. 그리고 그 인센티브 가운데 핵심은 세금 지원이다. 이미 정부는 밸류업 프로그램을 금융투자세 폐지의 근거로 활용하려는 모습을 보이고 있다. 여기에다 주주 환원 금액에 대한 법인세 세액공제, 주주에 대한 배당소득 분리과세, 최대주주 상속세 감면 등의 혜택을 추가해 주겠다는 것이 정부의 방침이다. 주식시장을 지원하기 위한 이러한 세금 감면은 당연히 나라 살림을 축내는 결과로 이어질 것이다.

한물 간 신자유주의 헛되이 되살리려 하나?

밸류업의 원형은 아베노믹스라 할 수 있다. 아베 정부는 일본 경제가 겪고 있는 어려움의 돌파구를 임금의 인상, 실물부문의 투자 증가와 같은 쪽에서 찾지 않고 자산 가격의 상승에서 찾으려 했다. 자산 가치가 상승하면 그것이 부의 효과에 의해 경제 성장으로 이어지고 그러면 일본 경제의 어려움이 극복된다는 것이 아베 정부의 기본적인 인식이었다. 아베 정부는 자산 가격을 끌어올리기 위해 화폐 가치를 떨어트리는 정책을 폈는데, 이에 따라 명목금리가 낮아지고 엔의 가치도 덩달아 낮아지는 현상이 나타났다. 이러한 정책들은 실물 경제에는 별로 영향을 주지 않았지만 금융시장에는 큰 변화를 가져왔다.

아베 정부는 자산 가격을 끌어올리기 위해 거시적으로는 화폐 가치를 떨어트리는 정책을 펴는 것과 동시에 주주가치 중심의 기업 경영, 사외이사제, 자사주 매입, 배당 확대와 같은 저물어 가는 신자유주의 제도를 강화하는 방향의 변화를 꾀했다. 2008년 글로벌 금융위기 이후 신자유주의 쇠퇴가 얘기되는 때에 아베 정부는 오히려 자산 가격 팽창에 유리하다는 이유로 이념적인 헌 칼을 꺼내든 셈이다.

그러나 아베, 스가, 기시다 정권에서 추진된 아베노믹스는 인위적인 주가 상승에는 도움이 되었을지 모르지만 국민들의 삶을 개선하는 데는 거의 기여하지 못했다는 평가가 지배적이다. 실질 임금은 상승하지 않았다. 일본에서 낮은 임금상승률이 경제 성장에 걸림돌 역할을 한다는 인식이 확산하면서 임금을 올리려는 시도가 나타나는 듯했지만 결국은 유야무야로 끝났다. 임금이 정체하자 소비도 증가하지 않았다. 투자도 별로 증가하지 않았다. 한국은행 동경사무소 동향분석 자료에 따르면 일본기업의 유형, 무형자산에 대한 투자액은 2008년 글로벌 금융위기 이후 크게 감소했는데, 코로나 위기 이후 약간 개선되었지만 2023년에도 글로벌 금융위기 이전 수준을 회복하지 못했다. 아베노믹스가 별로 효과를 내지 못했다는 얘기다.

다만 아베노믹스는 기업 이익에는 유리하게 기능했는데, 이는 기업들의 유보이익 증가로 나타났다. 또한 주가가 큰 폭으로 상승하면서 이것이 대주주들에게도 큰 이득을 가져다주었다. 그렇지만 임금상승률은 정체하고 자산 가격만 오르면서 임금소득자와 자산소득자 사이의 불평등은 더욱 심해졌다. 일본 사회의 고질적인 **격차 사회** 문제는 더욱 커졌다.

이처럼 소수 계층에만 특혜를 주는 정책을 그대로 베낀 것이 밸류업 프로그램이다. 밸류업 프로그램은 자산 가격을 끌어올리는 데 분명히 도움을 줄 것이다. 그러나 주식 가격을 세제 지원이나 제도 변화를 통해 인위적으로 끌어올린다고 해서 그것이 대주주나 외국인 투자자에게는 이득을 가져다줄지 모르지만 경제 발전이나 국민들의 삶의 질 개선에 무슨 도움을 주지는 못할 것이다. 그런 정책을 왜 베껴서 따라 하겠다는 것인가?

(2024.8.15.)

도움 받은 자료

- 금융위원회, "상장기업의 자율적인 밸류업 노력을 적극 지원합니다", 금융위원회 보도자료, 2024.2.26.
- 금융위원회, "연기금 등 주요 기관투자자가 '기업 밸류업 지원방안'에 동참할 수 있는 구체적 근거를 마련하고, 기관투자자의 적극적 역할을 강조했습니다", 금융위원회 보도자료, 2024.3.14.
- 금융위원회, "상장기업의 '기업가치 제고(밸류업) 계획' 수립·공시를 지원하기 위해 가이드라인(안)을 마련했습니다", 금융위원회 보도자료, 2024.5.2.
- 벤 S. 버냉키, 김동규 옮김, 『벤 버냉키의 21세기 통화정책』, 2023.
- 이보미, "일본의 자본시장 개혁 노력과 우리나라 밸류업 프로그램에 대한 시사점", 『금융브리프 논단』 33-16, 2004.8.3.
- 자본시장연구원, "일본 자본시장 개혁의 성과 동인 및 시사점", 2024.8.9.
- 한국은행 동경사무소, "동향 분석", 2023.4.
- 日本 內閣府·金融廳 발표 자료들.
- KB 경영연구소, 『2023년 한국 부자보고서』, 2023.

Rich Banks, Poor Society

부의 집중을 부채질하는 가상자산

　비트코인 지지자들은 비트코인의 장점 가운데 하나로 탈중앙화를 내세웠다. 이들은 비트코인 보유자들이 다수결 투표를 통해 내리는 합의 기반 의사결정 구조가 금융 민주화를 향해 가는 길을 만들 수 있다고 주장했다. 이러한 주장은 비트코인이 다수의 사람들에게 분산되어 있는 상황을 가정한다. 만약 비트코인이 소수의 손에 집중되어 있다면, 또는 집중되는 경향이 있다면 의사결정의 권한은 분산이 아니라 오히려 집중 현상을 보일 것이다. 그때는 비트코인이 부의 불평등한 분배를 촉진하는 수단으로 기능할 것이다. 실제로 여러 객관적인 자료들은 비트코인(그리고 알트코인)이 그러한 기능을 수행하고 있음을 보여준다. 사실 비트코인으로 대표되는 가상자산은 처음부터 부의 불평등한 분배를 촉진할 수밖에 없는 구조를 안고 있었다.

보수적인 이념에 맥이 닿아 있는
가상자산의 탄생

비트코인으로 대표되는 가상자산이 부의 불평등한 분배를 촉진하는 기능을 한다는 사실을 이해하기 위해서는 먼저 그 등장 배경을 살펴보아야 한다. 비트코인의 탄생은 2008년의 글로벌 금융위기를 처리하는 국가(중앙은행)들의 대응과 관련이 있었다. 더 멀리는 위기가 터지기 한 세대 이전부터 금융자산의 성장을 뒷받침했던 국가(중앙은행)들의 금융정책과 관련이 있었다.

선진자본주의 경제는 1980년대부터 금융자산이 급격하게 성장하는 모습을 경험한다. 주식, 채권, 수익증권, 부동산 담보증권과 같은 금융자산의 규모가 1980년에는 실물자산 규모와 비슷한 수준이었지만 2000년에 이르면 3.5배 수준에 이른다. 이렇듯 금융자산이 성장한 데에는 여러 원인이 있겠지만 국가(중앙은행)의 금융자산 우호적인 금융정책도 한몫했다. 이른바 신자유주의 정부들은 금리, 화폐량 조절, 금융 규제 완화 등을 통해 금융자산의 성장을 뒷받침하는 정책을 지속적으로 폈다. 말할 필요도 없이 이러한 정책은 금융자산가들에게 유리한 방향이었다.

문제는 금융자산의 가격이 미래 소득의 흐름에 의존한다는 사실이다. 금융은 직접 가치를 생산하는 부문이 아니다. 금융부문은 생산적인 부문의 가치 생산을 지원한 대가로 거기에서 부가가치의 일부를 넘겨받는다. 다시 말해서 금융부문은 그 존재의 근거를 생산 부문에 의존한다. 이러한 금융의 특성은 금융부문이 생산 부문과 완전히 동떨어져서 독자적으로 성장할 수는 없다는 사실을 말해준다. 생산 부문이 제공할 수 있는 소득 흐름에 비해 금융이 과도하게 성장하면 그에 대한 반작용으로 금융자산의 가격이 폭락하는 위기가 발생한다.

실제로 1980년대 이후 금융자산의 축적이 급격히 진행되면서 금융위기의 발생 빈도도 늘어갔고 위기 규모도 점차 커갔다. 예를 들어 1990년대 초에는 북유럽 국가들의 위기, 멕시코 위기가 발생했고 1990년대 후반에는 더 큰 규모의 동아시아 위기, 러시아와 남아메리카 위기가 나타났다. 그리고 2008년에는 자본주의 중심부에서 진정한 의미의 글로벌 금융위기가 발생했다.

금융위기가 발생할 때마다 자본주의 정부들은 금융자산의 가격을 유지하는 데에 정책 역량을 모았다. 2008년 위기 때는 정부(중앙은행)들이 전에 볼 수 없었던 수단과 규모로 자산 가격을 유지하기 위한 정책대응에 나섰다. 그 대표적인 사례가 이른바 **최후의 마켓 메이커론**에 바탕을 둔 양적완화 정책이었다. 금융위기 때는 중앙은행이 최후의 대출자 기능을 넘어서 시장 조성자 역할까지 해야 한다는 것이 최후의 마켓 메이커론의 핵심 주장이다. 이러한 논리에 따라 중앙은행이 자산 가격의 유지까지 책임을 지기 위해 편 정책이 양적완화이다. 2008년 위기 때 미국 연준 의장으로서 양적완화 정책을 주도한 벤 버냉키는 이 정책의 목표가 자산 가격의 유지에 있다는 점을 명백히 설명한 바 있다.

양적완화 정책은 국가의 재정과 발권력을 동원하여 자산 가격을 떠받치고 나아가 금융기관을 구제하는 데 목적이 있다. 그런데 2008년의 글로벌 금융위기 때는 구제 범위가 무한대로 확대했다. 원래는 은행만이 중앙은행의 구제 대상이었지만 이때는 투자은행, 보험사뿐만 아니라 투기에 실패한 온갖 펀드들도 구제의 대상이 되었다. 물론 구제 대상에 노동자들이나 일반 국민들은 포함되지 않았다. 금융의 이익을 위한 주요 국가(중앙은행)들의 비대칭적인 권한 사용은 정치적인 논란과 함께 월스트리트 점령 운동과 같은 대중들의 반발을 불렀다.

대규모 구제금융을 계기로 공적인 돈의 사용을 둘러싼 정치적인 논쟁이 펼쳐졌다. 핵심 쟁점은 위기 때 국가(중앙은행)가 수행해야 하는 역할에 대한 것이었다. 한 쪽의 흐름은 국가(중앙은행)의 정치적인 힘과 역할을 인정했지만 다른 쪽의 흐름은 이를 부정했다. 전자의 흐름에는 상대적으로 진보적인 성향을 가진 사람들이 주로 가담했고 후자의 흐름에는 주로 보수주의자들이 가담했다. 학문적으로는 케인스주의에 친화적인 사람들이 전자의 흐름에 속했고 하이예크주의에 친화적인 사람들이 후자에 속했다.

진보주의자들은 현재의 신자유주의 국가가 민간금융의 경제적인 힘과 동맹 관계를 맺고 있는 것이 문제라고 보았다. 따라서 이들은 국가와 금융의 동맹 관계를 해체하고 민주적 책임을 갖는 금융시스템을 구축한다면 국가의 정치적인 힘을 노동자들이나 일반 국민을 위해 사용하는 것이 가능하다고 보았다. 진보주의자들은 부자들의 자산을 보호하기 위해 국가(중앙은행)가 동원하는 발권력을 노동자를 위해서 쓰지 못할 이유가 무엇인지를 따졌다. 이들의 논리는 현대화폐이론의 정치 프로젝트로 가다듬어졌다. 이 프로젝트의 가장 특징적인 면은 국가(중앙은행)의 권위와 능력을 인정하고 이것을 고용

보장이라는 진보적인 의제와 결합시키려고 한 데 있었다.

보수주의자들은 국가를 전제주의의 보루로 공격했고 상업은행과 중앙은행 위계로 구성된 금융시스템에 대해서도 공격을 퍼부었다. 이들은 금융위기와 그에 따른 구제금융을 피하기 위해 화폐 발행의 민영화와 화폐 문제의 탈정치화가 필요하다고 주장했다. 이러한 주장은 보수 경제학자인 하이예크의 철학에 맞닿아 있다. 하이예크는 이미 1976년에 화폐의 탈국유화 구상을 발표했다. 경쟁화폐론이라 불리는 이 구상의 핵심은 정부가 독점하고 있는 발권력을 폐지하고 화폐발행을 시장경쟁에 맡기자는 데에 있다. 누구든 시장에서 화폐를 발행할 수 있게 하고 그러한 화폐들이 서로 경쟁하게 만들면 안정적인 화폐가 시장에서 자연스럽게 선택된다는 것이 하이예크의 논리였다.

비트코인의 설계도는 이러한 보수적인 지적 전통과 맥이 닿아 있다. 비트코인 설계자인 나카모토 사토시는 2008년에 그의 아이디어를 발표하면서 비트코인이 개인과 개인 사이의 네트워크에서 사적으로 발행(생성)된다는 점을 강조했다. 그는 또한 비트코인의 거래가 중앙 집중식 기관에 의존하지 않는다는 점도 강조했다. 비트코인의 기반이 되는 블록체인 기술을 제외한다면 비트코인 발행과 거래의 전체 메커니즘은 하이예크의 논리를 닮아 있다. 비트코인이 이처럼 보수적인 이념에 뿌리를 박고 있다는 사실을 우선 기억해 두기로 하자.

가상자산 열풍을 부른 핵심 요인은 양적 완화

그렇다면 가상자산의 특징은 무엇이고 그 가격은 어떻게 결정되는가? 나카모토 사토시는 비트코인이 현행 화폐에 대한 대안 화폐임을 명백히 했다. 그러나 현실에서는 비트코인이 화폐의 기능을 수행하지 못하고 있다. 화폐가 화폐로서 기능하려면 계산 단위 기능, 유통수단과 지급수단 기능, 가치의 저장 수단 기능을 수행해야 한다. 그런데 비트코인은 예컨대 계산 단위 기능을 수행하지 못하고 있다. 계산 단위 기능을 수행하기 위한 일차적인 조건은 가격의 상대적인 안정인데, 비트코인의 가격은 심하게 오르락내리락 하는 모습을 보인다.

만약 비트코인이 화폐로서 계산 단위 기능을 수행하고 있다고 해보자. 그때 비트코인의 가격이 10배 오른다면 다른 상품들의 가격은 10분의 1로 떨어져야 할 것이다. 어떤 상품의 가격이 단기간에 10분의 1 토막이 난다면 그것을 생산하는 기업은 버티기가 어려울 것이다. 비트코인은 유통수단 기능이나 가치저장 수단 기능과 같은 화폐의 다른 기능들도 잘 수행하지 못한다. 따라서 비트코인을 화폐로 보기는 어렵다. 국제통화기금IMF 같은 국제기구도 큰 가격 변동성을 갖는 비트코인이 화폐 기능을 충족시키지 못하는 것으로 평가한다.

비트코인으로 대표되는 가상자산은 금융자산과도 다른 특징을 보인다. 주식, 채권, 대출, 파생상품과 같은 금융자산의 발행은 반드시 부채의 생성을 동반한다. 예컨대 어떤 기업이 채권을 발행하여 누군가에게 팔면 사회 전체의 금융자산은 늘어나지만 그 기업이 채권 만

기일에 원리금을 상환해야 한다는 점에서 부채도 함께 늘어난다. 그렇지만 비트코인의 발행은 부채의 생성을 동반하지 않는다. 이처럼 비트코인의 발행에는 부채의 생성이 뒤따르지 않기 때문에 비트코인이 마치 **디지털 금**이나 되는 듯한, 새로운 부를 대표하기라도 하는 듯한 환상이 생겨난다.

비트코인은 오히려 상품과 유사한 특징을 보인다(Tomás N. Rotta & Edemilson Paraná 2022.3). 고전경제학에 따르면 상품의 가치는 기존의 다른 상품(원재료나 기계)의 가치에서 이전된 부분과 노동자들이 새로 생산한 가치 부분의 합으로 구성된다. 자동화 프로그램으로 진행되는 비트코인의 생산에는, 회계학의 용어를 사용하자면, 컴퓨터 감가상각비나 에너지 비용은 들어가지만 노동력은 거의 투입되지 않는다. 그런데 부가가치는 살아 있는 노동력이 투입될 때에만 생산된다. 그리하여 비트코인이라는 상품은 가치는 갖지만 부가가치를 생산하지는 못한다는 특성을 나타낸다.

비트코인이 상품과 유사한 특징을 갖는다는 사실은 비트코인이 달러 패권에 도전할 수 있다는 생각이 얼마나 어리석은지를 알려준다. 현재 비트코인은 거래소를 통해서 상품처럼 거래되고 있고 거래대금은 달러, 유로 등으로 결제된다. 이는 비트코인 거래가 늘어나면 늘어날수록 결제수단으로서 달러와 유로에 대한 수요도 비례해서 늘어난다는 것을 의미한다. 달러에 대한 수요가 늘어나면 달러의 힘은 강해지는 것이지 약해지는 것이 아니다. 비트코인은 달러 패권에 도전하기는커녕 오히려 달러 패권을 강화시키고 연장시키는 기능을 하게 될 것이다.

그렇다면 지난 10여 년 동안 비트코인의 가격은 왜 가치(회계학의 용어를 사용하자면 원가+마진)를 훨씬 뛰어넘어서 급등했을까. 비트코인의 가격 형성이 일반 상품과 달리 예술품처럼 거의 수요 상태에 의존하는 탓이 크다고 봐야 한다.

비트코인의 수요에 영향을 준 요인은 몇 가지가 있다. 먼저, 이념과 관련된 요인이다. 글로벌 위기 이후 보수주의자들은 비트코인을 사용하는 것이 국가(중앙은행)의 규제에서 벗어나는 길이라는 이데올로기에 동조했다. 이 보수주의자들이 비트코인의 주요한 수요 계층을 구성했다. 여기에 세금을 빼돌리려는 자들, 불법 거래와 엮인 자들도 가세했다. 일부 진보주의자들마저 **비트코인의 해방력**이라는 다소 허황된 믿음에 이끌려 수요 계층에 참여했다.

블록체인 기술이 가진 무한한 가능성을 낙관하는 기술주의는 비트코인 수요를 자극하는 또 다른 이념이었다. 비트코인 옹호자들이 블록체인 기술과 비트코인을 불가분의 동일체로 선전한 것이 먹힌 점도 비트코인 수요 자극에 중요한 역할을 했다. 사실 비트코인은 블록체인 기술을 적용한 하나의 분야에 지나지 않는데도 비트코인 옹호자들은 마치 비트코인 없이는 블록체인 기술이 성립할 수 없는 것처럼 선전했던 것이다.

비트코인 수요에 무엇보다 큰 영향을 준 요인은 2008년 위기 이후 연준을 비롯한 주요 중앙은행들이 편 양적완화 정책이었다. 양적완화 정책으로 자금시장이 여유로워지면서 부유층은 낮은 금리로 돈을 빌려서 부동산, 예술품, 원자재 등을 사 모았고 **새로운 투자 대안**의 하나로 비트코인에도 관심을 갖기 시작했다. 비트코인은 가치가 가격에 비해 미미하기 때문에 언제든 가격이 폭락할 수 있었지만 구매자들은 그것을 사줄 또 다른 구매자가 있을 것이라고 믿으면서 비트코인 구입을 늘려나갔다. 비트코인 구매자들은 경제학에서 말하는 **더 큰 바보 이론**을 따른 것이다.

가상자산을 통한 부의 집중 메커니즘

앞서 얘기한 바와 같이 비트코인은 화폐가 아니라 디지털 상품에 가깝다. 비트코인은 비록 가격에 비해 형편없이 낮은 수준이기는 하지만 가치를 가지며, 그럼에도 부가가치를 생산하지는 않는다. 비트코인의 채굴은 새로운 부나 부가가치를 만들어내는 것이 아니라 이미 존재하는 부나 세계 여러 곳의 다른 생산부문에서 생산한 부가가치의 풀에서 이를 이끌어내서 재분배할 뿐이다. 이러한 사실은 부를 불평등하게 분배할 가능성과 함께 부가가치를 생산하는 생산 부문을 위축시킬 가능성을 내포한다.

비트코인이 경제학적 의미에서 새로운 부나 부가가치를 만들어내지 않기 때문에 그것의 생산과 거래는 비생산적인 활동으로 분류되며, 그러한 활동은 총 구매력의 면에서 볼 때는 제로섬 게임을 구성한다. 엄밀하게 얘기하자면 제로섬 게임에서는 부나 부가가치가 평등하게 재분배될 수도 있고 불평등하게 재분배될 수도 있다. 그러나 비트코인이 독특한 상품으로서 갖는 특징은 부와 부가가치가 불평등하게 분배되도록 한다.

비트코인이 상품의 특징을 갖지만 그 가치와 가격 사이의 격차가 크다면 비트코인을 발행할 때, 마치 화폐를 발행할 때와 마찬가지로 시뇨리지(seigniorage, 주조차익)가 생길 수 있다. 화폐 발행의 시뇨리지란 가치가 낮은 화폐를 높은 가치로 유통시킬 수 있을 때 생기는 차익을 말한다. 예를 들어 미국이 3센트를 들여서 만든 액면 1달러 지폐를 실제로 1달러의 가치로 유통시킬 수 있고 그 지폐가 유통에 계속 머문다면 미국은 1달러를 발행할 때마다 97센트의 차익을 얻을 수 있다. 이 차익이 바로 시뇨리지이다.

만약 비트코인의 최초 설계자가 100만 비트코인을 보유하고 있고 그 가격(총액)이 어느 시점에서 35조 원에 이른다면, 그리고 비트코인의 가치는 무시할 만한 수준이라면, 세계의 다른 곳에 있는 부나 다른 곳에서 생산된 부가가치가 그만큼 그 설계자에게 재분배되어야 한다. 재분배되는 이 가격 총액은 화폐 발행의 시뇨리지와 유사하다. 주요 가상자산들이 미국에서 설계되고 발행된다면 가상자산의 가격이 상승할 때 세계의 다른 나라들에서 미국으로 부와 부가가치가 재분배되는 효과가 발생할 수 있다.

비트코인의 채굴자와 그 이후의 보유자들 사이에서도 부와 부가가치의 재분배가 나타날 수 있다. 이러한 재분배 효과는 화폐 발행에서 생기는 **칸티용 효과**와 비슷하다. 유명한 화폐수량설에 따르면 화폐 발행량의 증가는 물가 상승으로 이어진다. 그런데 화폐수량설은 증가한 화폐의 발행량이 국민들의 주머니에 골고루 들어가는 것처럼 설명한다. 화폐수량설은 헬리콥터 머니라는 비유를 즐겨 사용하는데, 이 비유도 헬리콥터에서 뿌린 돈이 국민들 주머니에 골고루 들어간다는 인상을 심어준다.

실제로 헬리콥터에서 돈을 골고루 뿌린다면 재분배 효과가 발생하겠지만 그때는 불평등을 키우는 쪽이 아니라 줄이는 쪽일 것이다. 아이켄그린Barry Eichengreen이라는 학자는 중앙은행에 개인별로 디지털 계좌를 개설한다면 실제로 헬리콥터 머니를 현실화할 수 있을 것이라고 말한다. 중앙은행은 현재와 같은 양적완화 방식 대신 모든 사람의 디지털 계정에 일정액의 화폐를 넣어줄 수 있을 것이다. 물론 분배규칙에는 모든 사람에게 동일한 금액을 넣어주는 방식과 기존 보유 금액에 비례해서 넣어주는 방식이 있을 것이다. 전자의 방식으로 화폐량을 늘린다면 불평등을 완화하는 재분배가 이뤄질 것이다.

그런데 증가한 화폐량의 분배에 우선순위를 둔다면 어떻게 될까? 예를 들어 증가한 화폐량을 국민들에게 골고루 직접 뿌려주는 것이 아니라 은행 시스템을 통해 자산 담보력과 소득이라는 우선순위를 두고 공급한다면 어떻게 될까? 이때는 자산 담보력이 크고 소득이 높은 사람이 더 많은 화폐를 더 먼저 손에 넣게 될 것이다. 그리고 이것이 화폐가 공급되는 현실적인 모습이다. 캉티용Richard Cantillon 1680-1734에 따르면 화폐 공급량이 늘면 화폐가치가 점차 떨어질 텐데 그러면 먼저 화폐를 분배받아 사용한 사람들은 뒷사람의 희생을 바탕으로 이익을 얻게 된다. 다시 말해서 재분배 효과가 발생한다. 이것을 캉티용 효과라 한다.

비트코인의 채굴에서도 캉티용 효과가 발생할 수 있다. 이론적으로는 필요한 용량을 갖춘 컴퓨터에 접근할 수 있는 개인은 누구든 평등하게 비트코인을 채굴할 수 있다. 그러나 이것은 이론적으로 그러하다는 얘기다. 현실에서는 컴퓨터에 접근할 수 있는 능력이 개인별로 크게 다르고, 그 때문에 불평등을 높이는 재분배 효과가 발생할 수 있다. 바수데반Ramaa Vasudevan이 2015년부터 2021년까지 기간을 대상으로 삼아 연구한 결과에 따르면 비트코인 채굴자의 0.1%가 채굴량의 50%가량을 지배한다는 사실을 보여준다. 비트코인 보유도 매우 집중되어 있다는 사실을 보여주는데, 2021년 말을 기준으로 비트코인 보유자의 0.01%가 전체 비트코인의 26%를 차지하고 있다.

국제결제은행BIS이 올해 2월에 발표한 한 연구는 비트코인이 어떻게 부와 부가가치의 재분배에 영향을 주는가를 보여준다. 이 연구는 2015년 8월부터 2022년 말까지 95개국에서 수집한 자료를 바탕으로 이뤄졌는데, 이에 따르면 투자 규모에 따라서 투자 성과가 다른 패턴을 보인다. 대체로 소규모 투자자들은 손실을 보았고 손실률도 상대적으로 컸다. 국가별로 보면 브라질, 인도, 파키스탄, 태국, 터키와 같은 신흥국가들의 손실률이 컸다. 이는 당연한데, 최초 발행자들이나 대규모 보유자들에게 이미 부의 재분배가 이뤄졌기 때문이다.

결국 가상자산의 분산 논리는 부의 집중과 불평등한 분배로 향해 가는 기존의 흐름을 역전시키는 것이 아니라 오히려 가속화시키고 있다고 할 수 있다. 비트코인을 통한 부와 부가가치의 재분배 과정은 먼저 세계경제의 실물부문에서 비트코인 부문으로 향하는 흐름으로 나타나고 비트코인 부문 내에서는 채굴 능력이 뛰어난 사람들, 1,000비트코인 이상 보유한 이른바 **고래**들, 싸게 사서 비싸게 팔 수 있는 운 좋은 사람들을 향한 흐름으로 나타난다.

가상자산에 대한 정치적인 태도

여러 나라들에서 가상자산을 둘러싼 정치적인 태도는 점차 더 분명하게 분화하는 모습이다. 비트코인 발행 초기에는 일부 진보주의자들마저 블록체인이라는 기술이 갖는 해방력에 혹했던 것이 사실이다. 이들은 비트코인이 추구한다는 탈중앙화, 평등주의, 탈권위주의 이념에 의해 수평적이고 분권적인 경제 질서를 세울 수 있다고 보기도 했다. 어떤 이들은 마르크스도 탈중앙화와 민주적인 성격을 갖는 비트코인을 지지했을 것이라고 주장했다. 심지어 일부는 비트코인이 자본주의를 개혁하거나 전복시키는 수단이 될 수 있다고 선전하기도 했다.

그러나 비트코인으로 대표되는 가상자산의 본질이 점차 드러나면서 진보주의자들의 태도도 달라지고 있다. 진보주의자들은 규제 철폐, 국가의 권위 부정, 자유 지상주의라는 보수주의에 맥이 닿아 있는 비트코인 아이디어가 시민들에게 더 나은 삶을 제공하지 못할 것이라는 쪽으로 의견을 모아가고 있다. 이들은 이제 블록체인이라는 기술과 비트코인이 상품으로서 갖는 성격을 점차 분리해서 생각한다. 진보주의자들은 비트코인이 성장해야 블록체인 기술이 발전할 것이라는 주장에 더는 현혹되지 않는다. 가상자산이 불평등을 촉진하는 지렛대 역할을 한다는 사실이 점차 분명해지면서 이제 진보주의자들은 이를 규제해야 한다는 쪽으로 입장을 정리해 가는 듯하다.

보수주의자들의 정치적인 태도는 주로 기술주의와 연관되어 있다. 이들은 진보주의자들이 기술을 정치화하고 있다고 비난하면서 기술을 질식시킬 것이 아니라 육성해야 한다고 주장한다. 일부는 가상자산을 산업으로 발전시켜야 한다는 주장을 내놓기도 한다. 그러면서 보수주의자들은 기술을 발전시키기 위해 규제를 강화할 것이 아니라 완화해야 한다고 주장한다.

우리나라에서는 가상자산에 대한 정당별 정치적인 태도가 아직은 분명하게 분화하지 않은 모습이다. 특히 가상자산 규제 문제에 대해 정당들은 어정쩡한 태도를 보이고 있다. 여기에는 가상자산을 거래하는 인구가 단기간에 급격히 늘어난 탓이 크다고 본다. 금융정보분석원의 2022년 하반기 가상자산 사업자 실태조사에 따르면 우리나라의 가상자산 규모는 19조 원, 가상자산의 하루 평균 거래 규모는 3조 원, 원화 예치금은 3조 6,000억 원이고 거래 가능 이용자는 627만 명에 이른다. 정당들은 정치적인 지지 문제 때문에 이들 가상자산 거래자들의 목소리를 무시하기 어려운 형편이다.

그러나 진보주의자들은 가상자산에 대한 정치적인 태도를 이제는 분명히 해야 한다. 가상자산은 부가가치를 생산하지 않는 비생산적인 부문에 속할 뿐만 아니라 불평등을 키우는 기능을 한다. 이러한 부문에 수많은 청년들이 매달려서 에너지를 쏟아 붓는 것은 국가적인 낭비이다. 또한 가상자산은 그 속성상 최초 발행국으로 부를 재분배하는 메커니즘을 갖고 있다는 점도 떠올려야 한다. 이는 개인들이 가상자산 거래를 통해 이익을 볼 수는 있지만 국가 전체로 보면 손해를 볼 가능성이 크기 때문이다.

우리나라 가상자산시장은 미국, 유럽과 더불어 3대 시장이라고 한다. 가상자산시장의 팽창이 국민들의 삶에 어떤 이익을 가져다준다는 것인가? 우리나라는 선물, 옵션 거래 규모도 세계 최상위급이라고 하는데, 그러한 파생상품 시장 규모의 팽창이 국민들의 삶에 무슨 이익을 가져다주었는가? 그런 면에서 진보주의자들은 가상자산에 대한 입장을 더 분명히 드러내야 한다. 블록체인이라는 기술은 가상자산과 결합시키지 않은 채 다른 수단을 통해서도 얼마든지 발전시킬 수 있다.

(2023.6.8.)

도움 받은 자료

- 국회 정무위원회, "가상자산 이용자 보호 등 법안 검토보고서", 2021.7.
- 금융정보분석원, "2022년 하반기 가상자산 사업자 실태조사 결과", 2023.3.20.
- 박종현·유승민, "비트코인은 대안화폐인가?: 비판적 검토" 『국제금융연구』, 2015.5.1.
- 아담 레보어, 임수강 옮김, 『국제결제은행(BIS)의 역사』, 더늠, 2022.
- 정부 관계기관 합동, "가상통화 현황 및 대응 방향", 2017.9.
- Barry Eichengreen, "From Commodity to Fiat and Now to Crypto: What Does History Tell Us?", *NBER* Working Paper 25426, 2019.
- Giulio Cornelli, Sebastian Doerr, Jon Frost and Leonardo Gambacorta, "Crypto shocks and retail losses", *BIS Bulletin*, No. 69, 2023.2.
- Ramaa Vasudevan, "Crypto Convulsions, Digital Delusions, and the Inexorable Logic of Finance Capitalism", *Monthly Review*, 2022.12.
- Tomás N. Rotta & Edemilson Paraná, "Bitcoin as a digital commodity", *New Political Economy*, 2022.3.

Rich Banks, Poor Society

다주택자에게 혜택 돌아가는 특례보금자리론

올해 초 정부(한국주택금융공사)는 특례보금자리론을 1년 시한으로 도입했다. 기존 보금자리론, 안심전환대출, 적격대출을 통합한 특례보금자리론은 현 정부가 누구의 이익을 위해서 정책을 펴는지, 우리나라 집값이 오르내리는 메커니즘이 무엇인지를 엿볼 수 있게 한다는 점에서 따져볼 가치가 있다.

특례보금자리론의 총 규모는 39.6조 원이다. 한국은행 통계를 보면 주택 담보대출 순증가액이 최근 5년 동안은 연평균 48조 원이고 지난해는 28조 원이었다. 이에 비춰볼 때 특례보금자리론의 규모가 매우 크다는 사실을 알 수 있다. 특례보금자리론의 유효 대출 신청액은 9월 말에 이미 목표액을 넘어선 데 이어 10월 말에는 41.7조 원을 기록했다. 그만큼 인기가 있었다는 얘기다.

특례보금자리론에는 여러 혜택이 주어졌다. 무엇보다 대출금리가 시중금리보다 낮았다. 정부 설명자료에 따르면 우대 금리가 적용되면 대출 금리는 3.75~4.05% 정도인데, 이는 시장 금리보다 훨씬 낮은 수준이다. 만기도 30년을 넘어 40년, 50년까지 연장할 수 있기 때문에 원리금 상환 부담액도 그만큼 줄어든다. 대출 한도도 비교적 많은 편으로, 9억 원 이하의 주택 구입자는 5억 원까지 대출을 받을 수 있다.

특례보금자리의 수혜자는 누구인가?

정부는 이 제도의 도입 목적이 서민과 실수요자의 **내 집 마련**을 돕고 이자 부담을 덜어주는 데 있다고 설명했다. 서민과 실수요자가 이 제도의 수혜자란 얘기다. 이러한 정부의 설명을 곧이곧대로 믿기는 어렵다. 두 가지 점 때문이다. 먼저, 특례보금자리 이용자 가운데는 서민이라고 보기 어렵고 실수요자도 아닌 사람들이 다수 포함되어 있다.

특례보금자리론 이용 조건에는 소득 기준이 없다 보니 대출의 많은 부분이 고소득층 손으로 들어갈 가능성이 있었고 실제로도 그랬다. 한국주택금융공사가 국회에 제출한 자료에 따르면 8월 말 기준, 소득 1억 원 이상인 사람이 특례보금자리론을 신청한 금액은 전체의 16.6%를 차지한다. 소득 8,000만 원 이상인 사람으로 범위를 확대하면 그 비율이 34%에 이른다. 더욱이 특례보금자리론의 이용 대상은 무주택자뿐만 아니라 1주택, 2주택 소유자도 포함한다. 이 때문에 주택을 이미 소유하고 있는 사람들도 특례보금자리론을 이용할 수 있었고 그 부분이 전체에서 차지하는 비중도 작지 않았다. 그런데, 예컨대 연봉이 1억이 넘고 이미 주택을 두 채 소유하고 있는 사람을 서민이라고 할 수 있을지는 의문이다.

정부가 진정으로 서민과 실수요자의 내 집 마련을 돕고자 했다면 그 대상을 엄격하게 제한해야 했다. 그러나 정부는 제한을 느슨하게 했는데 거기에는 그럴만한 이유가 있었다. 그 이유는 특례보금자리론의 수혜자가 이 제도의 이용자뿐만 아니라 주택소유자 전체로 확대된다는 사정과 관련이 있다. 서민과 실수요자를 돕는다는 정부의 설명에 의심의 눈길을 보내는 또 다른 이유는 특례보금자리론의 진정한 수혜자가 따로 있기 때문이다.

미국 연준의 정책금리 인상으로 시작된 우리나라의 집값 하락세가 지난해에는 꽤 가팔랐다. 그러다가 특례보금자리론 자금이 나가면서 그러한 추세가 바뀌는 모습을 보였다. 집값의 급격한 하락세는 일단 멈췄고 지역에 따라서는 상승세가 나타나기도 했다. 단기간에 대량으로 풀린 대출 자금이 집값 하락세를 멈춰 세우는 데 기여한 셈이다. 정부는 틀림없이 이러한 효과를 내다보면서 특례보금자리론을 설계했을 것이다. 특례보금자리론이 집값에 영향을 주기 위해서는 그 규모가 커야 했고 단기간에 집중적으로 자금이 나가야 했다. 정부가 대출 규제를 느슨하게 한 이유는 여기에서 찾을 수 있다.

너무 당연하지만 자주 놓치는 사실은 집값이 상승하면 거기에서 이익을 보는 계층이 생기지만 거꾸로 손해를 보는 계층도 생긴다는 점이다. 새롭게 집을 장만해야 하는 계층(특히 젊은 계층)은 집값이 상승하면 더 높은 대금을 지급하고 집을 사야 한다. 세입자들은 더 높은 임대료를 내야하고 한꺼번에 거액의 전세금을 올려주어야 할 수도 있다. 이처럼 집값 상승은 무주택자들의 희생을 바탕으로 다주택자들의 주머니를 채워주는 효과를 낸다.

그런데 주택 대출의 확대는, 그것이 어떤 형태이든, 집값의 전반적인 수준을 끌어올리는 데 영향을 준다. 문재인 정부 시절의 전세자금 대출까지도 집값을 끌어올리는 기능을 했다. 이는 누구나 예상할 수 있는 사실이고 실제로도 특례보금자리론이 도입되자 그러한 효과가 나타났다. 그런 점에서 특례보금자리론은 공적인 자원을 들여서 무주택자들의 주머니에서 다주택자들의 주머니로 부(임대료)가 흘러갈 수 있는 통로를 만들어 준다는 의미를 갖는다.

결국 특례보금자리론의 최대 수혜자는 다주택자들이고 최대 피해자는 무주택자들이다. 정부가 대출 조건을 최대로 완화해서 단기에 대량의 자금을 푼 것은 그것이 집값의 전반적인 상승효과를 낼 것이라고 예상되었기 때문이지 서민을 돕기 위해서가 아니다. 인구의 거의 반을 차지하는 세입자들의 희생을 강요하는 정책이 서민을 위한 정책일 수는 없다. 정부가 누구의 이익을 위해서 정책을 펴고 있는가를 보여주는 대목이다.

특례보금자리론 정책에서 읽어내야 할 몇 가지 사실

특례보금자리론 정책은 집값 정책과 관련한 매우 중요한 사실들을 보여준다. 첫째, 특례보금자리론 정책은 정부가 마음만 먹으면 이자율 수준과 대출 규모를 어느 정도 통제할 수 있다는 사실을 보여준다. 이 정책에서 보듯, 이자율 수준이나 대출 규모는 어찌할 수 없는 외부 힘에 의해 결정되는 고정 수치가 아니다. 정부는 특정 계층의 이익을 위해 이자율 수준이나 대출 규모를 일정한 수준(그것이 높은 수준이든 낮은 수준이든)에 어느 정도는 묶어 둘 수 있는 능력을 가지고 있다. 문제는 정부가 어느 계층의 이익을 위해 그렇게 하는가이다.

둘째, 특례보금자리론 정책은 정부가 주택이라는 특정 부문으로 자금이 흘러가게 할 수 있다는 사실을 보여준다. 특례보금자리론의 규모는 매우 크지만 정부는 그것을 만들어낼 수 있고 단기간에 주택 부문으로 흘러가게 할 수 있다. 자금의 흐름에 대한 선별적 정책이 가능하다는 얘기다.

셋째, 특례보금자리론의 우대금리가 시장금리보다 훨씬 낮다는 점에서 드러나듯, 특례보금자리론 정책은 특정 부분에 대해서는 이자율을 다르게 적용할 수 있다는 사실을 보여준다. 사실 정책 자금에 대해서는 현재도 대부분 차등 금리를 적용한다.

넷째, 특례보금자리론 정책은 정부가 이자율이나 대출 규모의 통제를 통해 집값에 큰 영향을 끼칠 수 있다는 사실을 보여준다. 정부는 금융을 통해 집값을 올리는 방향으로도, 내리는 방향으로도 영향을 끼칠 수 있다.

집값 정책과 관련하여 특례보금자리론이 보여주는 특징적인 사실들이 중요한 이유는, 그것을 뒤집으면 집값 안정 정책이 되기 때문이다. 예를 들어, 문재인 정부 시절 저금리와 과잉 유동성 현상은 어쩔 수 없는 외부 요인에 의해 생긴 것만은 아니었다. 저금리와 과잉 유동성이 세계적인 현상이기는 했지만 정부와 한국은행이 이를 전혀 통제할 수 없는 상황은 아니었다. 정부와 한국은행은 집값 안정을 위해 이자율과 대출 규모를 어느 정도 통제할 수 있었고, 자금이 주택시장으로 흘러가는 것을 막을 수도 있었으며, 다주택자들에게는 특례보금자리론의 우대금리와는 반대 개념인 높은 벌칙 금리를 매길 수도 있었다. 나아가 전체 주택 담보대출의 3분의 1을 차지하는 다주택자들에게는 추가 담보대출을 중단할 수도 있었다.

(2023.11.17.)

국민 지원금, 그리고 돈 풀면 물가 오른다는 신화

돈 풀면 물가 오른다는 논리는 노동자 위협용

정부가 돈을 풀면 물가가 오른다는 주장은 민주당이 제안한 전국민 민생회복지원금 정책을 반대하는 주요한 논거이다. 가계가 지원금을 받더라도 그만큼 물가가 올라버리면 실질소득에는 변함이 없을 텐데 그런 정책을 펼 이유가 어디 있느냐는 것이다. 돈을 풀면 물가가 오른다는 이 주장은 얼핏 들으면 가치 중립적이고 타당한 명제처럼 여겨진다. 그러나 그렇지 않다. 그럴듯한 이 주장은 참이 아니며 가치 중립적이지도 않다. 자본가 계급은 예부터 이 주장을 노동자·서민의 이익을 공격하는 이데올로기적인 무기로 활용해 왔다.

단순한 이 주장 속의 여러 함의는 노동자·서민의 이익에 반하는 내용을 담고 있다. 첫째, 이 주장 가운데 정부 지원금이 가리키는 것은 맥락상 사회경제적 목적을 가진 공공 지출에 한정된다. 금융기관을 구제하기 위한 공적자금, 대자본을 도와주는 여러 보조금은 여기에서 말하는 정부 지원금에 포함되지 않는다. 사회경제적 목적을 가진 대표적인 공공 지출은 복지 지출이다. 곧, 정부가 돈을 풀면 물가가 오른다는 주장은 결국 복지 지출을 줄이자는 얘기이다. 이는 국가의 재분배 기능을 부정하는 것이기도 하다.

둘째, 돈을 풀면 물가가 오른다는 주장은 돈을 풀 필요가 없다는 것, 곧, 작은 정부를 지향해야 한다는 것을 함의한다. 정부는 세금을 걷어서 필요한 재원을 마련한다. 세금으로도 부족할 때는 국채를 발행하기도 한다. 그런데 공공 지출을 줄이자는 주장은 세금을 덜 걷자는 것을 함의한다. 누진세를 채택하고 있는 현실에서 세금을 줄이는 것은 부자 감세일 수밖에 없다. 공공 지출을 줄이자는 주장은 국채의 발행을 억제하자는 것도 함의한다. 씀씀이를 최대한 줄여서 빚을 내서까지 나라 살림을 꾸리지는 말자는 얘기인데, 이는 이른바 건전 재정 논리이다.

셋째, 돈을 풀면 물가가 오른다는 주장은 돈의 움직임과 실물경제의 움직임이 전혀 별개라는 사실을 함의한다. 돈을 풀면 그것은 상품과 서비스의 가격으로 흡수되어 버리고 생산, 고용, 소득과 같은 실물 경제에는 영향을 주지 못한다는 것이다. 화폐는 그저 계산단위에 지나지 않기 때문에 그것이 늘어난다고 해도 실질소득을 높이거나 실업률을 줄이지 못한다는 얘기다. 이러한 주장은 정부가 재정을 통해 실업을 줄이거나 노동자에게 도움을 주는 여러 정책을 펴더라도 아무 소용이 없다는, 이른바 **정책 무력성 명제**에 뿌리를 두고 있다.

넷째, 이 주장은 물가가 오르면 그 해법을 풀린 돈을 회수하는 데에서 찾아야 한다는 것을 함의한다. 이 주장에 따르면, 돈을 풀면 물가가 오르므로 거꾸로 물가가 오르면 돈을 회수해서 물가를 잡아야 하는 것은 당연하다. 오늘날의 여러 중앙은행들은 대체로 돈 풀면 물가가 오른다는 논리에 따라 움직인다. 그리하여 물가가 오르면 그 이유를 따지기에 앞서 기계적으로 정책 금리를 올려서 돈의 규모를 축소하는 정책을 편다. 중앙은행들은 금리 수준과 화폐량의 조절을 고용 규모나 노동조합의 협상력을 떨어트리는 데 활용하기도 한다.

예컨대 미국 연준의 금융정책에서 그러한 사례를 찾아볼 수 있다. 미국 연준의 파월 의장은 언젠가 카토연구소와 인터뷰를 하면서 다음과 같은 발언을 한 바 있다. "미국경제는 고용시장에서 노동수요가 매우 강하고 높은 임금의 새로운 일자리가 계속 창출되는 불균형에 놓여 있다." 여기에서 보듯 파월 의장은 높은 임금의 새로운 일자리가 계속 창출되는 상황을 불균형으로 인식한다. 파월은 "연준은 정책개입을 통해 상당 기간 추세 이하의 성장을 유지함으로써 노동시장을 균형 수준으로 되돌리고 임금상승률도 2% 물가 목표에 근접한 수준으로 낮추기 위해 노력하고 있다"고 덧붙였다. 연준이 성장률을 떨어트리기 위해 정책개입을 한다는 얘기다. 파월은 연준의 정책개입 곧 금리 인상의 목적이 화폐 공급량을 줄임으로써 실업률을 높이고 임금을 떨어트리는 데 있다고 말하는 것이다.

이처럼 돈 풀면 물가가 오른다는 논리는 예부터 기득권층이 노동자·서민의 이익을 공격하는 논리로 사용되어 왔다. 돈 풀면 물가가 오른다는 논리를 세련된 형태로 가다듬은 것이 화폐수량설이다. 이 화폐수량설은 이른바 보수적인 통화주의 이념을 떠받치는 핵심 기둥 역할을 한다.

통화주의 이념을 떠받치는 기능

영어의 머니터리즘을 번역한 통화주의라는 용어는, 사실 화폐주의라고 번역해야 맞을 듯한데, 1970년대 중·후반부터 신자유주의의 이념적 좌표 역할을 하고 있다. 통화주의의 특징은 화폐자본가(금융자본가) 계급의 이익을 뒷받침하는 논리로서 기능한다는 데에서 찾을 수 있다. 이 통화주의의 바탕에는 돈 풀면 물가가 오른다는 화폐수량설이 놓여 있다. 물론 통화주의의 화폐수량설은 고전적인 화폐수량설을 약간 수정한 것이기는 하다. 이 통화주의는 밀턴 프리드먼이라는 경제학자와 뗄 수 없는 관계에 있다.

밀턴 프리드먼이 어떤 사람인지를 간단히 살펴보는 것이 통화주의의 본질을 이해하는 데 도움이 될 것이다. 프리드먼은 1976년에 노벨 경제학상을 받았다. 그가 노벨상은 받는다는 소식에 스톡홀름의 시상식장 주변에는 엄청난 시위대가 몰려들었다. 그의 노벨상 수상에 항의하기 위해서였다. 시위대는 군사 쿠데타로 집권한 칠레의 독재자 아우구스토 피노체트를 지원한 프리드먼이 노벨 경제학상을 받을 자격이 없다고 외쳤다. 시위대는 그를 **독재를 지지한 자유주의 돈키호테**라고 이름 붙였는데, 이는 프리드먼이 어떤 사람인지에 대한 단면을 보여준다. 여러 명의 옛 노벨상 수상자들도 피노체트 정권을 지원한 프리드먼의 수상을 반대하는 성명서를 작성하여 노벨위원회에 보냈다. 노벨상 수상자 가운데는 직접 프리드먼에게 편지를 보내 그를 비판하는 이도 있었다.

이처럼 프리드먼의 이름은 독재자 피노체트와 깊게 얽혀있다. 칠레는 1970년에 인민연합의 아옌데를 대통령으로 선출했다. 선거 과정에 미국 닉슨 정부와 중앙정보국CIA이 아옌데의 당선을 막기 위해 은밀하게 공작을 폈던 사실이 나중에 드러났다. 미국은 아옌데 정권의 국유화 정책, 특히 구리 산업의 국유화를 걱정했다. 미국 CIA의 지원을 받은 아우구스토 피노체트 장군은 1973년 9월에 군사 쿠데타를 일으켜 결국 아옌데 정권을 무너트렸다. 프리드먼은 이 쿠데타를 지지했고 1974년에는 칠레를 직접 방문하여 여러 차례 강연회와 세미나를 열었다. 프리드먼은 따로 피노체트를 만나 **충격요법**이라 불리는 통화주의 정책의 실험을 제안했다. 여기에는 화폐량의 큰 폭 축소, 6개월 안에 공공 지출의 25% 삭감, 공무원 대량 해고 등이 포함되어 있었다.

사실 프리드먼과 피노체트의 관계는 미국의 전략적인 틀 속에서 형성되었다. 미국은 1950년대 중반부터 미국 국제개발국을 통해 칠레를 포함한 남아메리카 출신의 학생들이 보수적인 시카고대학 경제학부에서 공부하도록 했다. 미국이 이렇게 한 데에는 라울 프레비쉬라는 경제학자의 영향력 탓이 컸다. 아르헨티나 출신의 프레비쉬는 국제연합 라틴아메리카 경제위원회ECLA 초대 사무국장이었다. 그는 주류 경제학의 이론과 달리 자유시장이 저개발과 빈곤에서 벗어나는 방법이 아니라고 주장했다. 그는 대안으로서 보호무역, 자본통제, 유치산업 보호의 필요성을 제기했다.

프레비쉬의 주장은 1950년대와 60년대에 걸쳐 라틴아메리카를 포함한 저개발국가들에서 큰 인기를 얻어 구조주의 경제학파의 형성으로 이어졌다. 미국은 프레비쉬의 주장이 미국의 이익을 침해할 수 있다고 보고 포드 재단과 록펠러 재단의 자금 지원으로 라틴아메리카 국가들을 대상으로 이에 대항하는 네트워크를 형성해 나갔다. 이를 실행하는 과정에서 미국은 시카고대학에 중심적인 역할을 맡겼다. 그 이유는 말할 필요도 없이 시카고대학에 프리드먼과 같은 보수적인 경제학자가 자리 잡고 있었기 때문이다. 시카고대학에서 공부한 유학생들은 자국으로 돌아가 **시카고 보이스**라는 세력을 형성했다. 이들은 자국에서 통화주의 이념을 퍼트리는 전도사 역할을 하게 된다.

프리드먼이 주장하는 통화주의는 정부의 개입주의, 곧 정부가 돈을 풀어 뭔가를 하려고 하는 온갖 정책에 반대하는 것을 핵심 목표로 삼는다. 프리드먼이 반대하는 개입주의에는 저개발국의 구조주의 이론이나 선진국의 케인스주의가 모두 포함된다. 프리드먼은 현실적 시장을 이념적 시장으로 간주한다. 다시 얘기해서 현실적인 시장은 비인격적인 힘을 통해 이념적인 상태, 곧 균형상태로 이끌려 간다는 것이다. 그의 의견으로는 어떤 형태의 정부개입이든 그것은 경제를 불균형 상태로 빠져들게 한다.

프리드먼은 사회정책이나 소득재분배 정책과 같은, 자본주의 사회의 모순을 완화하려는 재정의 역할을 인정하지 않는다. 그는 돈을 풀어서 고용을 늘리려는 정책은 끝없는 인플레이션으로 귀결될 것이라고 주장한다. 그에 따르면 고용은 현재의 생산자원, 기술, 노동생산성을 반영하는 자연적인 수준에서 결정된다. 만약 그러한 수준이 실제로 존재한다면 화폐량의 조절이나 재정을 통해서 정책적으로 실업률을 낮출 수 없게 된다. 이는 오직 임금을 낮추는 것만이 실업률을 낮출 수 있다는 결론으로 이어진다.

프리드먼은 인플레이션을 지속적인 물가상승으로 정의하면서 그것은 언제 어디서나 생산량에 비해서 화폐가 과잉 발행됨으로써 발생하는 화폐적 현상이라고 설명한다. 그런데 화폐의 과잉발행이란, 프리드먼이 보기에는, 재분배정책이나 고용을 늘리려는 정부 정책의 결과이다. 그러므로 정부의 재량을 억제하기 위해서는 화폐량의 발행을 일정 비율로 제한해야 한다고 그는 주장한다. 주목해야 할 점은 프리드먼이 정부 지출은 반대하지만 자산 가격이 떨어지는 국면에서 그것을 유지하기 위해 화폐량을 늘리는 데에는 반대하지 않는다는 사실이다. 그는 화폐의 공급을 헬리콥터에서 돈을 뿌리는 것으로 묘사함으로써 마치 돈이 모든 사람의 주머니에 골고루 돌아간다는 인상을 심어주려 한다. 물론 화폐가 은행을 통해 공급되면 돈은 담보력이 크고 소득이 높은 사람에게 더 많은 양이 우선적으로 돌아가서 그들에게만 혜택을 줄 것이다.

프리드먼의 통화주의는 대략 1950년대에 탄생했지만 자본주의 지배계층이 그것을 곧바로 받아들인 것은 아니었다. 1970년대 중반까지도 그들은 통화주의가 제시하는 권고, 곧, 사회적인 목적의 공공지출 삭감, 감세, 국채 발행의 축소, 화폐량 증가율의 엄격한 규제와 같은 것들을 현실 정책에 적용하는 데서 망설였다. 그 이유는 통화주의의 실행이 가져올 사회적인 결과가 불확실했기 때문이다. 그러다가 1970년대에 인플레이션이 심각해지는 국면에서 케인스주의가 이에 제대로 대처하지 못하자 통화주의 주장이 호소력을 얻기 시작했다. 자본가 계급은 통화주의 주장에서 노동자들의 생존권 요구 투쟁을 공격할 수 있는 그럴듯한 구실을 찾아냈다. 이후 통화주의는 미국의 레이거노믹스와 영국의 대처리즘을 거치면서 신자유주의 시기 지배 이데올로기로 발전해 간다.

통화주의의 본질은 자본주의에서 발생하는 여러 문제, 예컨대 불황, 실업, 물가 상승과 같은 것들을 노동계급의 희생을 바탕으로 해결하려고 한다는 데에 있다. 그런 점에서 통화주의는 가치 중립적이라기보다는 계급 편향적이다. 통화주의가 권고하는 정책들, 곧 사회적인 성격의 공공지출 삭감, 감세, 건전 재정 등은 노동자·서민의 희생과 협상력 약화를 내용으로 삼는다. 프리드먼이 줄곧 강조하는 **자유**라는 것도 자본이 노동자를 마음대로 착취할 자유에 지나지 않는다. 또한 통화주의는 미국 편향적이다. 미국은 국제수지 적자를 메우기 위해 외국 중앙은행에 달러를 축적해두는 전략을 선택하고 있는데, 이에 따라 세계 시장에 공급되는 화폐량이 엄청나게 늘어났고 그것이 여러 나라들의 물가 상승을 부추겼다. 미국이 세계시장에 인플레이션을 전가시킨 것인데 통화주의는 거기에는 눈길을 주지 않는다.

노동자·서민의 이익을 공격하는 프리드먼의 통화주의는 윤석열 정부 경제정책의 토대이기도 하다. 윤석열 대통령은 자기에게 가장 큰 영향을 준 책으로 밀턴 프리드먼의 『선택할 자유』를 꼽은 바 있다. 윤석열 정부는 복지 지출의 축소, 부자 감세, 건전 재정, 규제 완화와 같은 통화주의 권고를 그대로 따르고 있는 것처럼 보인다. 문제는 2008년 글로벌 위기를 계기로 세계적으로 통화주의가 저물고 있다는 사실이다. 윤석열 정부는 시대착오적인 정책을 펴고 있는 셈이다.

금융자본의 이익을 옹호하는 화폐수량설

통화주의는 돈 풀면 물가가 오른다는 논리에 바탕을 둔다. 돈 풀면 물가가 오른다는 명제를 이론적으로 조금 더 가다듬은 것이 화폐수량설이다. 화폐수량설이란 화폐량과 물가가 깊게 관련되어 있다고 보는 관점이다. 이 화폐수량설의 역사는 꽤 멀리 거슬러 올라간다. 이미 기원전 7세기에 쓰인 『관자』에 화폐수량설의 관점이 나타난다. 『관자』 '국축' 편에서는 화폐량의 증감과 상품 가격의 높낮이를 직접적으로 대응시켜서 설명하는 곳이 나온다.

근대의 화폐수량설은 중금주의를 비판하는 과정에서 나타났다. 중금주의란 금과 은, 곧 화폐를 유일한 부(富)로 보는 관점을 말한다. 유럽에서 17세기 전반에 나타난 중금주의는 귀금속 화폐를 부로 간주하고 외국무역에 의해 그 부를 획득하는 것을 목표로 삼았다. 중금주의자들은 상품의 단순한 유통 관점에서 "좀도 녹도 슬지 않는 영원한 보화를 형성하는 것을 부르주아 사회의 소명"이라고 올바르게 표명했다. 마르크스는 이들을 근대 세계의 최초의 대변자라고 이름 붙였다. 중금주의자들의 정책은 자본의 초기 축적에 기여했다는 평가를 받기도 한다.

화폐수량설은 화폐가 부wealth라는 관점에 대립하면서 발전했다. 존 로크는 17세기에 화폐명목론을 주장했는데, 이는 화폐가 부가 아니라는 것을 표현한다. 화폐명목론의 관점에 선 화폐수량설은 따라서 화폐를 유일한 부로 보는 중금주의를 비판하는 내용을 갖는다. 화폐수량설의 함의는 중상주의에 따른 화폐의 국내 유입이 물가 상승으로 귀결될 뿐이라는 점, 따라서 보호무역 정책이나 무역 통제가 무의미 하다는 점에서 드러난다. 중상주의(중금주의)를 비판하는 내용을 갖는다는 점에서 화폐수량설은 당시로서는 나름대로 진보적인 역할을 수행했다. 그러나 화폐를 순전히 환상적인 것으로 간주함으로써 화폐가 부의 측면을 가진다는 사실을 무시한 것은 화폐수량설의 약점이었다.

화폐수량설에 따르면 상품 가격은 화폐량에 의해 결정된다. 좀 더 구체적으로, 상품은 가격이 매겨지지 않은 상태로 유통에 들어가고 화폐도 가치를 가지지 않은 채 유통에 들어가서 교환 과정에서 상품량과 화폐량에 비례해서 가격이 결정된다는 것이다. 화폐는 부가 아니라는 관점에 따라 화폐수량설에서는 화폐가 축장되지 않고 유통에 머물면서 유통수단 기능만을 하는 것으로 간주된다. 이 이론에 따르면 화폐는 원활한 유통을 가능하게 하는 수단에 지나지 않으며 따라서 실물부문의 생산이나 고용, 그리고 소득수준에 영향을 주지 않는다. 화폐의 흐름은 가격 형성 기능을 갖지만 경제 활동을 형성하는 기능은 하지 않는다.

20세기에 들어서 어빙 피셔라는 학자는 화폐수량설을 교환방정식이라는 형식으로 명료하게 표현했다. 그는 화폐수량설을 MV=PT라는 간단한 수식으로 설명했는데, 이 수식은 오늘날에도 널리 사용된다. 여기에서 M은 화폐량, V는 화폐 유통속도, P는 평균적인 상품가격 수준, T는 상품 거래량을 나타낸다. 화폐수량설에서는 화폐유통속도와 상품의 거래량이 일정하다고 가정한다. 그러한 조건에서 화폐량 M의 증가는 평균적인 상품가격 수준 P의 상승으로 이어진다.

MV=PT라는 공식에는 많은 논쟁점이 있다. 먼저 화폐를 어떻게 정의할 것인가부터 문제이다. 화폐에는 국가지폐와 신용화폐가 있는데 각각은 전혀 다른 질적인 특징을 갖는다. 국가지폐는 국가의 필요에 의해 발행되는 데 비해 신용화폐는 생산자들의 필요에 의해 발행된다. 두 종류의 화폐 유통은 그 성격이 전혀 다르다. 화폐를 정의할 때 이 두 종류의 화폐를 어떻게 다룰 것인가? 예금화폐의 경우 만기에 따라 화폐를 어떻게 구분할 것인가 등등 여러 문제가 생긴다. 화폐의 정의는 너무 다양해서 사실은 화폐수량설의 주장자들마저 엄밀한 정의를 내리는 것을 포기할 정도이다.

화폐의 공급 주체인 중앙은행을 어떻게 파악할 것인가도 쟁점이다. 중앙은행을 정부기구로 볼 것인가 아니면 민간기구 성격을 띠는 기구로 볼 것인가? 화폐수량설에서는 화폐공급량이 평균적인 상품가격 수준을 결정하는 것으로 보는데, 이를 거꾸로 볼 수는 없는가? 곧, 평균적인 상품 가격 수준이 화폐량을 결정하는 것은 아닌가? 상품에 일반 제조상품과 서비스만을 포함시킬 것인가, 금융상품, 부동산까지 포함시킬 것인가? 상품의 유통속도는 정말 안정적인가? 이런 숱한 논쟁점이 있다. 예를 들어 마르크스 경제학자들은 화폐수량설과는 달리 평균적인 상품 가격 수준이 화폐량을 결정하는 것으로 본다.

이처럼 화폐수량설에는 많은 쟁점들이 내포되어 있는데, 프리드먼은 화폐수량설의 내용을 다음과 같이 정리한다. 첫째, 화폐량의 변화는 장기적으로는 실질소득에 무시할 정도의 영향밖에 안 준다. 둘째, 인플레이션은 언제 어디서든 화폐적 현상이고 그것은 산출량에 대한 화폐량의 상대적인 증가를 동반한다. 셋째, 단기(5~10년)에는 화폐량의 변화가 산출량의 변화에 영향을 줄 수 있다. 넷째, 화폐량의 변화는 명목소득과 실질 활동수준의 단기적인 변화를 설명하는 주요 요인이다. 다섯째, 화폐량의 증가는 단기에는 이자율을 떨어트리지만 시간이 흐르면 이자율을 다시 상승시킨다. 따라서 이자율은 금융정책의 지표가 되지 못한다. 여섯째, 중앙은행은 국가 기구로 간주된다. 화폐는 국가기구인 중앙은행이 생산의 필요와 관련 없이 외생적으로 공급한다. 그러므로 중앙은행의 화폐 공급은 규제되어야 한다.

화폐수량설은 추상적으로 설명되고 있지만 앞서 설명한 바와 같이 그 본질은 정부가 돈을 풀어서 어떤 정책을 펴는 것의 무력성을 보이는 데 있다. 그런 면에서 화폐수량설은 정부의 재분배, 고용 확대, 노동자 보호 정책에 적대적이고 구매력 유지, 물가 억제 정책에는 우호적이다. 화폐수량설은 노동자 계급의 이익에는 대립적이지만 금융자본가 계급의 이익에는 친화적이라고 할 수 있다.

정부가 돈을 풀면 실제로 물가가 오를까?

상품의 가격이 오르는 두 가지 경우를 생각해 보자. 먼저 화폐의 가치 하락이 상품 가격의 상승으로 표시될 수 있다. 화폐의 가치가 하락하면 상대적으로 상품의 가격이 상승하는 것은 당연하다. 다음으로 여러 상품들의 생산조건이나 수요 상황의 변화, 그리고 수입 상품의 가격 변화에 따라 상품의 가격 수준이 오를 수 있다. 두 경우 모두 가격 상승으로 표시되지만 그 내용은 전혀 다르다. 자의 눈금이 달라져서 길이가 늘어난 것과 실제로 재려고 하는 대상이 변해서 길이가 늘어난 것은 전혀 다르다. 두 경우 모두 현상적으로는 길이의 증가로 나타나지만 변한 것이 무엇인가는 전혀 다르다. 자의 눈금이 달라진 것을 인플레이션으로, 대상이 달라진 것을 물가상승으로 구분하여 개념 정의하기도 한다.

현실의 물가 상승은 위 두 경우의 조합으로 나타난다. 화폐가치가 떨어지는 상황에서 상품의 공급 조건이 유리하게 변하면 그 상대적인 변화의 정도에 따라 가격이 오를 수도, 내릴 수도, 그리고 변하지 않을 수도 있다. 화폐가치가 오르는 상황에서 상품의 공급 조건이 불리하게 변할 때도 마찬가지이다. 곧, 물가의 상승은 화폐량의 변화와 상품의 생산 조건 변화에 근거를 둔 많은 요인들의 결합된 영향을 받는다.

화폐수량설의 관점은 돈을 풀면 곧바로 자의 눈금이 바뀌어 물가가 오른다는 것이다. 그런데 화폐량의 변화가 물가 상승으로 이어지기 위해서는 그것이 온전히 가격 변화로 흡수될 때 뿐이다. 만약 화폐량의 증가가 실물부문에 영향을 준다면, 그리하여 고용, 생산, 소득에 영향을 준다면 화폐량의 증가는 물가상승으로 이어지지 않거나 오히려 물가를 떨어트릴 수도 있다. 화폐량의 증가가 소비와 투자를 자극하여 생산이 증가함으로써 시장에 공급하는 상품량이 증가하면 상품 가격이 하락할 수도 있다. 물론 상품거래에 필요한 정도를 훨씬 뛰어넘는 화폐량의 증가는 화폐가치 하락과 물가의 상승으로 이어질 수 있다.

1990년대 이후 한 세대 이상 세계적으로 물가가 안정되는 현상이 나타났다. 이때의 상품 가격 안정은 중국을 비롯한 신흥 국가들이 세계시장에 상품 공급을 늘린 덕이 컸다. 이 시기의 특징은 화폐량이 지속적으로 증가하는 데도 물가는 안정적인 모습을 보였다는 사실이다. 1980년대 후반 일본에서는 화폐수량설로는 설명하기 힘든 이른바 **일본 현상**이 나타났다. 1986년에서 90년까지 화폐량은 연평균 10.2%가 증가했다. 그에 비해 같은 기간의 물가상승률은 연평균 1.5%에 지나지 않았다. 최근 2~3년 사이에 나타나고 있는 세계적인 물가 상승은 화폐량이 늘어서라기보다는 미중 갈등이나 러시아-우크라이나 전쟁으로 공급 체인이 부서진 탓이 크다.

정리하면, 정부가 돈을 푼다고 해서 그것이 예외 없이 물가 상승으로 이어지지는 않는다. 오히려 돈을 풀면 물가가 오르는 상황이 예외적이다. 정부가 돈을 풀 때 물가가 오르기 위해서는 그 돈이 금융시장으로 흘러 들어가지 않아야 하고, 곧, 금융자산의 가격과 이자율에 변화를 주지 않아야 하고, 투자나 생산에 영향을 주지 않아야 하며, 무엇보다 저축되지 않아야 한다. 그러한 여러 조건이 들어맞을 때 정부가 돈을 풀면 물가가 오를 수 있다. 그런데 그러한 여러 조건이 들어맞는 경우는 드물다. 그런 면에서 돈 풀면 물가가 오르리라는 생각은 차라리 미신에 가깝다.

(2024.4.26.)

도움 받은 자료

- 관중(管仲) 지음, 장승구 외 옮김, 『관자(管子)』, 소나무, 2015.
- 니컬러스 웝숏 지음, 이가영 옮김, 『새뮤얼슨 vs 프리드먼』, 부키, 2022.
- 칼 마르크스, 김호균 옮김, 『정치경제학 비판을 위하여』, 중원문화, 2017.
- 요한 판 오페르트벨트 지음, 박수철 옮김, 『시카고학파』, 에버리치홀딩스, 2011.

제 5 장

중앙은행의 정치적 독립성은 허구

Rich Banks, Poor Society

- 중앙은행의 정치적 독립성 따위는 없다
- 노동자를 옥죄는 물가안정목표제
- 노동조합은 정책금리 인하를 요구해야 하는가?
- 부동산 투기와 중앙은행 책임: 이와타-오키나 논쟁

중앙은행의
정치적 독립성 따위는 없다

왜 지금 중앙은행 독립이 문제인가?

이창용 한국은행 총재는 한국은행이 정부에서는 독립했지만 미국 중앙은행인 연방준비제도(Fed·연준)에서는 그렇지 않다는 발언을 한 바 있다. 여기에서 알 수 있듯이 그는 중앙은행의 독립을 달성해야 할 바람직한 상태로 본다. 사실 한국은행 총재만이 아니라 일반 사람들도 마찬가지이다. 정부에서 독립한 중앙은행이 화폐가치의 안정을 이루는데 더 좋은 성과를 낸다는 주장은 널리 받아들여진다. 이러한 주장은 함부로 도전해서는 안 되는 공리처럼 간주되기도 한다.

더욱이 우리나라에서는 중앙은행 독립성이 진보적인 가치를 갖는 것처럼 여겨지는 듯하다. 이렇게 된 데는 우리나라에서 중앙은행 독립 주장이 나온 독특한 배경이 한몫 했다. 우리나라에서 한국은행 독립 주장은 1987년 6.29 선언 직후 경제 민주화 요구가 분출하던 국면에서 나오기 시작했다. 당시는 정부가 은행 업무의 세세한 부분까지 간섭하는 이른바 관치금융의 폐해가 쌓여 있던 때라 뭔가 개혁이 필요하다는 데에는 일정 부분 사회적인 공감대가 형성되어 있었다.

그러한 사회 분위기 속에서 한국은행 독립은 관치금융의 폐해를 극복하는 개혁의 지렛대이며 나아가 경제 민주화의 한 요소라는 인식이 생겨났다. 그렇지만 역사적인 맥락에서 보면 중앙은행 독립 개념은 매우 보수적인 지적 전통에 끈이 닿아 있다. 시카고학파-통화주의-신자유주의의 흐름 속에서 태어난 **워싱턴 컨센서스**의 주요 항목 가운데에 중앙은행 독립이 한 자리를 차지하고 있다는 사실이나, 국제 금융자본의 이해에 깊게 엮인 국제통화기금IMF이 구제금융을 제공할 때 중앙은행 독립을 요구한다는 데에서 이를 미루어 짐작할 수 있다.

2008년 글로벌 금융위기는 중앙은행 독립의 필요성에 의문을 제기하는 목소리들이 나오는 계기를 만들었다. 전례 없는 규모의 위기에 대응하면서 중앙은행과 행정부는 긴밀하게 협력해야 했다. 특히 여러 나라 중앙은행들이 유통 화폐량을 늘리기 위해 정부가 발행한 국채를 사들이면서 두 정책 주체의 협력 필요성은 더욱 커졌다. 이러한 상황은 중앙은행이 정부에서 굳이 독립해야 할 이유가 따로 있는지를 묻게 했다. 그 물음의 연장선상에서 재정정책과 금융정책을 통합하는 것이 낫다는 논의가 나타나기도 했다.

중앙은행들의 양적완화가 만들어낸 분배 효과는 중앙은행 독립성 문제를 따져보게 하는 또 다른 요인이었다. 양적완화로 생겨난 돈은 상품과 서비스 지출로 향하기보다는 주로 자산시장으로 흘러갔다. 그 돈은 자산 가격 거품을 만들어냈다. 위기 이후에 부동산 가격이 크게 오른 것은 이러한 주요 중앙은행들의 양적완화 정책과 관련이 깊다. 부동산이나 유가증권과 같은 자산 가격이 오르면서 생긴 이득은 대부분 소수의 자산가 계층에게 돌아갔다. 그리하여 노벨 경제학상 수상자인 조지프 스티글리츠 교수도 얘기하듯이 중앙은행들이 편 양적완화 정책은 커다란 (특정 계층에게 유리하게 작용하는) 분배 효과를 만들어냈다.

중앙은행의 정책이 분배에 영향을 주지 않아야 한다는 것은 중앙은행 독립성의 중요한 전제이다. 정치의 영역에서 벗어난 중립적인 전문가들이 특정한 계급이나 계층의 이익에 치우치지 않으면서 나라 전체의 이익을 고려하여 정책 판단을 내린다는 가정이 중앙은행 독립성 논리의 바탕에 깔려 있다. 만약 어떤 정책이 특정한 계급이나 계층에 유리하게 기능한다면 그것은 이미 전문가 영역이라기보다 정치의 영역이다. 중앙은행의 독립적인 정책이 부의 편중을 부르는 분배 효과를 낳는다면 그것이 누구에게 이익인가를 먼저 묻는 것이 자연스러운 이치이다.

이러한 사정들이 중앙은행 독립성을 향한 의문이 생겨나는 배경이다. 여기에 더해서 우리는 중앙은행 독립성을 따져보아야 할 이유를 하나 더 가지고 있다. 아담 레보어가 『바젤탑』에서 설명하듯이 2008년 위기에 대응하기 위한 미국 연준의 양적 완화 정책은 미국뿐만 아니라 주변국의 자산 가격도 끌어올렸다. 이창용 총재의 말대로 한국은행이 미국 연준에서 독립적이지 못했던 탓에 연준 정책의 영향이 우리나라에 고스란히 전달되었다. 문재인 정부 시기 우리나라의 집값이 크게 오른 이유는 이것이었다. 그런데 한국은행이 정부에서 독립적이어야 한다는 믿음 때문에 집값이 급등할 때조차 문재인 정부는 속수무책일 수밖에 없었다.

오늘날 우리는 자산 가격 안정을 비롯하여 정부와 중앙은행이 협력하여 해결해야 할 숱한 과제를 안고 있다. 예를 들어 불평등 문제를 완화하기 위해서는 정부가 적극적인 재정정책을 펴야 하는데, 여기에는 중앙은행의 뒷받침이 필요하다. 또한 정부가 금융 배제 문제를 해결하기 위해 기금을 마련하고자 할 때도 역시 중앙은행의 도움이 있어야 한다. 그럼에도 중앙은행의 정치적인 독립성이라는 허울이 정부와 중앙은행 사이의 협력을 가로막는 걸림돌 역할을 하고 있다.

중앙은행이 자산가 계층의 이익을 보호하는 쪽으로 나아가는 것을 막으면서 동시에 불평등을 비롯한 여러 사회 문제의 해결에 나서도록 하기 위해서는 중앙은행의 정치적인 독립이라는 신화에서 벗어나야 한다. 중앙은행 독립성을 대하는 시각을 교정하는 것이야말로 진보 금융을 찾아 나서는 첫걸음이라 할 수 있다.

중앙은행 독립이 필요한 이유에 관한 설명들

그렇다면 중앙은행 독립성이란 무엇인가? 최근 미국 연준의 파월 의장은 중앙은행 독립성 개념을 언급한 바 있다. 올해 초 스웨덴 중앙은행이 주최한 심포지엄에서 파월은 중앙은행 독립성이 "통화정책 결정을 단기적인 정치적 고려로부터 차단한다는 이점을 가진다"
며 "지금처럼 인플레이션율이 높을 때 물가안정을 회복하도록 인기
가 없지만 필요한 조치(금리 인상을 통한 경제 둔화)를 정치적 고려 없
이 취할 수 있게" 한다고 설명했다. 그러면서 그는 정책 기관에 대한
"독립성 부여는 단기적인 정치적 고려로부터 보호가 명백히 필요한
사안들"로 엄격하게 제한해야 한다고 덧붙였다.

여기에서 보듯 파월은 중앙은행 독립을 선출된 권력에서 독립하
여 정치적인 고려 없이 정책 결정을 한다는 의미로 사용한다. 독립을
얘기할 때는 누구에게서 독립한다는 것인지 그 대상이 있어야 한다.
파월은 그 대상을 선출된 권력으로 규정하고 있다. 그 대상은 외국
중앙은행 정책이나 금융시장 참가자들이 될 수도 있다. 연준 부의장
을 역임한 앨런 블라인더 교수는 중앙은행이 금융시장에서 독립하는
것의 중요성을 강조한다. 한편 중앙은행 독립이 정부 내 기능상의 독
립인지 정부 자체에서 독립인지의 구분이 있지만, 이는 중앙은행이
정부에서 완전히 독립한 것은 아니라는 이미지를 심어주기 위한 목
적 외에 특별한 의미를 갖지는 않는다.

사실 중앙은행 독립성을 애기할 때 대부분은 선출된 정치권력에
서 독립한다는 의미로 사용한다. 중앙은행은 왜 정치와 정부에서 독
립해야 한다는 것인가? 중앙은행 독립 주장에는 기본적으로 정치인
들의 속성에 대한 불신이 깔려 있다. 선거를 통해 평가받아야 하는
정치 권력은 먼 미래가 아니라 당장 눈앞의 선거 결과에 끼칠 영향을
생각하면서 정책을 선택하기 때문에 기회주의적으로 행동할 수밖에
없다는 것이다.

중앙은행 독립론자들은 만약 정부가 금융정책을 맡는다면 선거를 의식하여 선심성 정책을 펼 수밖에 없고 그러면 확장 정책에 따른 인플레이션이 생길 것이라고 얘기한다. 그렇기 때문에 금융정책을 정치에서 떼어내서 유권자들의 지지를 얻기 위해 노력할 필요가 없는 전문가들에게 맡기는 것이 더 나은 경제적 성과를 보장할 것이라고 그들은 주장한다.

중앙은행 독립성을 이론적으로 뒷받침하는 좀 더 세련된 근거는 1980년대 초에 완성된 **정책의 동태적 비일관성** 개념이다. 쉽게 얘기해서 이 개념은 중앙은행 정책이 효력을 내는 데는 길고 변덕스러운 시간이 흘러야 하는데, 현재 주어진 정보를 가지고 최적이라고 판단한 정책이 나중에도 최적으로 남아 있을지는 알 수 없다는 논리에 바탕을 둔다. 그러므로 단기적인 이해관계에 빠질 수 있는 선출 권력을 대신하여 장기적인 시야를 가진 전문 기술관료에게 금융정책을 맡기는 것이 이 문제에 대한 해법이라고 중앙은행 독립론자들은 주장한다.

IMF처럼 중앙은행의 독립을 지지하는 그룹은 중앙은행 독립성이 강한 국가들에서 더 낮은 인플레이션이 나타난다는 사실을 나라들 사이의 비교연구를 통해 뒷받침하려고 했다. 그리하여 중앙은행 독립성의 정도가 강할수록 물가안정이 이뤄지고 경기 변동 폭도 작다는 많은 실증 연구들이 제시되었다. 그렇지만 둘 사이의 상관관계가 별로 나타나지 않는다는 연구 결과도 만만치 않았다. 경험 연구를 통해서는 중앙은행 독립이 실제로 낮은 물가를 보장하는지 확인하기가 쉽지 않았다.

중앙은행 독립과 물가안정 사이의 관계를 밝혀보려는 사람들을 특히 괴롭힌 문제는 이른바 **일본 현상**이다. 일본은 중앙은행 독립성이 강하지 않은 나라로 알려져 있지만 물가는 상대적으로 안정된 모습을 보였다. 이것을 어떻게 설명할 것인가? **일본 현상**을 설명하기 위해 전문가들은 중앙은행 독립성 개념을 법과 제도상의 독립성과 실질적인 독립성으로 나누기도 했다. 일본은행은 법과 제도상의 독립성은 약하지만 실질적인 독립성은 강하다는 것이다. 그러나 아베 정부의 요구에 따랐던 구로다 일본은행 총재의 사례에서 보듯 일본은행의 실질적인 독립성도 결코 강하다고 얘기할 수 없다는 점이 문제였다.

오랜 세월 중앙은행을 연구해 온 찰스 굿하트는 중앙은행 독립성과 인플레이션의 관계가 약하다는 결론을 내린다. 놀라운 사실은 중앙은행 독립성이 물가안정에 미치는 영향에 대한 연구는 넘쳐나지만 그것이 경제성장이나 실업률에 미치는 영향에 대한 연구는 거의 없다는 점이다. 중앙은행 독립성은 물가뿐만 아니라 실업에도 큰 영향을 줄 수 있기 때문에 그에 대해서도 연구가 이뤄져야 했지만 실제로는 그렇지 못했다.

중앙은행 독립이 불평등을 키운다

중앙은행 독립의 효용성을 두고는 일찍부터 반론이 제기되었다. 가장 잦은 문제 제기는 국민경제 전반에 큰 영향을 미치는 금융정책을 중앙은행이라는 선출되지 않은 주체가 결정하는 것이 민주주의 원리에 맞느냐는 점이었다. 정부 경제정책과 중앙은행의 금융정책이 꼭 상충하는 것도 아니라는 반론도 제기되었다. 그렇다면 정부와 중앙은행은 분리보다는 긴밀한 협력 관계를 모색해야 할 것이다. 독립성이 강한 중앙은행이 반드시 금융정책을 효율적으로 수행한다고 볼 수 없다는 반론도 있다. 독립성이 강한 중앙은행은 자기의 위상에 영향을 줄 수 있는 권력과 가능한 한 충돌을 피하면서 오로지 독립성만을 계속 유지하려 할 수 있다는 것이 이 반론의 핵심 내용이다.

2008년 위기 이후에는 중앙은행 독립성이 불평등을 키울 수 있다는 점이 강조되었다. 2021년에 세계은행이 발간한 조사보고서에 따르면 1980년대 이후 세계 여러 나라들에서 불평등이 크게 증가한 데에는 중앙은행의 독립성이 자리 잡고 있었다. 세계은행 조사보고서가 제시하는 중앙은행 독립성의 불평등 확대 경로는 세 가지다.

첫째, 사회정책 경로이다. 중앙은행의 독립은 재정정책을 간접적으로 제한하여 정부의 재분배 능력을 떨어트렸다. 이는 사회복지 지출의 삭감으로 이어져서 저소득층에 불리한 결과를 가져왔다.

둘째, 금융정책 경로이다. 중앙은행의 독립은 정부로 하여금 금융시장 규제 완화의 방향으로 나아가도록 했다. 그 이유는 정부가 줄어든 복지를 모기지 확대와 같은 대출로 메우려 했고 이를 위해서 규제 완화가 필요했기 때문이다. 그러한 규제 완화는 자산 가격의 상승세를 만들어냈다. 그런데 자산의 대부분은 부유층이 소유하고 있기 때문에 불평등이 커질 수밖에 없었다.

셋째, 노동시장 경로이다. 정부는 인플레이션 압력을 줄이기 위해 노동자의 협상력을 떨어트리는 정책을 적극적으로 추진했다. 중앙은행 독립성이 커질수록 화폐시장 긴축과 실업률 증가를 예상한 정부는 어쩔 수 없이 노동시장 규제 완화로 대응하는 쪽으로 기울었다. 그리하여 중앙은행 독립은 비정규직 노동자, 파트타임 노동자의 증가 현상을 만들어냈고 결국 불평등을 키웠다.

세계은행 조사보고서는 중앙은행 독립이 직접 불평등을 일으키는 것은 아니라는 단서를 단다. 그럼에도 중앙은행 독립이 정부 정책을 바꾸도록 밀어붙이는 역할을 함으로써 결국 불평등을 키운다고 이 보고서는 설명한다. 이 보고서는 121개국의 1980~2013년 데이터를 이용하여 포괄적인 경험 연구를 한 결과를 보여준다. 이에 따르면 중앙은행의 독립성과 불평등은 밀접히 연관되어 있고 불평등을 일으키는 세 가지 경로도 확인된다.

중앙은행 독립에 누가 가장 큰 이해관계를 갖는가를 따져봄으로써 중앙은행 독립성이 불평등의 확대로 연결된다는 사실을 이해할 수 있다. 중앙은행 독립에 가장 큰 이해관계를 가지는 그룹은 금융부문이다. 금융부문은 정부가 통제하는 중앙은행보다 정부에서 독립적인 중앙은행을 통할 때 더 유리한 거래 기회를 얻을 수 있을 것으로 기대한다. 따라서 금융부문은 중앙은행의 독립을 선호한다. 중앙은행가들은 독립성의 가장 강력한 옹호자이다. 그 이유는 독립한 중앙은행을 통해서 자기의 위치를 가장 안전하게 확보할 수 있다는 사실을 그들이 알기 때문이다.

노동조합은 독립한 중앙은행이 실업률을 낮추는 데보다 물가를 안정시키는 데 더 큰 비중을 둘 것이라고 점친다. 따라서 노동조합은 중앙은행의 독립을 선호하지 않는다. 노동조합은 정치 영역에서 금융정책이 다뤄지기를 바라는데 그 이유는 거기에서 영향력을 발휘하기가 더 쉬울 것이라고 보기 때문이다.

비금융 기업들은 산업 분야, 재무 구조, 무역 의존도 등에 따라 중앙은행 독립에 대한 선호도가 다르다. 예를 들어 차입이 많은 기업은 긴축 정책보다 완화 정책을 선호하고 따라서 중앙은행 독립에 덜 우호적인 태도를 보인다. 보통의 비금융 기업들은 대체로 경제의 안정성이 장기투자를 보장한다고 보아 중앙은행 독립을 선호한다. 그러나 다른 한편으로 비금융 기업들은 중앙은행 독립이 전반적인 금리 수준을 높이고 자금 사정을 어렵게 하지 않을까를 걱정한다. 그런 면에서 비금융 기업들의 중앙은행 독립성에 대한 태도는 이중적이다.

문제는 중앙은행이 금융시장의 영향력에서 독립하는 것이다

중앙은행의 정치적인 독립은 금융세력이 항상 꿈꾸어 왔던 목표였다. 『바젤탑』의 저자 아담 레보어에 따르면 금융세력은 중앙은행의 정치적인 독립을 이뤄내기 위한 목적으로 국제결제은행BIS의 설립을 추진했다. 중앙은행들의 모임인 국제결제은행이 설립된 것은 1930년이다. 그러므로 거의 100여 년 전부터 금융세력은 중앙은행의 독립을 조직적으로 추진해 왔다는 사실을 알 수 있다.

금융세력은 항상 중앙은행의 독립을 추진해 왔지만 그것이 일직선으로 나아가는 걸음걸이는 아니었다. 세계대전 중에는 중앙은행 독립이 있을 수 없었다. 제2차 세계대전이 끝난 1945년 이후에도 1970년대 초까지는 중앙은행의 독립성이 별로 강조되지 않았다. 케인스주의가 지배하던 당시에는 중앙은행의 여러 기능 가운데 재정 확장을 뒷받침하는 **정부의 은행**이라는 측면이 강조되었다. 이때는 정부의 일자리 창출 정책에 기여하기 위한 중앙은행의 국채 인수가 당연한 것으로 받아들여졌다.

중앙은행의 독립성이 새삼 강조되기 시작한 계기는 1970년대 초반 브레튼우즈 체제의 붕괴와 그에 이은 급격한 인플레이션의 발생이었다. 인플레이션으로 인해 자산 가치가 줄어드는 것을 걱정한 금융자본은 자기의 목소리를 본격적으로 내기 시작했다. 구체적으로 금융세력은 중앙은행이 정치와 정부의 영향에서 벗어나야 한다는 주장을 내놓았다. 또한 그들은 중앙은행이 그동안 정부의 재정 확장을 뒷받침하기 위해 수행해 왔던 역할을 줄여야 한다고 요구했다. 이러한 과정을 거쳐서 부상한 중앙은행 독립성 개념은 1980년대에 이론적 체계화를 거친 다음 1990년대에는 세계 여러 나라들로 퍼져나갔다.

중앙은행의 정치적인 독립성이 강조되던 시기에 중앙은행들은 금융시장의 관리자 역할이 아니라 후견인 역할을 주로 수행했다. 예를 들어 미국 연준의 경우 주식시장이 무너질 때는 항상 그 뒤를 돌봐주었고 위기에 빠진 금융기관들에는 대마불사의 원칙에 따라 거액의 구제금융을 제공했다. 그리고 2008년 위기 이후 자산 가격이 무너질 때는 중앙은행이 스스로 나서서 시장 조성자 역할을 함으로써 자산 가격의 회복을 도왔다.

중앙은행들은 정치적인 독립이라는 구호 뒤에서 금융시장으로부터의 독립성을 점차 잃어갔다. 중앙은행 정책에 정치가 개입해서는 안 된다는 주장은 자본의 개입을 허용하자는 주장과 동의어가 되었다. 중앙은행들은 시장과 소통한다는 명분으로 시장의 기대와 요구를 만족시키는 역할을 더 잘 수행하는 데에 힘을 쏟았다. 그러나 이러한 과정이 지속된다면, 정운찬 교수가 얘기하는 바와 같이, **금융정책의 사실상 사유화**가 이뤄질 것이다. 이런 점 때문에 연준 부의장을 지낸 앨런 블라인더 교수(정운찬 교수의 지도교수) 같은 경우는 중앙은행이 금융시장에서 독립할 필요성을 강조했다.

중앙은행은 금융시장 참가자들의 영향을 받기가 쉽다. 그런데 금융시장 참가자들은 누구인가? 재벌 대기업, 금융그룹, 부유층이 금융시장의 주요한 참가자들이다. 실제로 중앙은행이 이들의 영향력에서 벗어나는 것이 정치적인 영향력에서 벗어나는 것보다 훨씬 더 중요한 의미를 갖는다.

중앙은행 정책의 중요성과 진보적인 정책의 방향

중앙은행은 금융정책의 수립이라는 임무를 떠안고 있다. 이것은 재정정책과 함께 거시경제정책을 떠받드는 두 축이다. 오늘날 중앙은행은 금융의 지휘자 역할을 수행한다. 중앙은행은 이자율이나 유통 화폐량을 조절해 화폐가치에 영향을 끼치고 이를 통해 경제 활동이나 자산 가격의 전반적인 움직임에 변화를 줄 수 있다. 부동산, 유가증권 등 자산 가격의 변동은 분배에도 직접적인 영향을 준다. 현대 사회에서 중앙은행이 차지하는 중요성은 더 강조할 필요조차 없다. 이제 중앙은행 독립과 관련이 있는 몇 가지 진보적인 정책 과제를 생각해보기로 하자.

첫째, 중앙은행 독립성 개념을 올바르게 세워야 한다. 그래야만 사회·경제적인 문제를 해결하는 데서 수행해야 할 중앙은행의 역할을 제대로 정할 수 있다. 중앙은행 독립 개념은 정부와 정치에서 독립, 외국 중앙은행(연준)에서 독립, 금융시장에서 독립한다는 세 가지 차원을 갖는다. 여기에서 중앙은행의 정치적 독립은 진보와 거리가 먼 개념이다. 우리가 중앙은행의 정치적인 독립이라는 신화에 갇히면, 문재인 정부가 그랬듯이, 중앙은행에 꼭 요구해야 할 임무를 제기조차 못하는 결과를 가져올 수 있다. 이와 달리 중앙은행이 연준이나 금융시장에서 독립하는 문제는 앞으로 우리 사회가 해결해야 할 과제로 남아 있다.

둘째, 특수 이익보다 일반 이익을 우선하는 중앙은행 거버넌스를 갖춰야 한다. 이것은 중앙은행이 연준이나 금융시장에서 독립하는 문제와도 연결되어 있다. 중앙은행은 그 속성상 노동자들의 이해보다는 금융업자나 재벌 기업의 이해에 기울기가 쉽다. 그 이유 가운데 하나는 중앙은행의 의사결정기구가 대체로 특수 이익만을 반영하는 구조로 짜여 있기 때문이다. 민주적인 책임성을 갖는 중앙은행이라면 일반 이익을 반영할 수 있는 의사결정 구조를 갖춰야 한다.

그런 의미에서 한국은행 의사결정기구인 금융통화위원회의 구성을 바꿔야 한다. 현행 금융통화위원회는 금융업자나 기업들의 특수 이해만을 반영하는 비민주적인 구조로 이뤄졌다. 금융통화위원회를 일반 이익을 대변하는 기구로 바꾸기 위해서는 거기에 노동자, 소상공인, 농민 등의 대표를 포함시켜야 한다. 미국의 경우도 연준이사회의 감시를 받는 연준 지역은행이사회에는 농업, 상업, 서비스업, 노동자, 소비자의 이해를 대변하는 장치가 마련되어 있다고 한다.

셋째, 중앙은행이 더 많은 임무를 수행할 수 있도록 해야 한다. 파월 미국 연준 의장은 중앙은행이 법이 규정한 범위를 넘어서 너무 많은 것을 하려고 해서는 안 된다고 주장한다. 그는 중앙은행의 임무를 최소한으로 좁혀야 한다고 보는데, 사실 이러한 견해는 보수주의자들에게서 공통적으로 나타난다. 불평등, 금융 배제, 기후 위기와 같은 여러 사회 문제를 해결하기 위해서는 오히려 중앙은행의 임무를 확대해야 한다. 나아가 정부와 중앙은행의 협력을 강화해야 한다.

한국은행법은 금융통화위원회에 막강한 권한을 부여하고 있다. 금융통화위원회는 그러한 권한을 사용하기는커녕 사문화하고 있다. 한국은행에 더 많은 임무를 부여함으로써 그러한 권한을 실제로 사용하도록 해야 한다. 예를 들어 한국은행법에 규정된 대정부 직접 여신이나 국채 직접 인수와 같은 조항을 활용하여 특별 기금을 만든다면 금융 배제와 같은 사회 문제를 해결해 나갈 수 있을 것이다.

(2023.3.23.)

도움 받은 자료

- 송종운, "중앙은행 전성시대, 새로운 실험대에 올라선 한국은행", 『참세상』, 2014.5.9.
- 아담 레보어, 임수강 역, 『바젤탑』, 더늠, 2022.
- 앨런 블라인더 저, 정운찬 역, 『소리 없는 혁명-중앙은행 현대화』, 2009.
- 조지프 스티글리츠 저, 박형준 역, 『유로』, 2017.
- 한국은행 워싱턴 주재원, "현지정보" 2023.1.10.
- Adam Tooze, "The Death of the Central Bank Myth", *FT*, 2020.5.13.
- Michaël Aklin, Andreas Kern, Mario Negre, "Does Central Bank Independence Increase Inequality?", World Bank, Policy Research Working Paper 9522, 2021.
- Thomas F. Cargill, "The Myth of Central Bank Independence", MERCATUS Working Paper, 2016.

노동자를 옥죄는
물가안정목표제

왜 2%인지 근거가 없다

국제통화기금IMF은 올해 4월 14일에 "중앙은행은 고물가와 어떻게 싸워야 하는가?"라는 주제로 워싱턴에서 토론회를 열었다. 이 토론회의 중요한 쟁점은 현재 주요 중앙은행들이 목표로 삼고 있는 물가상승률 2%가 적정한가 하는 것이었다. 여기에 토론자로 참여한 올리비에 블랑샤 매사추세츠공대MIT 교수는 물가상승률 목표를 현재의 2%에서 3%로 더 높여야 한다고 주장했다. 이와 달리, 또 다른 토론자인 이창용 한국은행 총재와 고피나트 IMF 부총재는 현재로서는 물가 목표치를 변경하는 것이 바람직하지 않다는 뜻의 발언을 했다.

세계 여러 나라 경제학자들이 참여한 가운데 올해 1월에 열린 전미경제협회AEA의 연례총회에서도 미국 연준의 물가안정 목표 2%를 둘러싼 이러저러한 논쟁이 벌어졌다. 이 협회는 경제학 학술 단체 가운데 세계에서 영향력이 가장 크다고 알려져 있다. 연례총회 참석자인 제이슨 퍼먼 하버드대학 교수는 물가상승률을 2%까지 낮추기 위해 긴축적 통화정책을 고집한다면 고용을 포함한 경제에 미치는 부담이 더욱 커진다면서 물가 상승률 목표를 3%로 조정해야 한다고 주장했다. 데이비드 로머 버클리대학 교수도 물가안정 목표를 올리는 데에 동조했다. 스티글리츠 콜럼비아대학 교수는 물가안정 목표 2%에 빠르게 도달하려는 과정은 가계와 기업에게 심한 횡포라면서 목표를 5% 정도로 유연하게 운영할 것을 주문했다.

대가들 사이에서조차 2% 물가상승률 목표에 대한 의견이 다르다는 사실은 무엇보다 그 2%에 대한 합리적이고 객관적인 근거가 약하다는 것을 의미한다. 미국 매사추세츠대학 정치경제연구소PERI의 폴린과 부아자는 물가상승률 목표가 왜 2%여야 하는가를 이론적으로, 또는 경험적으로 진지하게 조사한 연구는 지금까지 없다고 얘기한다. 중앙은행들은 2%가 글로벌 스탠더드인 것처럼 얘기하지만 그것을 뒷받침할 만한 뚜렷한 근거를 제시하지는 못한다. 연간 물가상승률 2% 정도가 경제주체들이 물가가 안정되었다고 느낄 수 있는 수준이라는 것이 그나마 근거라면 근거라 할 수 있다.

물가안정 목표 2%가 적정한지에 대한 논란과 아울러 금리를 올린다고 해서 물가가 과연 잡힐지에 대한 논쟁도 벌어지고 있다. 대부분의 중앙은행들은 현재 물가안정목표제를 운영하고 있다. 물가안정목표제를 아예 법으로 못 박아서 운영하고 있는 나라들이 있는가 하면,

법으로 못 박지는 않았지만 암묵적으로 운영하고 있는 나라들도 있다. 우리나라는 한국은행법에 물가안정목표제를 못 박아 놓았다. 한국은행의 설명에 따르면 물가안정목표제란 통화량과 같은 중간목표를 두지 않고 물가 상승률 자체를 정책의 최종 목표로 삼는 통화정책 운영방식이다. 주요 중앙은행들처럼 한국은행도 2019년부터 소비자물가상승률(전년 동기 대비) 기준 2%를 목표로 통화신용정책을 운영하고 있다.

물가안정목표제에서는 물가 상승률이 목표 범위를 위쪽으로 벗어나면 물가를 잡기 위해 금리를 올리는 방법을 사용한다. 더 구체적으로 얘기하면, 중앙은행은 단기의 정책 금리를 올림으로써 시장 전체의 금리 상승을 이끌어내고자 한다. 문제는 금리를 올린다고 해서 반드시 물가를 잡을 수 있는가 하는 점이다. 연준 의장을 지낸 버냉키는 미국 연준의 긴축이 경기침체를 일으키기에는 충분하지만 물가 상승을 억제하기에는 충분하지 않다는 얘기를 한다. 금리를 올리면 확실히 경기침체가 생기겠지만 물가 상승률이 억제될지는 알 수 없다는 뜻이다. 특히 물가가 오르는 원인이 다양할 때 그것을 따지지도 않은 채 금리를 올리는 방법으로 물가를 잡을 수 있을 지에 대해서는 많은 의문이 제기된다.

물가가 오르는 데에는 그 이유가 상품의 공급 쪽에 있는 경우와 수요 쪽에 있는 경우가 있다. 금리의 인상은 일반적으로 개인 소비나 기업 투자와 같은 수요 쪽에 영향을 준다. 그렇기 때문에 상품의 공급 쪽에 문제가 생겨서 물가가 오를 때는 금리를 올린다고 해서 물가가 잡히는 것은 아니다. 그런데 현재의 물가 상승은 주로, 에너지, 식량, 원자재를 포함한 국제적인 상품 공급의 부족에서 빚어진 현상이다. 그러다 보니 주요 나라의 물가 상승은 외부에서 수입된 형태로 나타난다. 이는 현 국면에서 금리 인상이 물가를 잡는 데 별로 도움이 되지 않는다는 것을 의미한다.

이처럼 지난해부터 물가 상승률이 급격하게 높아지면서 이와 나란히 물가안정목표제를 둘러싼 논쟁이 활발하게 전개되고 있다. 이러한 논쟁은 단순하게 이론적인 관심 때문에 벌어지는 것이 아니다. 논쟁의 배경에는 노동자와 자본가, 금융자본과 산업자본, 독점 대기업과 중소기업 사이에서 생기는 날카로운 이해의 대립이 자리잡고 있다. 예를 들어 현 국면에서 물가안정 목표를 2%로 하는가, 아니면 3%로 하는가에 따라 노동자의 이익은 크게 달라진다. 물가를 잡는 데 금리 인상이라는 수단을 사용하는가 아니면 다른 수단을 사용하는가에 따라서도 마찬가지이다.

물가안정목표제 자체가 이미 특정한 계층과 부문의 이익을 보장하는 쪽으로 기울어 있다. 물가안정목표제는 중앙은행이 다른 여러 목표를 제쳐두고 물가안정만을 목표로 삼는 제도이다. 물가안정목표 제도를 채택한 중앙은행들은 물가 안정을 유일한, 또는 최우선의 정책과제로 인식한다. 중앙은행들 가운데는 고용이나 경제성장을 목표로 삼는 경우도 있지만 그럴 때조차도 대체로 물가안정이 일차적인 목표이고 고용이나 경제 성장은 후순위에 머문다. 물가를 안정시키겠다는 이러한 물가안정목표 제도는 얼핏 당연한 것처럼 여겨지지만 실제로는 특정한 계층이나 부문의 이익을 위해 특정한 관점을 받아들인 매우 편향적인 제도라는 사실을 이해하는 것이 중요하다.

임금을 억압하는 수단으로 기능하는 물가안정목표제

지난해 9월 미국 연준 의장인 파월은 보수 성향의 카토연구소가 개최한 컨퍼런스에 참석하여 질의응답을 한 바 있는데, 그 내용은 미국 연준이 금리인상에 그토록 집착하는 이유를 보여준다. 파월은 먼저 물가안정 목표를 달성할 때까지, 곧 물가상승률을 2%로 되돌릴 때까지 단호하게 정책금리를 올려 나갈 방침을 밝힌다. 그러면서도 그는 금리 인상의 밑에 깔린 진짜 목적이 따로 있음을 발언의 맥락 속에서 어렴풋이 드러낸다.

파월은 현재의 미국 노동시장에 대해 노동수요가 매우 강하고 높은 임금의 새로운 일자리가 계속 창출되는 불균형에 놓여 있다고 진단한다. 높은 임금의 일자리 창출을 파월이 왜 불균형이라고 인식하는지를 직관적으로 이해하기는 쉽지 않다. 그러나 파월의 다른 발언들을 보면 그의 속뜻을 어느 정도 헤아릴 수 있다. 그는 노동력 부족이 이어진다면 임금 상승의 압력이 생겨서 기업들이 매우 어려운 상황을 맞이할 수 있다고 얘기한다. 곧, 파월은 고임금의 일자리 창출이 기업에게 어려움을 줄 수 있다는 점이 불균형이고, 이 불균형을 해소하기 위해서 금리를 올린다고 말하는 것이다.

파월이 이해하는 불균형이란 구체적으로 노동과 자본 사이 힘의 불균형이다. 경제 성장세가 이어지고 실업률이 낮아지면 노동의 상대적인 힘이 증가하여 임금이 올라가고 거꾸로 기업들의 이윤 수준은 낮아진다. 기업 쪽에서 보면 실업률이 너무 낮아지면 노동자들의 협상력이 높아져서 임금인상 요구가 커질 뿐만 아니라 노동자들을 구하기도 쉽지 않고 무엇보다 노동자들의 태도가 고분고분하지 않게 된다. 기업들로서는 그러한 상황을 받아들이기가 쉽지 않다. 파월은 자본의 이익을 위해 연준 정책 개입을 통해 경제 성장세를 떨어트리고 노동시장을 균형수준으로 되돌리고자 하는 것이다.

폴린과 부아자는 물가안정 정책의 주요 목표가 기업의 수익성이라고 설명한다. 쉽게 말해서 물가안정목표 제도에 바탕을 둔 금리 인상의 목적이 기업의 이윤을 보호하는 데 있다는 것이다. 이들의 설명을 통해서 파월의 의도가 무엇인지를 짐작할 수 있다. 곧, 파월은 연준의 금리 인상 목적이 물가를 안정시키는 데 있다고 주장하지만 실질적인 강조점은 경기 침체를 통한 실업률 상승, 그에 따른 노동조합의 협상력 약화와 임금 인하, 그리고 그 결과 생기는 기업 이윤의 상승에 두고 있다. 그렇기 때문에 폴린은 최근의 금리 인상을 노동자들에 대한 연준의 공격이라고 인식하는 것이다.

파월은 임금 상승률을 물가 목표와 같은 2%에 근접한 수준으로 낮추기 위해 노력하고 있다고 얘기한다. 여기에서 알 수 있듯이 파월은 임금 인상률을 물가 상승률과 같은 것으로 이해한다. 그는 노동력 부족과 임금 급등이 물가 상승의 중요한 원인이라고도 얘기하는데, 이는 임금 인상이 상품 가격을 상승시킨다는 그 유명한 논리를 파월이 받아들이고 있음을 의미한다. 임금 인상이 물가 상승의 원인이라는 주장은 자본이 내세우는 전형적인 허위 논리이다. 실제로는 임금이 오르면 일반적으로 이윤이 줄어드는 것이지 가격이 오르는 것이 아니다. 임금은 대체로 물가가 오른 뒤 그에 대한 반작용으로 오른다.

덧붙이자면, 미국 연준은 물가 안정과 함께 완전고용 책무도 지고 있다. 연준이 물가 안정을 이루기 위해 실업률을 높이는 것은 연준의 목표에 어긋나는 것이 아닌가? 연준은 물가 안정 없이는 완전고용을 달성할 수 없다는 논리로 실업률을 높이는 정책을 합리화한다. 연준은 완전고용이 바람직하기는 하지만 물가 안정 없이는 장기적으로 이를 달성할 수 없으므로 당장은 물가 안정을 위해 실업이라는 고통을 견디자고 얘기하는 것이다.

다른 한편 물가안정목표 제도가 현재처럼 물가가 급등하는 시기에는 임금을 낮추고 실업률을 높이는 수단으로 기능하지만 거꾸로 물가가 낮았던 시기에는 자산 가격을 부양시키는 수단으로 기능했다는 점에 주목해야 한다. 물가안정목표 제도는 주요 나라들에서 1990년대에 들어서 도입되기 시작하여 빠르게 자리를 잡았다. 이 제도는 단기금리를 조절함으로써 물가를 안정시킨다는 것인데, 거꾸로 물가가 어떤 사정에 의해 안정 상태를 유지한다면 이는 금융정책 당국이 물가의 제약을 받지 않으면서 금리정책과 신용확대 정책을 펼 수 있도록 한다.

그런데 실제로 1990년대 이후 세계경제에는 장기간 물가안정 국면이 나타난다. 브레너Brenner R.는 세계시장 상품가격이 안정을 이룬 현상의 주요한 원인으로 중국의 세계시장 참여에 따라 세계시장 상품 공급량이 증가했다는 점과 노동조합의 힘이 약해져서 생산성 증가만큼의 실질임금을 올리지 못함으로써 가격 상승 압력이 줄어들었다는 점을 든다. 어쨌든 1990년대 이후 세계시장 물가가 상대적으로 안정되면서 중앙은행들은 자산 가격 부양 중심의 금융정책을 펼 수 있었다. 그 결과 1990년대 이후 자산 가격이 지속적으로 상승하는 현상이 나타났다.

만약 물가를 계산할 때 자산 가격을 포함시킨다면 중앙은행들이 자산 가격 부양 중심의 금융정책을 계속 펴지는 못했을 것이다. 그러나 대부분의 나라들은 물가를 계산할 때 자산 가격을 제외시켰다. 그리하여 상품가격은 안정되어 있지만 자산 가격은 지속적으로 상승함으로써 상품 가격과 자산 가격이 따로 노는 현상이 나타났다. 이처럼 상품 가격과 자산 가격이 따로 놀면서 자산 가격 쪽에서 거품이 발생했다가 꺼지는 현상이 반복되었다. 중앙은행이나 자산 계층은 금융 거품이 꺼지는 것을 크게 두려워하지는 않았는데 그 이유는 거품 붕괴에 따른 손실을 공적인 자금으로 메울 수 있다고 생각했기 때문이다.

결국 물가안정목표 제도는 물가가 상승하는 국면에서는 노동자를 억압하는 수단으로, 그리고 물가가 안정되어 있는 국면에서는 자산 가격을 부양하는 수단으로 기능한 셈이다. 이 대목에서 우리는 물가안정목표 제도의 본질이 무엇인지를 깨달을 수 있다.

재정의 발을 묶는 물가안정목표제

앞서 언급한 바와 같이 물가안정목표 제도는 1990년대 들어 주요 나라들에서 도입되기 시작했다. 우리나라는 1997년 외환위기 이후 국제통화기금IMF 요구로 한국은행법을 개정하여 물가안정목표제를 도입했다. 그렇다면 IMF는 왜 우리나라에 물가안정목표제의 도입을 요구했을까? IMF가 우리나라를 걱정해서 그랬을까? IMF는 국제 금융자본의 이해와 동떨어져 있는 기구가 아니다. 그런 기구가 우리나라에 물가안정목표제의 도입을 요구했을 때는 틀림없이 이유가 있을 것이다.

그 이유는 물가안정목표제가 국제 금융자본의 활동에 도움을 주는 제도이기 때문이다. 물가안정목표제는 노동자의 협상력을 떨어트리고 실질임금을 낮은 수준에 묶어 두는데 유리한 제도이다. 이는 이 제도가 기업의 이윤을 높이는데 유리한 제도라는 것을 의미한다. 또한 물가안정목표제는 물가 안정 국면에서 자산 가격을 팽창시키는데 유리한 제도이다. 국제금융자본 쪽에서 보면 자산 가격의 상승은 이익을 얻을 수 있는 기회가 넓어진다는 것과 같다. 물론 우리나라의 자산가 계층의 일부도 자산 가격 팽창 과정에서 이익을 얻을 수 있을 것이다. 문제는 그러한 이익이 하늘에서 떨어진 것이 아니라 누군가의 주머니 속에서 나온다는 점이다.

그런 면에서 물가안정목표제는 이른바 신자유주의를 떠받치는 기둥 가운데 하나라고 할 수 있다. 미국의 윌리엄슨이라는 경제학자는 1980년대 말에 동유럽이나 개발도상국들의 경제개혁을 위한 10가지 처방을 내놓으면서 이것을 **워싱턴 컨센서스**라 이름 붙였다. 윌리엄슨이 제시한 이 처방들은 컨센서스라는 이름에서 알 수 있듯이 주류의 학자들이 대체로 동의하는 내용들이었다. 워싱턴 컨센서스에는 재정 건전화와 정부 보조금 축소가 포함되어 있다. 물가안정목표제는 이러한 처방들과 맥락이 맞닿아 있다. 물가안정목표제는 신자유주의의 작은 정부 이념에 어울리는 제도인 셈이다.

　신자유주의 시기 이전에는 경제성장을 뒷받침하는 것이 중앙은행의 중요한 목표의 하나였다. 정부들은 고용안정이나 경제성장을 지원하기 위해 국채를 발행해야 했는데, 그때는 중앙은행이 그 국채를 직접, 또는 간접적으로 인수하더라도 전혀 이상하게 받아들여지지 않았다. 중앙은행이 정부와 서로 협력하는 것은 지극히 정상적이고 당연한 일이었다. 그때는 정부와 중앙은행이 협력하여 높은 성장률과 고용 확대, 물가 안정, 대외경제의 균형과 같은 목표들을 동시에 추구할 수 있다는 관념이 지배적이었다. 중앙은행의 독립성이나 물가안정 기능은 지금보다는 훨씬 덜 강조되었다.

　그러나 1980년대 들어서면서, 그리고 특히 1990년대 이후 물가안정목표제가 도입되면서 중앙은행의 재정 지원 기능은 금기처럼 간주되었다. 중앙은행의 목표에서 경제성장이나 고용 확대는 지워지고 오로지 물가안정만이 남았다. 중앙은행의 목표가 좁은 범위로 제한됨에 따라 이에 비례하여 정부 재정의 역할도 줄어들지 않을 수 없었다. 정부가 사회보장을 강화하기 위해 재정을 늘리려고 할 때 물가안정목표제가 그것을 가로막았다. 물가안정목표제는 작은 정부를 지향하는 신자유주의 이념에 제격이었다. 물론 거품 붕괴를 막기 위한 재정의 역할은 줄어들기는커녕 오히려 확대되었다. 폴린이 얘기하듯이, 신자유주의는 구제금융 없이는 존재할 수 없었다.

　이창용 한국은행 총재는 IMF 토론회에서 재정 우위 fiscal dominance 가 걱정이라는 발언을 했다. 그는 "장기적으로 재정의 지속성을 약속하면서 동시에 대규모 부양이 필요한 정책을 공약 commit 하기는 어렵다"고 덧붙였다. 그의 발언은 중앙은행이 재정 확대를 뒷받침하는 데에 동원되어서는 안 된다는 의미일 것이다. 이창용 총재는 "통화정책은 구조적 개혁을 지원하도록 특정 부문에 배분할 수 있다"면서도 재정 우위를 걱정하고 있다. 이러한 모습은 그도 현재 지배적인 신자유주의 의제에서 벗어나 있지 않다는 것을 보여준다.『바젤탑』을 쓴 아담 레보어는 국제결제은행BIS를 중심으로 위계적인 질서를 이루고 있는 중앙은행들의 이념적 통일성이 매우 강하다는 얘기를 한 바 있다. 이창용 총재의 발언은 이를 증명하는 것이 아닐까?

중앙은행의 목표를 확대해야 한다

가장 널리 읽히는『화폐금융론』저자인 미쉬킨은 중앙은행의 통화정책 목표에 물가 안정, 고용 촉진, 실물경기 안정, 경제성장, 금융 안정, 이자율 안정 등이 포함될 수 있다고 설명한다. 그의 설명은 중앙은행들이 물가안정 이외에도 고용 촉진이나 그 밖의 것들을 목표로 삼을 수 있다는 사실을 알려준다. 앞서 본 바와 같이 신자유주의 이념은 중앙은행의 목표를 물가 안정이라는 좁은 틀에 가둘 것을 요구한다. 우리가 신자유주의의 한계를 벗어나고자 한다면 중앙은행의 목표를 물가안정에 머물도록 놓아두어서는 안 된다.

중앙은행의 목표에 당연히 고용 확대를 포함시켜야 한다. 우리나라에서는 한국은행 목적 조항에 고용안정을 추가하는 것이 바람직한가에 대한 논쟁이 활발하게 전개된 바 있다. 이와 관련된 여러 법안이 국회에 제출되기도 했다. 주류 학자들의 전반적인 분위기는 중앙은행의 목표에 고용안정을 추가하는 것을 꺼리는 모습이다. 예를 들어 통화정책이 고용과 같은 실물 변수에 지속적으로 영향을 주기 어렵다는 점, 고용을 늘리겠다는 단기 성과에 집착하는 과정이 장기적으로 물가 상승률을 높일 수 있다는 점을 근거로 중앙은행 목표 확대를 반대한다.

그러나 이러한 근거가 화폐가 실물경제에 영향을 주지 않는다는 화폐 중립성 이론이나 화폐량이 직접 물가를 결정한다는 화폐수량설과 같은, 금융세력에 우호적인 보수 논리에 바탕을 두고 있다는 점을 고려한다면 그들의 주장을 곧이곧대로 받아들일 수는 없을 것이다. 노동자들 쪽에서 보면 중앙은행 목표에 고용 확대를 포함시키는 것이 그들의 이익을 증대시키는 데 유리하다.

스티글리츠Joseph E. Stiglitz는 중앙은행이 불평등 완화에도 기여해야 한다는 의견을 제시하는데, 경청해야 할 부분이다. 중앙은행은 사회 불평등 완화에 기여할 수 있고 또 마땅히 기여해야 한다. 중앙은행은 사회 불평등 완화를 위한 정부의 재정 활동을 적극적으로 뒷받침해야 해야 한다. 중앙은행 목표 확대와 함께 이를 이행할 정책 수단도 적극적으로 개발해야 한다.

정리하자면, 중앙은행 물가안정목표제는 자산가와 자본가에게 유리한 쪽으로 기능하도록 짜인 제도적인 장치이고 신자유주의의 기둥 가운데 하나이다. 중앙은행이 다수의 이익을 위해 기능하도록 이끌려면 먼저 중앙은행의 목표를 더 넓혀야 한다. 중앙은행이 물가 안정이라는 좁은 틀을 벗어나서 고용 확대, 불평등 완화와 같은 역할을 적극적으로 수행하도록 해야 한다.

(2023.5.4.)

도움 받은 자료

- 김성택, "연준의 물가안정목표제 논란 및 평가", 국제금융센터, 2023.4.6.
- 한국은행 워싱턴 주재원, "Powell 의장의 CATO Institute 컨퍼런스 주요 질의응답 내용", 한국은행, 2022.9.8.
- 아담 레보어, 임수강 역, 『바젤탑』, 더늠, 2022.
- Bernanke Ben & Frederic Mishkin, "Inflation Targeting: A New Framework for Monetary Policy?", *Journal of Economic Perspectives*, 1997.
- Joseph E. Stiglitz, The *EURO*, 박형준 역, 『유로』. 2017.
- Robert Pollin, "The Federal Reserve Attacks American Workers", 2022.9.15.
- Robert Pollin, Hanae Bouazza, "Considerations on Inflation, Economic Growth and the 2 Percent Inflation Target", PERI Working Paper 2022, 12.

노동조합은 정책금리 인하를 요구해야 하는가?

정책금리로 노동자 길들이기

미국 연방준비은행(연준·Fed)이 본격적으로 정책금리를 올려 나가던 2022년 9월에 연준의 파월 의장은 보수적인 카토연구소와 인터뷰를 하면서 다음과 같은 발언을 했다. "미국경제는 고용시장에서 노동수요가 매우 강하고 높은 임금의 새로운 일자리가 계속 창출되는 불균형에 놓여 있다." 그러므로 "연준은 정책 개입을 통해 상당 기간 추세 이하의 성장을 유지함으로써 노동시장을 균형 수준으로 되돌리고 임금 상승률도 2% 물가 목표에 근접한 수준으로 낮추기 위해 노력하고 있다." 파월은 연준의 정책금리 인상의 목적이 성장률을 낮게 유지하여 실업률을 높이고 임금 상승률을 떨어트리는 데 있다고 말하는 것이다.

연준 홈페이지에서는 연준의 목표가 고용의 최대화와 물가의 안정을 달성하는 데 있다고 설명한다. 그런데 파월의 인터뷰는 연준 정책이 겉으로 내세우는 목표와는 달리 고용의 최대화가 아니라 오히려 고용의 축소를 목표로 전개된다는 놀라운 사실을 보여준다. 실제로 연준은 고용 수준이 높아 기업들이 노동조합과 협상하는 데 어려움을 겪고 있다고 판단할 때는 항상 금리의 인상을 노동자들을 길들이는 수단으로 활용해왔다.

미국의 경제학자 에드윈 디킨스Edwin Dickens는 연준에서 금리 결정을 담당하는 공개시장위원회의 1950년대 회의록을 분석하여 연준의 금리정책이 노동자들의 순응성을 키우고 임금을 낮게 유지하는 데에 어떻게 활용되었는가를 보여준 바 있다. 『불확실성의 시대(1979)』를 쓴 존 케네스 갈브레이스의 아들인 경제학자 제임스 갈브레이스는 연준의 정책이 인플레이션에 대한 반응의 결과인지 낮은 실업률에 대한 반응의 결과인지를 조사했는데, 인플레이션보다 완전고용에 대한 근거 없는 두려움이 연준의 정책을 결정하는 우선적인 기준이라는 결론을 내렸다.

마이클 패럴먼Michael A. Perelman은 『무엇이 우리를 무능하게 만드는가(2014)』라는 저서에서 미국 연준의 1979년 고금리 정책이 인플레이션을 잡겠다는 공표된 목표 외에도 노동조합 세력을 위축시키려는 의도가 개입되어 있음을 보여준다. 당시 연준 의장이었던 폴 볼커Paul Volcker는 미국 제조업 노동자들의 임금 상승을 몹시 경계했고 이를 정책 금리 결정에 참고했다. 그는 산업별 노동조합의 임금인상 요구 수준과 협상 상황, 그리고 노사 합의 내용까지 일일이 체크했다. 곧, 볼

커지는 노동자들의 힘을 약화시키는 데에 연준의 정책을 교묘하게 이용했던 것이다.

　연준의 중요한 목표 가운데 하나는 어느 정도의 실업률을 유지함으로써 노동자들이 일자리를 잃을지도 모른다는 두려움을 갖게 하는 것이다. 자본의 논리가 주도하는 사회에서 실업의 공포가 사라진 경영 환경은 자본가로서는 끔찍할 수밖에 없다. 파월의 발언은 최근 연준의 정책금리 인상 결정의 과정도 물가에 대한 반응이라기보다는 임금에 대한 반응이라는 것을 보여준다. 현재의 물가 상승이 에너지와 식량 부족, 그리고 글로벌 공급망의 파손에서 생긴 것이고 따라서 정책금리 인상이 인플레이션을 억제하는 데에 큰 도움이 되지 못한다는 사실은 그러한 판단에 힘을 실어준다.

　이처럼 중앙은행의 정책금리 인상이 노동자들의 실업률을 높이는 데 활용되고, 또 그것이 가계의 금리 부담, 투자와 소비의 위축, 나아가 사회 전체의 고통 증대로 이어진다는 점에서 노동조합은 정책금리 인하를 요구해야 할 것처럼 여겨진다. 실제로 진보 성향의 여러 연구자들은 정책금리의 인하를 주장한다. 예를 들어 상대적으로 진보적인 경제학자로 분류되는 스티글리츠는 **과도한 수요**를 줄이겠다는 최근의 금리 인상이 인플레이션을 낮추는 것이 아니라 경제 수축으로 이어져서 사회에서 가장 힘없는 사람들에게 타격을 주는 결과를 가져올 것이라고 주장했다. 위에서 언급한 제임스 갈브레이스는 금리 인상이 노동자들에게 무거운 경제적 부담을 안기는 것이라고 지적하면서 저금리를 옹호하는 글을 썼다. 마르크스주의자인 알렉스 캘리니코스는 연준의 정책금리 인상이 진정으로 노리는 바는 노동계급을 공격하는 것이라면서 역시 금리 인하를 주장한다.

더욱이 일부 보수적인 연구자들의 금리 인상 주장은 노동조합이 요구하는 금리 인하의 정당성을 뒷받침해주는 것처럼 보이게 한다. 보수적인 오스트리아학파의 전통에 서 있는 에드워드 챈슬러Edward Chancellor는 최근 펴낸 『금리의 역습(2023)』이라는 저서에서 저금리가 가져올 수 있는 나쁜 결과를 이야기한다. 그는 시장 논리가 작동하는 경제에는 **자연 이자율**이라는 것이 있는데, 시장 이자율이 그보다 낮으면 여러 **잘못된 투자**가 이뤄지고 특히 투자의 많은 부분이 생산적인 부문에서 금융자산으로 옮겨가서 거품을 일으킨다고 본다. 실제로 지난 20여 년 동안은 중앙은행의 개입으로 시장 이자율이 자연 이자율보다 더 낮은 상태가 이어졌다고 그는 설명한다. 그 결과 생긴 잘못된 투자는 통화 긴축과 금리 인상을 통해 해소할 수밖에 없다는 것이 그의 결론이다.

그런데 자산시장에서 들려오는 목소리는 좀 어리둥절한 상황을 만들어낸다. 왜냐하면 여기에서 들려오는 금리 인하 목소리는 노동자들의 목소리보다 훨씬 더 크고 강하기 때문이다. 현재 정책금리 인하를 가장 바라는 쪽은 금융시장 참가자들이나 부동산을 많이 보유한 사람들이다. 이들은 고용 상태까지 챙기면서 거기에 촉각을 곤두세우는데, 연준이 정책금리를 결정할 때 참조하는 중요 지표가 실업률이기 때문이다. 자산 계층은 실업률이 올라가면 연준이 정책금리를 내릴 것이라고 판단하며, 실제로 그 판단이 적중하면 자산 가격이 올라간다는 사실을 경험으로 알고 있다. 그렇기 때문에 자산 계층은 정책금리의 인하를 요구하며 이들의 이익을 옹호하는 경제 신문들은 그 필요성을 드러내놓고 제기한다.

노동자와 자산 계층 모두 금리 인하로 이익을 얻는다는 것인가? 그렇지는 않을 것이다. 이는 노동조합의 금리 인하 요구가 간단한 문제가 아니라는 사실을 일깨워준다.

저금리가 오히려 자산 계층에게 유리하게 된 사정

존 메이너드 케인스의 대표 저서인 『고용, 이자, 화폐의 일반이론』의 마지막 장은 이 저서가 지향하는 사회철학에 대해 다룬다. 거기에서 케인스는 우리가 살아가는 경제 사회의 결함으로 실업과 불평등 문제를 들면서 미래 사회에서는 이런 문제들도 점진적으로 해결될 것이라는 낙관적인 전망을 했다. 그러면서 그는 자본의 양은 상대적으로 풍부해지는 데 비해 사회적으로 해결해야 할 문제들의 감소에 비례해서 자본의 수요는 줄어들 것으로 보았다. 이는 장기적으로 이자율이 떨어지리라는 것을 함의한다. 케인스는, 이자율이 떨어지면 이자를 받아서 생활하는 계급은 그 수입이 줄어들어 결국 **안락사**할 것이라고 추론했다. 자본이 더는 희소하지 않은 상황이 되면 금융의 힘은 약해지고 금융 불로소득은 사라진다는 얘기다.

그런데 자본의 급증과 이자율 수준의 지속적인 하락이 특징인 신자유주의 시대에 금융 불로소득은 사라지기는커녕 오히려 더 큰 힘을 발휘하는 모습이다. 오늘날 이자(임대료) 소득자들은 안락사한 것이 아니라 그 자리를 더 굳건하게 다지고 있다. 현재의 시점에서 되돌아 보면 증가한 자본의 양에 비해 그 수요가 줄어들어 이자율이 떨어지고 그 결과 금융 불로소득자들이 안락사할 것이라는 케인스의 예상은 빗나간 것처럼 보인다. 자산 계층에게 저금리 상황이 저주가 아니라 오히려 축복이 된 이 수수께끼 같은 상황을 어떻게 설명할 수 있을까?

브렛 크리스토퍼스가 쓴 『불로소득 자본주의 시대(2024)』는 그 수수께끼를 풀 실마리를 제공한다. 그에 따르면 저금리가 이어지는 상황에서도 금융 불로소득이 사라지지 않고 오히려 증가한 이유는 크게 두 가지이다. 하나는 이자율 하락을 메울 만큼 또는 메우고도 남을 만큼 대출이 증가했다는 사실이다. 케인스는 경제 사회가 발전할수록 자본의 수요에 한계가 있을 것이라고 보았다. 자본의 절대량이 늘어날수록 투자를 해야 할 곳은 상대적으로 줄어들고 따라서 자본의 한계 효율도 떨어질 것이기 때문이다. 그러나 케인스에게는 곤혹스럽게도 자본의 수요는 생각보다 줄어들지 않았다. 기업, 가계, 정부의 자본에 대한 수요는 케인스가 예상했던 것을 크게 넘어섰다. 은행은 신용창조를 통해 그 수요를 충족시킬 수 있었다. 그 결과는 대출 증가, 부채 증가로 나타났다.

다른 하나는 금융 규제 완화의 덕을 본 자본화의 발전이다. 자본화란 정기적인 소득 흐름을 낳는 어떤 것을 자본처럼 간주하는 것을 말한다. 예를 들어 국채는 정기적으로 이자 소득을 낳는다는 점에서 이의 보유자에게는 자본처럼 기능한다. 이 국채는 자본으로서 어떤 실체가 있는 것은 아니며 그저 이자를 지급 받을 권리를 나타낸 청구권에 지나지 않는다. 그럼에도 이자 지급 청구권은 마치 실체를 가진 자본처럼 간주되어 가격으로 표시된 다음 시장에서 거래된다. 마르크스는 이러한 채권, 그리고 여기에 더해서 배당을 자본화한 주식, 나아가 임대료를 자본화한 부동산을 가공자본으로 묘사했다.

자본화 가운데 특히 중요한 의미를 갖는 것은 대출의 증권화이다. 대출의 증권화란 어떤 경제 주체에 대한 금융기관의 대출을 증권으로 전환하는 것을 말한다. 대출에서 생기는 정기적인 이자를 증권으로 전환한다는 점에서 대출의 증권화는 자본화이기도 하다. 대출의 증권화를 통해 금융기관들은 만기까지 기다릴 필요 없이 언제든 중간에 대출을 다른 누군가에게 팔아넘길 수 있게 되었다. 대출의 증권화가 발전하면서 금융기관들은 주택담보 대출, 학자금 대출, 자동차 할부 대출, 신용카드 대출 등 온갖 대출을 증권화의 대상으로 삼았다. 여기에 정기적인 여러 공공 임대료 수입까지 자본화의 대상이 되는 현상이 나타났다. 영국의 진보적인 지리학자인 레이션&쓰리프트 Andrew Leyshon&Nigel Thrift는 이를 **거의 모든 것의 자본화**라고 표현한 바 있다.

대출의 증권화는 금융자산이 크게 증가하는 계기를 만들었다. 예를 들어 금융기관이 대출을 담보로 새로운 증권을 발행하면 금융자산은 두 배로 증가한다. 이 증권이 신탁회사들의 펀드에 편입되어 수익증권 형태로 발행되면 금융자산은 또다시 증가한다. 1980년대 이후 금융기관 대출이 증가한 데다 이를 바탕으로 삼은 2차, 3차 증권이 발행되면서 세계적으로 금융자산이 급팽창하는 현상이 나타난다. 국내총생산GDP 대비 금융자산의 비율이 1980년에서 2010년까지 30여 년 사이에 거의 3.5배가 증가했다. 금융자산이 증가하면서 이제 금융부문에서는 이자 수입에 비해 자본 이득의 중요성이 상대적으로 커졌다.

금융자산의 가격은 미래에 생산되는 부가가치에 의해 뒷받침된다는 특징을 갖는다. 예를 들어 금융자산의 가격은 미래에 노동자들이 생산하는 부가가치, 그 가운데 금융부문으로 흘러가는 몫, 그리고 실제로 이를 실현할 수 있는 금융의 영향력에 의존한다. 그리고 그 정도는 이윤율과 이자율의 전망으로 표현된다. 미래에 이자율이 오르고 금융자산의 가격이 더 높게 형성될 것으로 전망되면, 현재 유통되고 있는 금융자산의 상대적인 가격은 떨어진다. 어제 시장 금리가 5%일 때 발행된 10년 만기 채권이 있다고 해보자. 내일 더 높은 금리를 주는 채권이 시장에 나타날 것으로 예상되면 어제 발행된 채권의 상대적인 가격은 하락할 수밖에 없다. 따라서 시장금리가 오를 것으로 전망되면 기존의 증권 가격은 하락하고 거꾸로 시장 금리가 떨어질 것으로 예상되면 금융자산의 가격은 상승한다.

화폐 자산만을 보유하고 있는 어떤 사람이 이를 누군가에게 대출해주어야 한다면 그 사람은 금리가 오르기를 바랄 것이다. 금융자산(부동산을 포함하여)을 많이 가지고 있고 이를 언제든 시장에서 처분할 수 있는 사람은 금리가 떨어지기를 바랄 텐데, 그 국면에서 오히려 자본 이득을 얻을 수 있기 때문이다. 사회에 금융자산의 축적이 증가하면 금리 인하에서 생기는 단기적인 이익은 클 것이고 그럴수록 금리 인하에 목매는 세력도 증가한다.

1980년대 이후 금융 세력이 금리 인하를 기대하고 주요 중앙은행들이 여기에 호응하면서 저금리 편향적인 금융정책을 편 배경에는 이 시기에 금융자산이 크게 팽창했다는 사정이 자리잡고 있다. 금융자산이 거대하게 축적된 현실에서 금리 인하는 금융세력의 약화가 아니라 강화로 이어질 수 있다. 물론 그러기 위해서는 사회가 생산한 부가가치의 많은 부분이 금융부문으로 지속적으로 흘러 들어가야 한다.

중앙은행 정책금리 결정 과정의 계급성

이 대목에서 우리는 연준을 포함한 중앙은행들의 금리 정책이 중립적이지 않다는, 다시 말해서 자본의 이익에 편향되어 있다는 사실을 새삼 강조해야 한다. 중앙은행의 금리정책이 어떻게 결정되는가에 대해서는 세 가지 견해가 있다. 자본의 이익으로 기운 주류 이론가들은 정책금리 결정이 전문가 영역이라고 설명한다. 금융 전문가가 국민경제 전체의 이익을 위해 중립적으로 금리를 결정한다는 것이다. 케인지언 전통을 따르는 여러 연구자들은 정책금리 결정을 다원주의 방식으로 설명한다. 자본과 노동, 금융자본과 산업자본, 한 국민자본과 다른 국민자본 등 여러 계급, 계층의 이해 대립 속에서 정책금리가 결정된다는 것이다. 마르크스주의자들은 대체로 금융자본에게 유리한 방향으로 정책금리가 결정된다고 본다.

그런데 케인지언 전통의 연구자들도 금융화 국면에서는 금융세력의 목소리가 커지면서 이들의 목소리가 정책금리 결정에서 중요한 역할을 한다는 점을 대체로 인정한다. 그런 면에서 금융화 국면에서는 마르크스주의자와 케인지언들 사이에서 정책금리 결정 방식에 대한 견해의 수렴이 발생한 셈이다. 물론 중앙은행이 결정하는 정책금리가 시장 이자율에 어느 정도 영향을 미치는가에 대해서는 논쟁적인 지점이 있다.

금융화 국면에서 중앙은행의 정책금리 결정 과정은 대체로 금융 세력의 이익을 보호하는 방향을 따른다. 그리고 금융자산, 토지와 건축물 자산이 대규모로 집적된 시기에 금융 세력은 자주 정책금리 인하를 요구한다. 그러나 중앙은행의 정책금리가 금융 세력의 목소리를 반영하여 정해지는 것이 일반적이지만 항상 그런 것은 아니다. 어떤 경우에는 중앙은행이 금융 이익을 억누르면서까지 전체 산업의 장기 이익을 위해 정책금리를 결정하기도 한다. 앞서 살펴본 바와 같이 특히 노동의 힘을 약화시키기 위해 정책 금리를 활용하는 경우가 바로 그렇다. 특정한 자본 분파의 이해가 전체 자본의 이익을 위해 무시되는 국면이 나타나기도 하는 것이다. 주류 이론가들은 미래에 더 높은 지속 가능한 성장률을 달성하려면 오늘의 성장을 늦추는 것이 필요할 수 있다는 논리로 정책금리 인상을 정당화한다.

그렇다면 정책금리를 어느 정도까지 올릴 수 있을까? 미국 연준은 2022년 3월부터 점진적으로 정책금리를 올리기 시작했다. 이에 따라 0.1% 수준에 머물던 정책금리(실효금리 기준)가 2023년 8월에는 5.3%까지 오른 다음 지금까지 비슷한 수준을 유지하고 있다. 10년 만기 미 국채 수익률은 2022년 3월의 2% 수준에서 2023년 10월에는 4.9% 수준까지 올라갔다가 현재는 4%대 중반에서 움직이고 있다. 현재의 국면에서 미국 연준의 금리 정책 향방을 결정하는 요인은 무엇일까? 기본적으로는 노동을 길들이려는 전체 자본의 요구와 금리 인상 때문에 생기는 자본 손실의 하락을 금융세력이 어느 정도까지 인내할 수 있을지의 정도가 교차하는 지점에서 정책금리의 최고치가 결정될 것이다.

한편 시장 이자율은 산업자본가와 화폐자본가가 같은 원천에서 나오는 가치를 나눠 갖는 관계에서 성립한다. 그러므로 한 쪽이 많이 차지하면 다른 쪽은 적게 차지해야 한다. 결국 시장 이자율은 일차적으로는 이윤을 생산하는 산업자본에, 그리고 2차적으로는 잉여가치를 생산하는 노동에 의존하는데, 두 관계 모두 갈등을 내포한다. 이자율 결정 과정의 이러한 속성 때문에 이자율 수준은 어떤 법칙을 따르기보다 세력들 사이의 갈등 관계 속에서 형성되는 힘 관계에 의해 결정된다. 물론 중앙은행은 정책금리라는 수단을 통해 시장 이자율에 영향을 줄 수 있다.

주류 이론가들은 자연 이자율이라는 개념을 들여오는데, 중립 이자율이라고도 하는 이 이자율은 인플레이션이나 디플레이션 없이 잠재성장률을 유지할 수 있는 금리 수준으로 정의된다. 이 개념은 중앙은행 전문가들에게 중요한 역할을 부여하는 형이상학적인 장치라고 할 수 있다. 왜냐하면 이 자연 이자율은 눈으로 확인할 수 있는 수치로 드러나는 것이 아니라 전문가가 계산을 해서 찾아내야 하는 영역이기 때문이다. 수치를 확인할 수 없다는 점에서 자연 이자율을 형이상학적이라고 할 수 있는 것이다. 마르크스나 케인스는 자연 이자율 개념을 부정한다. 특히 마르크스는 자연 이자율 개념을 심하게 비판하는데, 그 이유는 이 개념이 이자의 원천이 노동자가 생산하는 잉여가치에 있다는 사실을 감추는 역할을 한다고 보기 때문이다.

결국 요점은 정책 금리든 시장 금리든 그것이 여러 세력들의 이해관계 속에서 결정된다는 것이고 그렇다면 노동조합은 노동자에게 유리한 쪽으로 자기의 목소리를 조직해야 한다는 사실이다.

그렇다면 노동조합의 요구는?

아담 스미스는 저금리를 사회의 진보를 나타내는 지표로 보았다. 발전한 사회일수록 금리 수준이 낮아진다는 것이다. 케인스는 저금리가 이자(임대료) 생활자의 안락사로 이어질 것이라고 전망했다. 이자(임대료) 생활자를 사회의 불필요한 존재로 보았다는 점에서 케인스 역시 이들의 안락사를 가져올 저금리를 사회 진보의 중요한 측면으로 간주했다. 마르크스는 산업자본이 고금리와 싸우기 위해 신용제도를 발전시켜온 과정을 설명한다. 그는 근대의 은행제도가 산업자본이 고리대 자본을 제압하는 과정에서 탄생했다는 것을 보여준다. 마르크스도 대체로 저금리가 사회의 더 진보한 상태를 나타내는 것으로 여긴 것이다. 이처럼 여러 대가들은 저금리를 사회경제 진보의 지표로 해석했다.

실제로도 금리의 하락은 당장은 노동자들에게 도움을 줄 수 있다. 금리가 하락하면 노동자들은 안고 있는 부채에 대한 이자 지급을 줄일 수 있다. 물론 부채보다 예금이 많은 노동자들은 손해를 볼 수도 있겠지만 그처럼 여유 있는 노동자 가구는 그다지 많지 않다고 봐야 한다. 금리가 하락하면 거시경제적으로 소비와 투자가 늘고 그러면 실업률이 낮아져서 노동조합의 힘이 증가하고 임금협상에서도 유리한 측면이 있을 수 있다. 곧, 노동조합의 금리 인하 요구는 당연한 것처럼 보인다.

그러나 문제는 낮은 시장 이자율을 유도하려는 중앙은행의 금리정책이 항상 노동자에게 유리한 것은 아니라는 사실이다. 저금리로 자산 가격이 상승하면 임대료가 올라간다. 집이나 상가를 임대해서 사용해야 하는 계층에게는 저금리가 오히려 불리한 상황일 수 있다. 저금리로 주식 가격이 올라가면 주주들의 배당 요구가 증대함에 따라 기업 경영자들은 노동자들에게 노동시간 연장, 노동강도 강화, 임금 인하를 더 거세게 압박할 수 있다. 만약 어떤 나라가 자산 가격이 폭락할 것을 우려하여 주요 나라들에 비해 금리를 충분히 올리지 못하면 그 나라 화폐의 상대적인 가치가 떨어져서 환율이 오를 수 있다. 환율이 오르면 그 나라는 수입품에 대해 더 많은 화폐를 지급해야 할 텐데, 그 수입품이 내수와 관련이 있는 것이라면 결국 그 부담을 소비자(그 가운데 다수가 노동자)가 져야 한다. 환율 상승에 따른 물가의 상승은 실질 임금을 대폭 떨어트리는 결과로 이어질 것이다.

이처럼 금리 인하 요구는 노동조합에 간단한 문제가 아니다. 상황별로 금리 인하가 노동자에게 유리할 수도 불리할 수도 있다. 만약 중앙은행이 실업을 증가시키는 방향으로 고금리 정책을 활용하려고 한다면 그때는 노동조합은 그러한 시도를 좌절시켜야 할 것이다. 양적완화처럼 순전히 자산 가격을 끌어올리는 데에 목적이 있는 저금리 정책에 대해서라면 노동조합은 다른 판단을 해야 한다. 금리 수준에 따른 유불리가 상황별로 다르다는 점은 노동조합이 일방적으로 저금리만을 주장할 수 없게 한다. 이러한 사실은 노동조합이 중앙은행의 의사결정 단계부터 참여하여 상황별로 요구를 다르게 해야 한다는 점을 나타낸다. 노동조합은 무조건 저금리를 외치기보다 중앙은행의 의사결정 기구인 금융통화위원회에 자기의 목소리를 대변할 위원을 보내는 데 먼저 힘을 쏟아야 한다.

(2024.6.20.)

도움 받은 자료

- 마이클 패럴먼, 김영배 옮김, 『무엇이 우리를 무능하게 만드는가』, 어바웃어북, 2014.
- 브렛 크리스토퍼스, 이병천 외 옮김, 『불로소득 자본주의 시대』, 여문책, 2024.
- 에드워드 챈슬러, 임상훈 옮김, 『금리의 역습』, 위즈덤하우스, 2023.
- 존 메이너드 케인스, 이주명 옮김, 『고용, 이자, 화폐의 일반이론』, 필맥, 2010.

Rich Banks, Poor Society

부동산 투기와 중앙은행 책임: 이와타-오키나 논쟁

지난 1990년대 초반, 일본에서는 자산(부동산, 주식 등) 가격 거품의 형성과 붕괴에 대해 중앙은행이 얼마나 책임이 있는가를 두고 큰 논쟁이 벌어졌다. 논쟁은 이와타(岩田規久男)와 오키나(翁邦雄) 사이에서 처음 시작되었기 때문에 **이와타-오키나 논쟁**으로 불린다. 두 사람 사이에서 시작된 논쟁은 이후 수많은 학자와 연구자들이 참여하면서 그 규모가 매우 불어났고 또 그만큼 유명해졌다. 논쟁의 배경에 실제로 일본에서 거대한 자산 가격 거품이 생겨났다가 꺼진 사건이 있었다는 점은 두말할 나위 없다.

일본의 1990년은 "파란만장한 1년"

자산 가격의 거품을 다룬 『복합불황(復合不況)』이라는 저서를 1990년대 초반에 펴낸 미야자키(宮崎義一) 교수(당시)는 1990년을 **파란만장한 1년**으로 표현했다. 실제로 일본에게 1990년은 자산 가격 면에서 말 그대로 만(萬) 개의 지팡이만큼 높은 물결 같았다. 그 이전에 하늘 높은 줄 모르고 오름세를 보이던 일본의 자산 가격이 이 해에 이르러 갑자기 물결이 부서지듯 고꾸라지는 모습을 보이기 시작한 것이다.

일본에서는 1980년대부터 발걸음을 뗀 금융·자본 시장 개방과 1985년에 맺어진 플라자 합의를 계기로 주식이나 부동산과 같은 자산 가격이 급속히 오르기 시작했다. 먼저 금융·자본 시장 개방을 보자. 1980년대 초, 미국 정부는 자국의 구조조정을 위해 금리를 높게 유지하는 정책을 폈다. 이러한 정책의 배경에는, 금리를 높게 유지하면 이자를 감당하지 못하는 기업들은 문을 닫을 것이고, 그렇게 되면 실업자가 늘 것이며, 실업자가 늘면 노동조합의 힘이 약해질 것이라는 셈이 자리 잡고 있었다. 자본에 우호적이었던 레이건 행정부는 노조의 힘이 약해지면 임금 수준이 낮아져 자본의 수익률이 올라갈 것을 기대했던 것이다. 또한 인플레이션을 낮춤으로써 돈의 실질 가치가 높아지는 것을 기대한 화폐자본가들의 이해도 금리를 위쪽으로 이끄는 데 힘을 보탰다.

그러나 이러한 미국의 고금리 정책은 달러 가치가 높아지는 결과를 가져왔다. 미국이 달러로 표시된 자산에 대해 이자를 더 많이 주겠다니 달러 가치가 높아지는 것은 당연하다. 달러 가치가 높아진다는 것은 달러로 표시된 미국 상품의 가격이 높아진다는 것, 그러므로 미국 기업들이 상품을 수출하기가 더 어렵게 된다는 것을 의미한다. 거꾸로 미국에 수출을 하는 다른 나라 기업들은 상품 대금으로 받는 달러의 가치가 올라가기 때문에 수출을 하기에 더 유리해진다. 현실에서도 높은 달러 가치의 영향으로 레이건 행정부 들어서 미국의 상품수지 적자가 크게 늘어났다.

미국은 상품수지 적자 문제를 해결하기 위해 수입을 줄이거나 수출을 늘리는 것이 아니라 달러 발행을 늘려서 적자 대금을 메우는 쪽을 택했다. 그런데 달러 발행을 늘리기 위해서는 미국 주변 나라들에서 달러가 활발하게 흘러 다녀야 한다. 이리하여 미국은 이 무렵부터 일본을 비롯한 여러 나라들에 대해 금융시장과 자본시장 개방을 강력히 요구했다. 스탠퍼드 대학의 솔로몬Ezra Solomon 교수(당시)가 작성한 **솔로몬 보고서**는 일본 시장 개방의 이론적인 기초를 제공한 것으로 알려져 있다. 일본의 금융시장과 자본시장 개방은 당연히 달러 자금의 일본 유입 증가로 이어졌다.

미국은 또한 일본이나 독일 등 주변 나라들의 팔을 비틀어서 인위적으로 주변국 화폐 가치를 끌어올림으로써 미국의 상품수지 적자를 줄여 보려고도 했다. 그리하여 맺어진 것이 이른바 1985년의 **플라자 합의**이다. 플라자 합의에 따라 일본은행(중앙은행)은 엔/달러 환율을 끌어내리기 위한, 다시 말해서 엔의 가치를 높이기 위한 정책 개입에 나섰다. 엔/달러 환율은 1984년 250엔에서 1986년에는 160엔으로, 그리고 1987년에는 123엔으로 떨어졌다.

환율이 떨어짐에 따라 수출 기업들이 어려움에 빠지자 일본 당국은 내수를 늘림으로써 그들에게 도움을 주려 했는데, 그 수단 가운데 하나는 금리를 낮추는 것이었다. 1986년 1월에 일본은행은 정책 금리를 5%에서 4.5%로 내린 데 이어 그 이후 1년 수개월 사이 잇따라 5회에 걸쳐 내려서 1987년 2월에는 2.5%에 이르렀다. 한편 1987년 10월에 뉴욕의 주식시장이 폭락하자 미국은 일본에 대해 낮은 금리를 계속 유지해 줄 것을 요구했다. 일본이 금리를 인상하면 자금이 금리가 높은 쪽으로, 곧 미국에서 일본으로 빠져나가는 것을 미국이 걱정했기 때문이다. 미국의 요구는 일본이 장기간 저금리를 유지할 수밖에 없는 까닭이 되었다.

이처럼 자산 구입을 목표로 삼은 외국 자금의 유입이 늘어나고 여기에 더해서 플라자 합의 이후 일본은행이 금융을 완화하는 정책을 펴면서 자산 가격 버블이 생길 수 있는 자금 측면의 조건이 만들어졌다. 자금이 풍부해지면서 수익성 높은 투자처를 찾지 못한 기업들은 부동산과 주식 매수를 늘리는 이른바 **재-테크**에 나섰고 은행들은 담보대출을 늘려나갔다. 이런 배경 속에서 1980년대 중반부터 먼저 땅값이 폭등하기 시작했고 곧이어 주식값도 그 뒤를 따랐다.

실물부문도 1986년 11월부터 1991년 7월까지 56개월 동안 확장을 이어갔다. 그 이전에 일본 경제는 2차 세계대전 이후 세 차례에 걸쳐 확장 국면을 경험한 적이 있었다. 1954년 11월에서 1957년 6월까지 31개월 동안 이어진 **진무**(神武) **경기**, 1958년 11월에서 1961년 12월까지 42개월 동안 이어진 **이와토**(岩戶) **경기**, 그리고 1965년 10월에서 1970년 7월까지 57개월 동안 이어진 **이자나기**(いざなぎ) **경기**가 그것이다.

더욱이 일본의 투자자들이 국내에서 낮은 금리로 자금을 빌려서 대외투자를 늘렸기 때문에 1986년 무렵부터 1990년까지 세계에는 **저팬 머니**가 넘쳐났다. 일본의 투자자들은 은행에서 돈을 빌려서 뉴욕, 하와이, 오스트레일리아, 아시아에서 부동산과 기업 주식을 사들였다. 일본의 은행들이 대출을 늘려 나가자 대차대조표의 자산 계정이 팽창하기 시작했는데, 그 결과 일본 은행들은 한동안 세계 최대 규모의 은행으로 이름을 올렸다.

그러나 1990년 들어 자산 가격이 무너지기 시작했다. 거품 붕괴의 신호가 된 것은 그 이전 해의 금융정책 변화였다. 1989년에 새로 일본은행 총재가 된 미에노(三重野康)는 중앙은행 정책 금리를 12월에 3.75%에서 4.25%로, 1990년 3월에는 5.25%로, 그리고 8월에는 6%로 올렸다. 더불어 1990년 3월에는 부동산 대출 총량을 규제하는 제도도 도입했다. 이를 계기로 먼저 주식 가격이 무너져 내렸고 이어서 부동산 가격도 그 뒤를 따랐다. 도쿄 증권시장 평균주가는 1989년 말 3만 8,915엔에서 1990년 말에는 2만 3,848엔으로 떨어졌다. 한 해 하락의 정도가 폭으로는 1만 5,067엔, 비율로는 38.7%에 이른다. 1990년 연중 최저 주가는 10월에 2만 221엔을 찍기도 했다.

부동산 가격이 무너짐에 따라 부동산 기업과 재-테크 기업의 파산이 잇따랐다. 특히 부동산 기업의 파산은 심각한 수준이었다. 주식 가격과 부동산 가격이 무너지면서 사라져버린 자산 가격 총액의 규모는 어마어마했다. 『대침체의 교훈』을 쓴 리처드 쿠Richard C. Koo에 따르면 그 규모가 GDP의 세 배가량에 이른다. 미국 대공황 당시 날아가 버린 자산 가격 총액이 GDP의 한 배가량이었다는 사실에 견줄 때 일본의 자산 가격 하락 폭이 얼마나 컸는지 짐작할 수 있다.

자산 가격 붕괴와 함께 실물부문에서도 성장률이 떨어지는 모습이 나타났다. GDP 성장률은 1986~1989년에는 연평균 5%, 1990년에는 4.9%였다. 이것이 1991년에는 3.4%로, 그리고 1992년에는 0.8%까지 낮아지더니 1993년에는 드디어 마이너스(-0.5%)로 돌아섰다. 91년부터 2000년까지 10년 동안 연평균 GDP 성장률은 1.3%였다.

이와타 – 오키나 논쟁

《이와타의 중앙은행 책임론》

일본의 자산 가격 거품은 1990년부터 꺼지기 시작했는데, 일본 당국은 그것이 일시적인 현상일 것으로 전망했다. 여러 투자자들도 내심 그러기를 바랐을 것이다. 그러나 자산시장은 점점 더 수렁에 빠져들었고 실물경기도 살아날 낌새를 보이지 않았다. 앞에서 보았듯이 GDP는 1992년에 마이너스로 돌아섰다. 경제가 빠르게 축소하면서 일본은행은 정책 금리를 1991년 7월에 6%에서 5.5%로 0.5%p 인하했다. 그 이후에도 정책 금리는 여러 차례 낮아져서 1992년 7월에는 3.25%에 다다랐지만 이것이 경기 회복에 그다지 도움이 되지는 못했다.

일본의 대체적인 여론은 자산 가격 거품이 생겨났다가 꺼지고 그에 따라 실물 경제가 비틀거리는 데 대한 일차적인 정책 책임을 중앙은행보다 대장성에 묻는 쪽이었다. 왜냐하면 당시에 일본은행은 형식상으로나마 대장성의 통제를 받고 있었기 때문이다. 그러나 거품이 꺼지는 국면에서 일본의 화폐 증가량이 낮은 수준을 유지하자 경기를 살리는데 중앙은행이 너무 소극적인 것 아닌가 하는 볼멘소리들이 나오기 시작했다. 물론 이러한 목소리의 출처는 자산을 많이 가진 계층이었다. 상가를 임대하여 영업을 하는 소상공인, 무주택자 등에게는 자산 거품의 붕괴가 결코 나쁜 소식이 아니었다. 그 반대였다.

조치(上智) 대학의 교수(당시)였던 이와타(나중에 일본은행 부총재)는 앞장서서 그러한 볼멘소리를 대변했다. 그는 자산 가격의 폭락과 경기 후퇴의 원인이 준비금의 통제를 내버려 두고 금리 정책에만 초점을 둔 일본은행의 정책 잘못이라는 주장을 폈다. 다시 말해서, 준비금이 늘어나면 화폐 공급량이 늘어나고 그러면 자산 가격이 회복될 터인데 일본은행이 준비금을 늘리려는 노력을 게을리하고 있다는 것이다.

좀 더 자세히 살펴보자. 현대의 화폐 시스템은 이중의 화폐 흐름으로 구성되어 있다. 하나는 중앙은행과 은행들 사이에서 생기는 화폐 흐름이다. 여기에서는 준비금^{reserve}이 유통된다. 준비금은 중앙은행이 창출하여 은행들에 제공하는 장사 밑천과 같은 것이다. 은행들은 중앙은행에 계좌를 개설하고 이를 통해 준비금 거래를 한다. 중앙은행은 은행들에 대한 준비금의 흐름을 조절하는 것을 통해 그들에게 영향력을 행사한다. 준비금을 손에 쥔 중앙은행의 말을 은행들이 거스르기란 쉽지 않은 일이다. 다른 하나는 은행과 고객(개인과 기업) 사이의 화폐 흐름이다. 여기에서는 은행들이 준비금을 바탕으로 새롭게 창출한 예금이 화폐로 유통된다. 고객들은 은행이 창출한 돈을 빌린다. 은행은 누구에게 얼마만큼의 돈을 어떤 조건으로 빌려줄지를 결정한다.

준비금의 원래 의미는 지급준비금이다. 은행은 여러 사람들한테서 예금을 받아 이를 대출에 운용한다. 은행은 다양한 만기의 예금 인출에 대비하여 어느 정도의 돈을 따로 마련해 두어야 하는데, 이를 지급준비금이라 한다. 과거 중앙은행 제도가 발달하지 않았던 시절에는 은행들이 각자 지급준비금을 보유했다. 그러나 중앙은행 제도가 발전하면서 이 지급준비금은 점차 중앙은행으로 집중되었다. 오늘날에는 은행들의 준비금 대부분이 중앙은행에 집중되어 있다. 정책 당국은 예금의 일정 비율을 중앙은행에 지급준비금으로 보유하도록 하는 제도를 운영한다(최근에는 이 제도의 중요성이 낮아지면서 이를 운용하지 않는 나라들도 생기고 있다).

중앙은행이 은행들에게 준비금을 제공하는 방법은 여러 가지이다. 중앙은행은 은행들이 보유하고 있는 어음이나 채권, 외환 등과 맞바꾸는 방식으로 은행들에게 준비금을 제공할 수 있다. 중앙은행이 은행들에게 준비금을 대출해 줄 수도 있다. 정부가 개인들에게 보조금을 지급하거나 조달을 통해 물건을 사들이면 정부 예금계좌에서 개인이 거래하는 은행 계좌로 자금이 이동하는데, 이렇게 해서 은행 준비금이 늘어나기도 한다.

거꾸로 중앙은행이 은행들에게 채권을 팔거나 정부가 세금을 거뒤들이면 은행들의 준비금이 줄어든다. 은행들은 준비금이 남는다면 은행 간 자금 시장(콜 시장)에서 이를 운용하고 부족하면 빌려온다. 중앙은행은 은행들의 준비금 수요 공급을 예측하여 공개시장 운영을 통해 준비금을 적절한 수준에서 관리한다.

이때 중앙은행이 공급하는 준비금과 은행 대출량의 관계가 문제가 된다. 준비금 증가가 원인이 되어 은행 대출량이 증가하는가 아니면 은행 대출량이 증가하기 때문에 준비금이 증가하는가? 이 문제가 중요한 이유는 이것이 거품의 생성과 붕괴에 대한 책임이 중앙은행에 있는지 그렇지 않은지를 가릴 수 있는 가늠자가 되기 때문이다.

이와타는 준비금(본원통화, 머니타리 베이스, 베이스 머니 등으로도 불린다)이 증가하면 은행의 대출량이 일정한 배수만큼 자동적으로 증가한다고 주장한다. 여기에서 일정한 배수를 신용 승수(화폐 승수)라고 한다. 구체적으로 설명해보자. 중앙은행이 은행에 준비금을 공급하면 은행은 그 일부를 법정준비금으로 남겨 놓고 나머지를 대출한다. 대출을 받은 사람이 그 돈을 다른 사람에게 지급하여 그 사람이 이를 다른 은행에 예금하면 그 은행도 법정준비금을 남기고 나머지를 대출한다. 이런 과정이 순차적으로 이어지면 은행 제도를 통해 최초의 준비금이 몇 배의 예금과 대출을 창출한다. 사실 이와 같은 이와타의 설명 방식은 주류 경제학의 설명 방식이고 따라서 대부분의 화폐금융론 교과서에 나와 있는 내용이기도 하다.

이와타는 1991년 이후 일본의 대출 증가율, 곧 화폐 공급 증가율이 낮아진 것은 준비금 증가율이 낮은 탓이라 설명한다. 다시 얘기해서, 일본은행이 준비금 공급을 적극적으로 하지 않기 때문에 은행 시스템 전체의 대출이 늘어나지 않고 있다는 것이다. 따라서 그는 은행이 신용 창출 규모를 늘리고 이것이 경기 확대와 자산 가격 상승으로 이어지도록 하기 위해서는 중앙은행이 국채 매입 등을 통해 더 적극적으로 준비금 공급을 늘려야 한다고 주장한다.

그는 경기가 확대되지 않고 있는 것에 대해 중앙은행 책임론을 제기하고 있는 것이다. 이 논리를 연장하면 거품이 만들어진 책임도 중앙은행에게 돌아가게 된다. 왜냐하면, 이와타에 따르면, 자산 가격의 상승도 결국은 은행의 대출 규모에 달려 있는데, 이 대출 규모를 결정하는 것은 중앙은행이 통제할 수 있는 준비금의 규모이기 때문이다.

《오키나의 반론》

일본은행 조사통계국 기획조사과장(당시)이었던 오키나(나중에 京都大學 교수)는 이와타의 주장에 대해 반론을 폈다. 준비금 증가가 원인이 되어 은행 대출량이 증가한다는 이와타의 주장에 대해 오키나는 거꾸로 은행 대출량이 증가하기 때문에 준비금이 증가한다는 주장을 내놓았다. 오키나 주장의 핵심은 준비금이 화폐 공급의 원인이 아니라 오히려 결과라는 점에 있다.

은행은 일반적인 상식과 달리 예금을 받아서 대출하는 것이 아니다. 결제 시스템이 갖춰져 있다면 은행들은 먼저 대출을 일으킨다. 예를 들어 은행들은 고객에게 대출을 해줄 때 누군가의 예금으로 받아 놓은 현금을 내주는 것이 아니라 고객의 통장에 단순하게 예금액을 기록해 준다. 이를 은행의 신용창조라 한다. 그렇게 해서 고객에 대한 은행의 대출이 증가하고 고객의 예금도 증가한다. 예금이 먼저 있고 대출이 있는 것이 아니라 대출이 먼저 발생하고 예금이 생기는 것이다.

   은행들은 증가한 예금에 대해서 규정으로 정해진 지급준비금을 쌓아야 한다. 오키나는 은행들이 필요 준비금을 나중에 쌓는다는 사실에 주목한다. 실제로 실무에서 은행들은 정해진 지급준비금을 일정 시간이 지난 다음에 맞춘다. 예컨대 지난달 지급준비금의 평균 잔액이 규제 수준에 모자랐다면 그 모자라는 부분을 이번 달에 남기는 방식으로 맞춘다는 의미이다. 이와타는 준비금을 바탕으로 은행들이 대출을 해준다고 설명하는데 비해 오키나는 거꾸로 은행들이 대출을 먼저 해주고 사후적으로 필요한 준비금을 마련한다고 설명한다.

   만약 은행들이 정해진 준비금을 맞추지 못한다면 은행들은 준비금을 마련하기 위해 콜 시장으로 달려갈 것이다. 준비금의 부족 정도에 따라서 은행들 사이에 준비금을 둘러싼 경쟁전이 발생할 수 있고 그렇게 되면 콜 금리는 폭등할 수 있다. 오키나에 따르면, 그러한 상황은 금융시장의 안정을 헤치기 때문에 중앙은행은 대체로 준비금을 충분히 공급하여 콜 금리의 상승을 막는다.

   오키나 주장의 요점은 일본은행이 준비금을 통제할 수 있는 처지에 있지 않다는 것이다. 중앙은행은 은행들의 대출량에 대응해서 준비금을 수동적으로 공급한다. 곧, 대출에서 예금으로, 그리고 예금에서 준비금으로 이어지는 연쇄 관계가 있다는 것, 은행들의 대출 증가가 원인이고 준비금 변동은 결과라는 것, 따라서 준비금은 중앙은행이 임의로 조작할 수 있는 변수(외생변수)가 아니라는 것을 오키나는 주장하고 있는 것이다.

이러한 논리에 따라 오키나는 1990년대 초에 일본의 준비금과 화폐 공급량이 늘어나지 않는 이유를, 실물경제가 위축되고 재생산이 수축하여 자금 수요가 떨어진 탓에서 찾는다. 자금 수요 감소에 따라 은행 대출이 줄어들었기 때문에 준비금이 늘어나지 않는 것이지 일본은행이 준비금 공급에 소극적이어서 준비금이 늘어나지 않는 것이 아니라는 설명이다. 오키나 논리에 따르면 일본은행은 준비금이 늘어나지 않는 데 대한 책임을 질 필요가 없게 된다.

논쟁의 평가

《이와타 논리의 보수성》

사실 이와타-오키나 논쟁은 학설사적으로 오랜 전통을 갖는다. 영국에서는 이미 1800년대 초부터 중앙은행이 화폐 공급량을 통제할 수 있는가를 두고 통화학파와 은행학파 사이의 논쟁이 있었다. 통화학파는 통제할 수 있다고 봤고 은행학파는 은행권이 거래의 필요에 따라 발행되는 것이기 때문에 그럴 수 없다고 봤다. 이러한 논쟁은 오늘날에는 화폐(통화)주의자와 케인지언의 대립으로 나타나고 있다. 이와타는 화폐주의 전통에, 그리고 오키나는 케인스주의 전통에 가깝다.

화폐주의자들의 논리는 대체로 금융자본가들의 이해를 대변한다. 따라서 화폐주의에 기반을 둔 이와타의 논리는 정치적 이념 면에서 상대적으로 보수적이다. 그렇다면 신용 공급의 증가가 금융자본가에게 가져다주는 이로운 점은 무엇인가. 만약 신용 공급의 증가가 상품 가격 상승과 화폐 가치의 하락으로 이어진다면 이는 금융자본가에게는 결코 유리한 상황이 아니다. 돈을 가지고 있는 사람들에게 돈의 가치가 떨어지는 상황이 달가울 리 없다.

이와 달리 증가한 신용 공급이 상품 시장이 아니라 자산시장으로 흘러가서 자산 가격을 끌어올리는 쪽으로 기능한다면 이는 금융자본가들이 바라는 바이다. 실제로 1980년대 후반에 일본에서 자산 가격이 급등할 때에 상품 가격은 매우 안정적인 모습이었다. 물가(상품 가격)는 오르지 않으면서 자산 가격만 상승한 것이다.

이와타가 궁극적으로 기대하는 것은 바로 은행 대출의 증대를 통해 자산 가격이 다시 상승하는 상황이다. 이와타는 나중에 **제로 금리**와 **양적 완화**, **인플레이션 타기팅 제도**의 도입을 주장한다. 이러한 정책들은 모두 화폐 공급량의 증가와 관련된 것들이다. 그는 화폐 공급량의 증가가 자산 가격의 유지와 상승에 유리하게 기능할 것이라고 보는 것이다. 이와타의 보수성은 집값에 대한 태도에서 드러난다. 그는 금리를 올려 집값 잡기를 해서는 안 된다고 주장한다. 자산 가격 버블을 인위적으로 붕괴시키면 안 된다는 것이다.

《일본은행은 거품의 형성과 붕괴에서 책임 면하기 어려워》

준비금과 대출량의 관계는 오키나의 설명이 진실 쪽에 가깝다고 할 수 있다. 준비금은 오키나의 설명처럼 기본적으로 은행들의 대출 행위에 의해 사후적으로 결정된다. 중앙은행이 준비금을 통제하여 전체 대출량을 결정하기란 쉬운 일이 아닐 수 있다. 오키나는 이러한 사실의 강조를 통해서 일본은행이 거품의 발생과 붕괴, 그리고 그에 이은 경기 침체에 책임이 없다는 것을 설명하고자 한다.

그러나 준비금이 대출량에 의해 결정되는 측면이 강하다고 해서 그것이 거품의 발생과 붕괴에 대한 일본은행의 책임을 면해주는 것은 아닐 것이다. 일본은행의 수동성(중앙은행의 시장 상황 수용)은 어느 정도 인정되지만 그것이 금융정책 실패의 책임 회피 논리가 될 수는 없다.

먼저 일본은행은 준비금 이용에 따른 비용이나 준비금 이용 가능성에 영향을 줄 수 있다. 예컨대 재할인율의 변경은 은행이 준비금을 얻는 비용에 영향을 끼친다. 또한 중앙은행이 채권을 사고파는 공개시장 운영은 준비금이 은행에 흘러 들어가는 속도와 양을 조절하는 일차적인 수단으로 기능한다. 신용 제도의 축이라 할 수 있는 중앙은행은 금융시장 상황을 원하는 방향으로 이끌어 갈 수 있는 상당한 힘을 가지고 있다. 금융시장 상황의 변화는 당연히 은행의 대출 행태에 영향을 준다. 이렇게 본다면 중앙은행이 오키나가 상정하는 바처럼 그저 수동적인 존재에 머물러 있는 것은 아니다.

특히, 일본은행은 자산시장으로 흘러들어가는 대출을 고려했어야 했다. 1980년대 중반 이후의 자산 가격 거품은 분명히 일본은행의 금융완화와는 독립된 요인에 의해서 생겨났을 수 있다. 그러나 그 거품을 인위적으로 키운 데에는 일본은행의 책임이 크다. 일본은행은 은행들의 과잉 신용창조를 억제하기보다는 추인하는 쪽이었다. 무엇보다 자금이 자산시장으로 흘러가는 것을 적극적으로 막지 않았다.

은행 대출은 설비투자로 향할 수도 있고 자산시장으로 향할 수도 있다. 설비투자에 필요한 자금은 경제 전체의 재생산 규모에 따라 규정되는 한계가 있다. 그러나 자산 거래를 하는 데 필요한 자금은 이론상 한계가 없다. 자산 가격이 무한정 오를 수 있기 때문이다. 따라서 일본은행으로서는 자산시장으로 흘러가는 자금을 규제해야 했지만 손 놓고 있었던 것이다. 물론 거기에는, 이시이(石井寬治)에 따르면, **대미(對美) 협조**라는 논리가 개입하고 있기는 했다.

자산 거품에 대한 일본은행의 책임은 내부자가 잘 설명한 바 있다. 1989년부터 1994년까지 일본은행 총재를 지낸 미에노(三重野康)는 취임 당시 그동안 잘못된 통화 정책으로 국민은 가진 자와 못 가진 자로 갈리고 지주계급은 노동자의 희생을 통해 큰 부자가 되었다고 말한 바 있다. 그는 그 잘못된 통화 정책이 **금융완화 정책**이라는 것을 분명히 했다. 그에 따르면 금융완화 정책에 따라 금융기관들은 토지 투기에 힘을 빌려주었고 그 결과 토지 가격이 급등했다는 것이다. 따라서 그는 거품을 종식시키고 탐욕스러운 부동산 투기를 물리치기 위해서는 정책금리를 인상해야 한다고 주장했고 그대로 실천했던 것이다.

정리하자. 일본에서 벌어진 이와타-오키나 논쟁은 표면적으로는 중앙은행의 준비금 규모가 대출량을 결정하는가 아니면 그 반대인가를 두고 벌어졌다. 그러나 이 논쟁의 본질은 중앙은행의 힘이 어느 정도인가 하는 데에 있다. 중앙은행은 오키나가 상정하는 것처럼 힘없고 수동적인 존재일 수는 없다. 중앙은행은 자산 가격에 영향을 줄 수 있고 또 필요하다면 주어야 한다. 다만 이와타가 주장하는 식으로 중앙은행이 자산 계층에만 유리한 쪽으로 힘을 행사해서는 안 될 것이다. 중앙은행의 힘은 민주적인 감시를 받으면서 국민 삶의 질을 개선하고 평등을 이루는 방향으로 행사되는 것이 마땅하다.

도움 받은 자료

- 建部 正義, "マネーサプライ・コントロールをめぐる岩田・翁 論争について―問題の所在―", 『信用理論研究』, 第13号, 信用理論研究會, 1995.
- 宮崎義一, 『復合不況: ポスト バブルの處方箋を求めて』, 양승인 역, 『複合不況 : 포스트 버블의 處方箋을 찾아서』, 경제기획원, 1992.
- 山田喜志夫, "信用創造とマネーサプライ―現代通貨論争―", 『信用理論研究』, 第13号, 信用理論研究會, 1995.
- 石井寬治, "거품경제와 장기 불황의 정치경제학적 분석", 『일본 비평』, Vol. 15, 서울대학교 일본연구소, 2016.
- 岩田規久男, 『金融政策の經濟學』, 日本經濟新聞社, 1993.
- 翁邦雄, 『金融政策』, 東洋經濟新聞社, 1993.
- Richard A. Werner, *Princes of the Yen*, 오영상·유진숙 옮김(2009), 『금융의 역습』, 유비온, 2003.
- Richard C. Koo. *(The) Holy Grail of Macroeconomics : Lessons from Japan's Great Recession*, 김석중 옮김(2010), 『대침체의 교훈』, 더난, 2008.
- 日本 總務省 統計局, https://www.stat.go.jp/index.html.
- 한국은행 경제통계시스템, https://ecos.bok.or.kr/

부록

한국 금융 현실과 대안으로서 금융 민주주의

I. 서론

우리나라의 현재 금융 상황을 지배하는 제도적 틀은 여전히 1997년에 국제통화기금IMF과 맺은 합의이다. 당시 IMF는 자본 이동의 자유, 금융시장 개방, 규제 완화, 외국자본의 국내 금융기관 인수의 허용과 같은, 대체로 국제 금융자본의 이해에 우호적인 방향의 요구 사항을 제시하여 협의에 반영시켰다. 물론 국내 금융자본도 IMF가 요구한 사항에 반대하지는 않았는데, 그것이 국제 금융자본과 국내 금융자본 사이의 관계에서는 국제 금융자본에 유리했지만 국내에서는 금융자본의 성장을 보장하는 방향이라고 보았기 때문이었다. 이는 IMF 요구가 비교적 국내 자본들의 큰 반대 없이 관철될 수 있었던 이유 가운데 하나였다.

우리나라는 이미 1990년대 초부터 미국의 요구에 대응하여 금융·자본시장 개방과 금융 자유화를 추진하기 시작했다. 1980년대 후반의 우루과이라운드 이후 미국은 다른 나라들에 대해 금융·자본시장 개방을 적극적으로 요구했는데, 여기에는 금융산업 비교우위를 활용하려는 미국의 전략적인 판단이 자리 잡고 있었다. 미국은 우리나라에 대해서도 금융·자본시장 개방을 요구했는데, 이를 논의하기 위해 마련된 자리가 1990년대 초에 구성된 '한미 금융정책협의회'였다. 1993년에 우리나라는 미국 쪽의 요구를 수용한 국내 금융·자본시장 개방, 금융 자유화 일정을 담은 '금융자유화와 시장개방 청사진(Blue-print for Financial Liberalization and Market Opening)'을 미국에 제시하기도 했다. 그 이후 실제로 우리나라는 점진적으로 금융·자본시장 개방과 금융자유화를 추진하기 시작했다. 1997년에 맺은 IMF 합의는 개방의 방식이 점진적 개방에서 전면 개방으로 바뀌었지만, 그 방향은 지금까지 진행해온 흐름에서 크게 벗어난 것은 아니었다.

1997년 외환위기 이후에 우리나라에서는 IMF 합의 내용에 따라 급진적인 금융 구조조정을 했다. 정부들은 신자유주의 방향의 금융 구조조정을 거스를 수 없는 대세로 받아들였고 나아가 이를 한국 경제의 어려움을 돌파할 수 있는 기회로 삼고자 하는 태도였다. 그리하여 금융을 성장시키기 위한 여러 정책이 제시되고 실행되었다. 실제로 외환위기 이후 우리나라의 금융자산이 급격하게 팽창하는 모습이 나타난다. 주요 선진국에서 1980년대부터 나타나기 시작한 금융자산의 누진적인 축적 현상이 우리나라에서는 외환위기 이후 금융 구조가 급격히 변하면서 뒤늦게 나타난 것이다.

금융자산의 축적 과정은 여러 모순의 누적 과정이기도 했다. 이는 금융이 기본적으로 이중적 속성을 갖기 때문이다. 금융은 한편으로는 자본의 원활한 축적을 보장하지만 다른 한편으로는 비생산적인 부문과 연계되면 여러 문제를 낳는다. 금융이 역기능을 할 때는 금융정책의 종속, 독점, 불평등, 배제, 비생산적인 투기, 금융위기와 같은 민주주의 가치에 어긋나는 현상을 불러온다. 우리나라에서도 금융자산의 축적으로 표현되는 금융의 성장이 이러한 결과를 가져왔는데, 이러한 점이 금융 민주주의 논의에 대한 요구를 만들어내고 있다고 할 수 있다.

금융의 역기능이 두드러진 가장 큰 이유는 금융권력이 상대적으로 커진 데에 있었다. 금융 구조조정 이후 자본과 노동의 관계, 자본들 사이의 관계에서 권력은 금융자본(금융시장)으로 넘어갔고 국가의 정책도 금융자본의 성장을 뒷받침하는 방향으로 기울었다. 이러한 불균형은 금융의 역기능으로 이어졌는데, 이를 그대로 두고는 금융의 정상적인 기능이나 경제의 발전을 기대할 수 없다. 금융이 경제의 지속적인 발전이나 서민들의 삶의 수준 개선 방향으로 기능하도록 하기 위해서는 금융 민주주의 과제를 해결해야 한다. 나아가 금융 민주주의 과제를 실행할 주체들의 역량을 키워나가야 한다. 이러한 인식에서 이 글은 서론에 이어 2절에서 한국 금융의 현재를 살펴보고 3절에서는 금융 민주주의 개념과 사례를 파악한 다음 4절에서 금융 민주주의를 위한 과제를 제시한다. 5절은 결론이다.

II. 한국 금융의 현재

1. 아직도 한국 금융을 지배하고 있는 IMF 체제

외환위기 이후 한 세대가 넘게 흘렀지만 우리나라 금융의 제도적 틀은 여전히 IMF 체제를 벗어나지 못하고 있다. IMF 체제의 구성 내용은 한국 정부가 IMF 앞으로 작성한 '의향서(Letter of the Intent of the Government of Korea, 1997.12.3.)'의 부속 서류로 작성된 '경제 프로그램'에 잘 나타나 있다. 이 프로그램에서 금융과 관련해서 담고 있는 사항은 금융긴축(제8조), 강력하고 독립적인 금융 감독 기관 설립과 외국 투자자들에 대한 금융부문 개방(제15조), 물가안정을 주 임무로 하는 중앙은행의 독립성 보장(제16조), 모든 은행들의 국제결제은행 BIS 자기자본 기준 충족(제17조), 외국 금융기관의 한국 금융기관 인수합병M&A 참여 허용과 상업은행에 대한 외국인의 100% 지분 인수 허용(제19조), 자본계정 자유화 가속(31조)과 같은 것들이다(IMF 2024).

이 프로그램의 실행으로 국내 금융제도의 틀은 근본적으로 바뀌었다. 먼저 국내 주요 은행들의 소유권이 외국자본의 손으로 넘어갔다. 위 프로그램 가운데 '금융 긴축' 조항이나 '모든 은행들의 국제결제은행BIS 자기자본 기준 충족' 조항은 위기 직후 국내 자산 가격을 떨어뜨리는 역할을 했다. 위기 국면에서 금융 긴축 정책은 자산 가격을 이중으로 떨어뜨린다. 첫째, 금리가 올라서이고 둘째, 지급수단 부족에 시달리는 기업들이 자산을 시장에 대량으로 내놓기 때문이다.

여기에다 금융기관들에게 갑자기 BIS 자기자본 기준을 충족하라고 요구하니 이들은 그 기준을 맞추기 위해 보유 자산을 급하게 매각할 수밖에 없었다. 그 결과 외환위기 직후 은행의 주식가격을 포함한 전반적인 자산 가격이 크게 떨어졌다.

'자본계정 자유화' 조항은 위기 직후에 대량의 외국자본이 국내로 흘러들어올 수 있도록 했다. '외국 투자자들에 대한 금융부문 개방' 조항과 '외국 금융기관의 한국 금융기관 인수합병M&A 참여 허용', '상업은행에 대한 외국인의 100% 지분 인수 허용' 조항은 외국자본으로 하여금 위기 직후에 가격이 크게 떨어진 자산을 헐값에 살 수 있도록 했다. 실제로 국내 주요 금융기관과 메이저 상업은행 지분의 대부분은 위기 직후의 금융 구조조정 과정에서 외국자본 손으로 넘어갔다.

외국자본의 국내 금융기관 인수는 단순히 소유권의 변화만을 의미하지 않았다. 예를 들어 외국자본의 손으로 넘어간 은행들은 이른바 '선진 금융기법'을 도입하여 이전과는 다른 영업 행태를 선보였다. 그 선진 영업기법이란 미국에서 1980년대에 금융시스템 위기 이후 인수합병으로 대형화한 은행들이 채택한 전략에서 나온 것으로, 결정적인 특징은 수익성을 최우선에 두면서 더 높은 수익과 더 낮은 리스크에 관심이 있는 부유한 계층을 영업 대상으로 삼는다는 점에 있다(Dymski G. 2005). 이러한 '선진 금융기법'에 따라 은행들은 기업보다는 개인을, 특히 부유한 개인을 대상으로 삼은 자산 담보 중심의 영업 행태를 표준으로 굳혀갔다.

'물가안정을 주 임무로 하는 중앙은행의 독립성 보장' 조항은 중앙은행의 운영 행태를 바꾸었다. 여기에서 중앙은행이 물가안정을 주 임무로 삼는다는 것은 '물가안정 목표제'를 도입한다는 의미이며, 이는 중앙은행이 물가안정 외의 다른 임무는 중요하게 다루지 않는다는 사실을 함의한다. 과거 신자유주의 시기 이전의 중앙은행들은 정부가 고용을 늘리거나 공공 투자를 확대하는 데 필요한 재정을 마련하고자 할 때 이를 뒷받침하는 임무를 당연하게 받아들였다. 그런데 이제 중앙은행이 '물가안정 목표제'를 도입함에 따라 그런 임무를 수행하는 것은 바람직하지 않은 것으로 간주되었다. 또한 중앙은행 독립성 보장이란 한국은행이 정부의 영향력에서 벗어나야 한다는 것을 의미하는데, 그러면 오히려 중앙은행이 시장의 영향력을 받기 쉬운 구조가 된다. 이러한 구조 속의 중앙은행의 독립성은 다수 대중이 아니라 자산 보유자의 이익에만 유리하게 기능할 수 있다.

'강력하고 독립적인 금융 감독 기관 설립' 조항은 외환위기 이전에는 업권별로 흩어져 있는 감독기관을 통합하여 민간 성격의 독립적인 금융 감독기구를 만든다는 의미이다. 여기에서 중요한 점은 민간 성격의 금융 감독기구를 만든다는 점이다. 국제 금융자본이 민간 성격의 감독기구를 선호한 이유는 공공 기구일 때에 비해 민간 기구일 때에 금융기관들의 감독 비용이 줄어들 것이라고 기대했기 때문이다. 민간 성격의 독립적인 감독 기구는 공공 기구에 비해 금융 감독을 느슨하게 할 가능성이 높다. 그렇지만 느슨한 금융 감독은 금융 사고 발생의 확률을 높이며 그만큼 그 뒤처리를 위한 사회적인 비용을 발생시킨다. 외환위기 이후 이어지고 있는 초대형 금융사고, 예컨대, 카드 대란, 저축은행 PF 부실 사태, 키코 사채, 최근의 홍콩 H 지수 ELS 사태와 같은 것들은 우리나라 금융 감독기구가 IMF 요구를 반영하여 독립적인 민간 기구로 조직되어 있다는 사실과 무관하지 않다.

결국 IMF 체제의 본질은 금융의 성장을 이끄는 데 있다.[1] 구체적으로 그것은 금융자본(특히 국제 금융자본)의 이해를 반영한, 금융자본의 이익에 유리한 체제라 할 수 있다. 그렇지만 금융의 성장이 반드시 다수 대중의 일반적인 이익으로 이어진다는 보장은 없다. 그 이유는 금융이 본성상 이중성을 갖기 때문이다.

2. 금융의 이중성

발달한 자본주의 경제에서 화폐와 신용을 관리하는 금융의 모습은 이중적이다. 먼저 은행제도로 표현되는 금융은 생산 부문의 축적에 필수적인 다음과 같은 사회적인 기능을 한다. 첫째, 사회의 화폐자본monied capital[2]을 모으고 배분하는 기능을 수행한다. 화폐자본을 관리하는 기구로서 은행 제도는 사회의 여러 원천에서 흘러나오는 화폐자본을 모아서 관리한다. 이렇게 모인 화폐자본을 은행은 생산의 요구에 따라 갖가지 부문에 배분한다. 이러한 기능을 통해 은행은 사회에 흩어져 잠자고 있는 화폐자본을 생산자본으로 전환함으로써

---

[1] 실제로 우리나라의 금융은 외환위기 이후 크게 성장했다. 금융 성장을 나타내는 대표적인 지수인 금융연관비율(금융자산/명목 GDP)이 2000년의 5.5 수준에서 20년이 지난 2020년에는 10.8로 거의 두 배가 증가했다.

[2] 여기에서 말하는 화폐자본(monied capital)은 재생산 과정에서 기능하는 화폐자본(money captal)과 다른 개념이다. 화폐자본(monied capital)은 그저 단순하게 은행 시스템에 대부 가능한 자본으로 집적되어 있는 화폐를 나타낸다.

사회 전체의 부가가치 생산 능력의 확대에 기여한다.

둘째, 거래 비용을 줄인다. 금융은 산업·상업자본이 수행해야 할 화폐자본의 기술적 조작을 집중해서 관리함으로써 자본 전체의 효율성을 달성하도록 돕는다. 화폐 거래 결제의 집중은 결제 기법의 개발을 촉진하는 기반이 되기도 한다. 또한 금융기관들이 결제 과정에서 당좌성 예금을 취급하면 최대한 확장할 수 있는 재생산의 범위 내에서 신용을 창출할 수 있게 된다. 이러한 신용은 추가 자본으로 기능할 수 있는데, 이는 생산적인 자본의 확대를 의미한다.

셋째, 금융은 자본의 이윤율 균등화가 이뤄지도록 하는 기능을 한다. 이것은 자본주의 경제가 활력을 유지하는 데에서 매우 중요한 기능이다. 금융은 화폐자본의 흐름을 통제하는 방식을 통해 생산성이 떨어지는 개별 자본은 퇴출시키고 거꾸로 생산성이 높은 기업은 키울 수 있다. 이러한 금융의 기능을 통해 전체 이윤율의 평준화가 이뤄지고 자본주의 경제의 역동성이 유지된다.

넷째, 금융은 다른 사람의 주머니에서 쉬고 있는 화폐자본을 사회적으로 동원함으로써 개별자본으로서는 달성 불가능한 규모의 자본을 만들어낸다. 특히 금융이 주식회사 제도와 결합하면 자본의 규모를 최대로 키울 수 있다. 오늘날과 같이 발전한 금융과 주식회사 제도 없이는 거대한 규모의 기업이나 공공 시설물이 출현하는 것을 기대할 수 없을 것이다.

이처럼 금융은 자본주의 경제의 유지에 필수적인 기능을 수행한다. 그러나 금융의 성장이 자본주의 경제의 발전에 순기능만을 수행하는 것은 아니다. 화폐자본은 재생산과 관련을 맺는 분야로 배분될 수도 있지만 순전히 금융시장에서 청구권 자산의 거래를 뒷받침하는 부문으로 흘러 들어갈 수도 있다. 금융부문으로 흘러간 화폐자본이 생산부문과 연계를 맺지 못하고 계속 거기에서만 머물면서 순환한다면 금융자산의 규모는 커지겠지만 그것이 경제 발전으로 이어지지 않을 수 있다.

화폐자본이 금융시장 안에서만 머물면서 순환할 가능성은 마르크스의 가공자본fictitious capital 개념이나 케인스의 산업적 순환과 구분되는 금융적 순환 개념을 통해 이해할 수 있다. 마르크스는 금융시스템에 집적된 화폐자본이 재생산과 관련을 맺으면서 순환할 수 있지만 가공자본의 거래를 중개하면서 재생산과 관련 없이 독자적으로 순환할 수 있다고 설명한다(K.Marx 2010). 여기에서 가공자본이란 화폐자본의 투자대상인 주식, 채권, 수익증권처럼 배당, 이자, 수익 청구권을 자본화한 가치를 말한다.[3] 그런데 가공자본에 투자된 가치가 직간접적으로 실물 투자로 이어질 것이라는 보장은 없다.[4]

케인스는 『화폐론』에서 화폐자본의 흐름을 산업적 순환과 금융적 순환으로 구분하여 설명한다(A. Turner 2017). 산업적 순환이란 화폐를 재화와 서비스 구매에 사용하여 소득을 창출할 때 생기는 흐름을 말하는데, 그 거래 규모는 명목 GDP와 안정적인 함수 관계를 갖

---

[3] 가공자본은 쉽게 금융자산으로 이해해도 무방할 듯하다. 부동산이 금융시장에 편입되면 이 부동산과 금융자산의 차이는 사실상 사라진다.

[4] "각종 금융상품에 투자된 화폐가 직간접적으로 실물적인 자본투자로 이어진다는 어떤 전제도 할 수 없다. 이들이 금융부문 안에서 순환하는 화폐자본의 형태로 존재하면서 독자적인 경로로 운동"할 수 있기 때문이다(Magdoff and Sweezy 1987, 정상준(2010)에서 재인용).

는다. 금융적 순환이란 화폐를 원자재에 대한 투기성 거래나 이미 존재하는 부의 보유나 교환을 위한 순수한 금융 거래에 사용할 때에 생기는 흐름이다. 이 때의 거래 규모는 명목 GDP와 명확한 함수 관계를 갖지 않으며 자산 가격은 상품 가격과 매우 다르게 변동할 수 있다. 터너A. Turner는 산업적 순환과 금융적 순환을 구분한 케인스의 통찰력이 현대의 금융과 자산 가격 사이클의 연관 관계와 함의를 이해하는 데 핵심이라고 말한다(ibid).

마르크스가 설명하는 가공자본은 실물자본의 성장과 관련 없이 독자적으로 팽창할 수 있다. 물론 이러한 가공자본의 팽창은 항상 금융위기를 통해 그 가공성을 드러낸다. 케인스의 '금융적 순환'도 '산업적 순환'에 비해 과도하게 확대되어 자산 가격을 팽창시킬 수 있다. 실제로 그렇게 되면 금융자산의 축적으로 표현되는 금융의 성장이 이뤄지겠지만 이것은 실물 자본의 축적을 반영하는 것도 아니고 또 미래의 실물자본의 축적에 도움을 주는 것도 아니다.

홀데인Andrew Haldane이 1856년부터 2008년까지를 대상으로 분석한 바에 따르면 금융은 1856년에서 1914년까지는 빠르게 성장하다가 1914년에서 1970년까지는 상대적으로 느리게 성장한다. 그러다가 1980년대 이후 금융이 다시 급속히 성장한다(A. Turner 2017). 매킨지 보고서와 세계은행 통계는 1980년대 이후 총생산에 대비해서 금융자산이 빠르게 축적되었다는 사실을 보여준다(Mckinsey&Company 2013, World Bank Indicator). 이에 따르면 1980년의 세계 총생산은 11조 달러였고 금융자산은 12조 달러였다.[5] 이때는 세계 총생산과 세계 금융자산의 규모가 엇비슷했음을 알 수 있다. 30년이 지난 2010년에는 세계 총생산은 63조 달러, 세계 금융자산의 규모는 219억 달러로 세계 금융자산 총액이 세계 총생산의 3.5배에 이르렀다. 이는 금융자산이 총생산과 관련 없이 독자적으로 크게 팽창했다는 사실을 함의한다.[6]

문제는 금융자산으로 표현되는 금융의 성장이 실물부문과 연계 없이 독자적으로 팽창할 수 있을 뿐만 아니라 과도하게 팽창하여 경제의 발전을 가로막는 걸림돌 역할을 할 수 있다는 점이다.[7] 금융자산은 가공적인 성격을 갖지만 실체가 없는 것은 아니다. 가공자본도 다른 자본과 마찬가지로 여전히 평균적인 수준 이상의 이윤을 기대한다. 따라서 가공자본 규모가 커지면 기업에 대해 더 높은 배당, 이자, 임대료를 요구하는 목소리가 커지고 이는 투자 감소와 임금 인하에 대한 압력으로 이어진다. 가공자본의 성장은 금융세력의 힘이 상대적으로 세진다는 것을 의미하는데, 이에 따라 경제 정책 전반이 투자나 고용 증대보다 자산 가격 보호를 우선하는 방향으로 기운다. 곧, 가공자본의 성장은 금융부문으로 흘러들어가는 몫을 증가시키고 이는 소비와 투자의 감소로 이어져 자본 축적에 불리한 환경을 만들어낸다.

주류 경제학에서는 금융의 성장이 대체로 경제 발전에 긍정적인 영향을 끼치는 것으로 간주한다(Levine&Ross 2005, Demirgüç-

---

5 금융자산은 주식, 채권, 구조화 증권, 대출채권을 포함한다.
6 허드슨(M. Hudson)은 금융부문에서 만들어진 신용이 실물부문으로 흐르지 않고 금융부문에 갇혀 그곳에서만 순환하는 현상에 주목하여 독특한 자금순환 모델을 만들었다.
7 "금융부문 내에서 순환하는 신용의 확대가 경제의 효율성을 높이기보다는 자본축적을 제약하고 투기적 속성을 조장하여 결국 거시경제 전반을 질식시킬 수 있다(정상준 2011)."

Kunt&Asli&Ross Levine 2009). 그렇지만 일찍이 구조주의 발전경제학자들은 금융의 성장이 경제의 발전을 억압할 가능성에 주목한 바 있다. 이들은 후진국의 경우, 금융의 성장과 경제 발전 사이의 관계가 미약하거나 오히려 금융의 성장이 경제 발전에 부정적인 영향을 끼친다는 실증적인 연구 결과를 제시하기도 했다(정상준 2011). 최근에 IMF 연구자들도 금융의 성장이 일정 수준을 넘어서면 오히려 경제 발전에 걸림돌로 작용한다는 연구 결과를 내놓았다(Arcand, Jean-Louis, Enrico Berkes, and Ugo Panizza 2012, Dabla-Norris, Era, and Narapong Srivisal 2013).

조금 더 구체적으로 보면, 금융발전지수(민간신용/GDP)가 100%~140%를 넘어서면 금융의 성장이 오히려 실물경제의 발전을 방해하는 요인으로 작용한다는 연구 결과도 있다(Ductor and Grechyna 2015, 윤석헌에서 재인용). 이에 비추어보면 우리나라는 이미 금융의 성장 정도가 적정 수준을 훨씬 넘어선 것으로 판단할 수 있다. 우리나라의 2023년 말 기준 민간신용(가계부채와 기업부채의 합계)은 GDP의 220%를 넘는 수준이다.

3. 금융자산 축적 과정에 동반하는 모순

금융자산의 축적은 실물 자본의 축적을 반영하여 이뤄지는 것이 보통이지만 이와 별도로 금융 제도나 정책의 변화에 의해서도 이뤄질 수 있다. 1980년대 이후의 주요 선진국의 사례에서 보듯 금융자산의 축적은 규제 완화나 금융자유화와 같은 제도와 정책의 변화에 의해 실물 자본 축적을 훨씬 뛰어넘어서 나아갈 수 있다. 이처럼 금융자산이 실물자본과 연계 없이 과잉 축적되면 이는 금융위기 가능성을 만들어내면서 다양한 모순을 함께 축적한다.[8] 우리나라처럼 외부의 힘에 의해 제도의 틀이 바뀐 경우에는 모순이 중첩될 수밖에 없다.

1) 금융 정책의 종속

외부의 힘에 의해 금융 구조조정이 강제되면 그 내용은 자본 이동의 자유화와 금융 자유화가 중심이 될 텐데, 이러한 구조조정은 전체적으로 금융시장의 변동성을 키울 것이다. 국내 금융당국은 금융 정책을 수립할 때 외부의 충격에서 생기는 그러한 변동성을 고려하지 않을 수 없다. 그 결과 금융 정책의 자율성은 크게 줄어든다.

예를 들어 환율의 변동성이 커지면 이에 대응하기 위해 중앙은행은 준비금을 더 많이 쌓아야 한다. 이러한 준비금은 일종의 강제 저축 성격을 갖는다. 그런데 외환 준비금은 위기에 대응하기 위해서는 필요한 부분이기도 하지만 이를 유지하는 데에 많은 비용을 발생시킨다. 중앙은행이 금리를 결정할 때도 국내 경제 사정뿐만 아니라 환율의 움직임이나 자본 유출입을 고려해야 한다. 그러므로 국내 금융 정책은 외부의 정책, 특히 미국 연준의 정책에 종속적인 상황이 된다.[9]

---

[8] 금융자산은 투기 이득을 얻기 위해서는 산업자본에서 더 멀어져야 하지만(예를 들어 구조화증권이나 파생상품처럼) 결국은 그 이득을 산업자본에 의존할 수밖에 없다는 점에서 딜레마 상황에 놓이는데, 이러한 상황이 주기적인 위기를 만들어낸다.

[9] 금융통화위원회(2022.8.25.)를 마친 뒤 기자회견에서 이창용 총재가 다음과 같이 발언한 내용은 금융정책 종속성의 한 단면을 보여준다. "한은이 정부로부터는 독립적이지만 미국 중앙은행인 연방준비제도로부터는 그렇지 않다."

2) 신용 독점

금융 구조조정 이후 우리나라의 주요 상업은행들은 외국자본의 손으로 넘어갔는데, 이들 은행은 상대적으로 수익성과 안정성을 강조하면서 부유층 개인 대상의 자산 담보대출에 집중하는 영업 행태를 보인다. 이러한 영업 행태는 신용 이용의 기회가 특정 계층에 집중되는 결과를 가져온다. 특히 은행들이 신용평가 기법을 발전시켜서 고객들을 자산이나 소득으로 평가하게 되면 그러한 경향이 더욱 강해진다.

우리나라의 가계부채가 증가하는 과정을 살펴 보면, 신용 집중 현상을 잘 이해할 수 있다. 가계부채가 증가하는 요인은 크게 두 가지로, 하나는 자산 구입을 위한 차입이고, 다른 하나는 생계비 마련을 위한 차입이다. 우리나라의 경우 자산 구입을 위한 차입이 압도적인 부분을 차지하는 것으로 나타난다. 다시 얘기해서 가계대출 증가의 대부분은 부유층이 신용을 매우 유리한 이용 조건으로 독점하여 자산 구입을 늘리는 과정에서 생겨난 것이다. 부유층의 신용 독점을 통한 자산 구입은 자산 가격의 상승으로 이어지면서 자산 불평등을 만들어낸다. 기업대출의 경우에도 유리한 이용 기회의 독점 현상이 나타나는데, 예컨대 대기업은 이용 조건이 유리한 은행을 이용하고 중소기업은 이용조건이 불리한 비은행을 이용하거나 은행을 이용하더라도 불리한 조건으로 이용한다.

3) 금융 배제

금융 배제는 금융 독점의 이면이다. 은행들이 부유층 영업에 집중하면 상대적으로 신용이 낮거나 자산 담보가 부족한 계층은 금융 이용 기회를 잃게 된다. 금융의 팽창으로 금융의 촉수가 사회의 구석구석까지 더 격렬하게 도달하고 있는 상황에서 금융 배제가 발생한다는 것은 역설처럼 보인다(Dymski G, 2005). 그러나 금융이 공간과 고객 계층에 걸쳐 고르게 분포하지 않은 현실에서 이는 역설이 아니며 은행들의 영업 행태 변화가 만들어낸 필연적인 현상이다. 금융의 팽창은 부유층의 금융 이용 기회 독점과 저소득의 금융 배제를 모두 만들어낸다.

이 금융 배제 현상은 사실 그리 오래된 것이 아니다. 1980년대에 들어서면서 금융은 급격히 팽창하는데, 얼마 뒤인 1980년대 중후반에는 여러 나라에서 은행 위기가 발생한다. 은행 위기 이후 인수합병을 통한 금융 구조조정이 이뤄지는데, 그 과정에서 금융에서 배제된 계층이 생겨난다. 활동가들과 학자들은 이러한 현상을 사회 배제의 한 형태인 금융 배제라는 개념으로 설명했다. 이 금융 배제 문제는 1990년대 중반에 들어서야 학문적으로 다뤄진다.

금융 배제 계층이 생기면 버려진 계층을 대상으로 영업을 하는 또 다른 금융기관이 탄생한다. 이들 금융기관은 저소득층을 대상으로 삼은 전형적인 고금리 약탈 대출을 한다. 증권화의 기술이 발전하면 약탈적 대출은 더욱 활발해지는데 그 이유는 금융기관들이 대출을 증권화해서 곧바로 다른 곳으로 떠넘길 수 있기 때문이다.

우리나라의 금융 배제 문제도 주요 선진국들처럼 외환위기 이후 금융 구조조정을 거치면서 생겨나기 시작했다. 금융 배제 계층은 사회에서 두꺼운 층을 형성하고 있는데, 이들은 제도 금융기관을 이용하지 못하거나 이용하더라도 매우 불리한 조건으로만 이용할 수 있다.

4) 자산 불평등

금융자산을 축적하는 과정은 불평등을 키우는 과정이기도 하다. 금융자산 축적이 불평등을 키우는 경로는 두 가지이다. 하나는 앞서 본 신용의 독점을 통해 금융자산을 확대할 때 생기는 경로이고 다른 하나는 금융 위기를 사회적 비용으로 처리하는 과정에서 생기는 경로이다. 부유층이 신용을 독점하여 자산 구입을 확대해나가고, 더욱이 금융 정책이 금융세력의 영향력 속에서 자산 가격을 부양하는 방향으로 기울면 자산 불평등이 커질 것이라는 사실은 자명해 보인다.

금융위기를 사회적 비용으로 처리하는 과정도 불평등을 키운다. 금융자산의 과도한 팽창은 항상 주기적인 위기로 나타난다. 위기는 금융자산이 폭락한다는 것을 의미하는데, 이를 막기 위해 만약 금융당국이 공적인 자금을 동원한다면 이는 부의 이전을 발생시킨다. 세계은행 연구자들은 이러한 손실의 사회화 과정을 '금융 이전financial transfer'이라는 개념으로 설명한다(Halac M. & Sergio L. Schmukler 2004). 이들에 따르면 금융위기 처리 과정은 일반적으로 금융부문 외부에서 금융부문으로, 금융부문 안에서는 금융을 덜 이용하는 계층에서 더 많이 이용하는 부유층으로 부를 이전시킨다. 현재와 같은 공적 재정을 통한 위기 처리 방식은 항상 자산 불평등을 촉진시킨다.[10]

---

10 2008년 위기 이후의 양적 완화 정책은 공적인 자금으로 금융위기에 대응한 사례인데, 이러한 정책으로 자산 불평등이 매우 심해졌다. 양적완화의 본질적인 성격은 위기 국면에서 폭락하는 자산의 가치를 국민 전체의 신용으로 유지하려는 데에 있었다.

5) 비생산적 분야에 대한 대출

금융의 중요한 사회적 기능의 하나는 화폐자본의 배분이다. 금융이 화폐자본을 어떤 곳으로 배분하는가에 따라 경제의 잠재적인 발전 능력이 달라진다. 1997년 외환위기 이후 우리나라 금융은 생산적인 분야보다 비생산적인 분야로 화폐자본을 더 많이 흘려보내는 현상을 보인다. 이는 외국자본의 손으로 넘어간 금융기관(특히 은행)들이 부동산 담보대출에 영업력을 집중한 탓이 크다. 금융의 본질적 기능은 부가가치를 생산하는 부문으로 화폐자본이 흘러 들어가도록 하는 것인데, 부동산 부문으로 화폐자본이 몰린다는 것은 금융이 본질적 기능을 다하지 못하고 있다는 사실을 말해준다.

이러한 사실은 실증 자료를 통해서도 확인되는데, 예컨대, 최근 우리나라는 생산적 대출의 비중이 낮아지는 모습을 보인다. 총 대출에서 생산적 대출이 차지하는 비율을 생산적 대출비율이라 하는데, 이 비율이 2010년의 45.4%에서 2019년에는 36.8%로 낮아졌다(윤석헌 2023).[11]

금융은 성장하지만 다른 한편에서는 실물부문이 비틀거리는 모순적인 현상은 화폐자본이 비생산적인 부분으로 배분되고 있다는 사실을 나타낸다.

---

11   생산적 대출 금액은 어떤 산업이 생산의 전후방 효과에 끼치는 영향을 감안하여 업종별 가중치를 준 다음 계산한다(윤석헌 2023).

4. 금융 민주주의가 필요한 이유

이처럼 금융자산의 축적으로 표현되는 금융의 성장은 민주주의 가치에 어긋나는 여러 모순을 포함한다. 금융 민주주의가 필요한 이유는 이 때문이다. 더욱이 금융은 본성상 권력과 관련된 문제를 다룬다. 예컨대 이자율은 차입자와 대출자 사이의 권력 관계를 반영한다. 이자는 대출을 해준 화폐자본가와 차입을 한 산업자본가가 잉여가치를 나누는 과정에서 결정되는데, 거기에 특별한 법칙은 없고 오로지 경쟁으로 강요되는 분할 법칙만이 작용한다. 따라서 자금의 수요와 공급에 따라 결정되는 '자연이자율'과 같은 것은 존재하지 않는다. 중앙은행의 정책 금리는 기술 관료적인 전문가들의 판단에 따라 결정되는 것처럼 보이지만 사실은 금융시장의 여러 이해 관계들이 반영되어 정치적으로 결정된다.

환율도 마찬가지인데, 예컨대 미국이 1985년 플라자 합의를 통해 엔/달러 환율을 낮은 수준에 묶어둔 사례는 환율이 정치적으로 결정될 수 있음을 보여준다. 그 밖에도 화폐량의 결정이나 물가 수준과 같은 거시 변수들도 자연적인 힘에 의해 결정되기 보다는 권력관계의 영향을 받아서 결정되는 측면이 강하다. 곧, 금융은 기술 관료적인 것으로 포장되어 있지만 권력관계를 표현하고 있다. 그런데 현실의 금융에서는 힘의 심각한 불균형 상태가 존재하고 이것이 금융 민주주의를 위협한다. 이것이 의미하는 바는, 금융 민주주의를 달성하는 핵심이 힘의 균형을 회복하는 데 놓여 있다는 점이다.

III. 금융 민주주주의 개념과 사례

1. 개념

금융 민주주의에 대해 일반적으로 합의된 개념은 존재하지 않는다. 그러나 금융 민주주의보다 상위개념이라 할 수 있는 경제 민주주의 개념에서 금융 민주주의의 내용을 어느 정도 유추할 수는 있을 것이다. 경제 민주주의 개념이 논리적으로 정립된 것은 1920년대이다.[12]

독일의 노동조합 활동가들은 투쟁의 경험을 축적하면서 경제 민주주의Wirtschaftsdemokratie 라는 개념을 사용했다. 활동가들은 처음에는 자유노동조합Freie Gewerkschaften의 지도자 레기엔C. Legien을 따라서 생산의 민주화Demokratisierung der Produktion를 주장했는데, 제1차대전 직후 노동자 평의회 운동Raetebewegung이 활발하게 벌어지다 실패한 경험을 반영하면서 좀 더 급진적인 내용을 갖는 경제 민주주의를 주장하게 된다.

이후 노동조합총연맹(ADGB; Allemeiner Deutscher Gewerkschaftsbund)을 중심으로 경제 민주주의에 대한 논의가 전개된다. 1925년에 열린 노동조합총연맹 제12차 대회에서는 경제 민주주의에 대해 공식적인 논의를 했다. 이 논의에서는 경제 민주주의 개념이 사회주의를 뒷전에 밀쳐두는 것이 아는가 하는 비판이 제기되었고 이에 따라 이 비판

---

[12] 그 이전에 페이비언 소사이어티의 웹 부부(Sidney&Beatrice Webb)가 1897년에 『산업 민주주의』라는 저서를 출간한 것을 계기로 산업 민주주의라는 개념이 널리 사용되고 있었다. 산업 민주주의는 넓은 의미의 '노동조합주의(unionism)'에 속하는데 1850년대 노동 과정의 민주화를 주장한 프루동(J. Proudhon)의 사상과도 연결되어 있다.

을 수용하여 반자본주의를 좀 더 강조하고 사회주의의 전망을 내세워야 할 필요성이 생겼다. 이러한 경과를 거쳐 1928년 열린 노동조합총연맹ADGB 제13차 대회(함부르크 대회) 때 경제 민주주의 개념을 체계적으로 다룬 나프탈리F. Naphtali의 보고서 『경제민주주의: 그 본질, 방법, 목표』(Wirtschaftsdemokratie : Ihr Wesen, Weg und Ziel)가 제출되었다. 나프탈리 보고서는 발표되자마자 큰 반향을 일으켰고 그 이후의 경제 민주주의 논의는 대체로 이 보고서의 틀과 맥락을 따른다.[13]

나프탈리 보고서는 힐퍼딩R. Hilferding의 조직자본주의론의 영향을 많이 받았다. 자본주의 사회의 생산력 발전이 조직자본주의로 이어질 것인가 그렇지 않으면 국가독점자본주의로 이어질 것인가는 논쟁적인 주제이다. 힐퍼딩은 자본주의 사회가 점차 금융자본 영향력에 따라 조직자본주의로 발전할 것으로 전망했다. 힐퍼딩의 조직자본주의 개념은 사회의 분열과 대립을 조직하고 통합할 수 있는 힘을 사회 자체가 가지고 있다는 일종의 사회 진화론과 친화성을 갖는다. 힐퍼딩은 경제에서 독점이 발전하고 생산의 사회화가 진전되면 자본주의가 경쟁 단계를 넘어 조직에 의해 운용되는 부분이 지배적이 될 것이라고 파악했다. 그러한 조직자본주의에서는 경제 조직의 민주화야말로 사회주의를 실현해 나가는 중심 고리라는 것이 힐퍼딩의 인식이었다.

힐퍼딩의 인식에 기초한 나프탈리 보고서는 미시적 차원, 산업조

---

13 경제 민주주의는 전후 일본에서도 논의된다. 힐퍼딩의 영향을 받은 우노 코조(宇野弘藏)는 전후 경제 민주주의 논리를 제시한 바 있다. 국가독점 자본주의론자들도 전후에 힐퍼딩과는 다른 의미이기는 하지만 경제 민주주의 개념을 제시했다.

직적 차원, 거시적 차원의 경제 민주주의 목표를 제시한다. 미시적 차원은 노동 과정의 민주화를 위한 노사 공동 결정을 포함한다. 산업 조직적 차원은 기업 조직을 규제하는 법규의 민주화와 이윤원리에 따르지 않는 공공부문의 확대를 포함한다. 거시적 차원은 국가 수준의 거시경제 조정과 투자 프로그램에 대한 의사 결정에 참여하는 것을 포함한다(大橋昭一1999). 이처럼 나프탈리 보고서는 작업장 수준의 민주화뿐만 아니라 국가 경제정책 전반의 의사결정에도 참여해야 함을 강조한다. 이 점은 그 이전의 산업 민주주의론이나 생산 민주주의론과 대비되는 나프탈리 보고서의 특징적인 면이며 힐퍼딩 조직자본주의론의 당연한 귀결이다.

나프탈리 보고서에 나타나는 경제 민주주의의 본질은 자본과 노동 사이의 힘의 불균형 해소로 정리할 수 있다. 그 불균형의 해소는 작업장 수준, 산업조직 수준에서뿐만 아니라 국가 경제정책 수준에서도 이뤄져야 한다. 이러한 경제 민주주의 논의는 금융 민주주의 개념에 시사점을 준다. 금융 민주주의 역시 그 본질을 힘의 불균형 해소에서 찾아야 할 것이다. 다만 금융 민주주의에는 자본과 노동의 관계뿐만 아니라 금융자본과 실물자본의 경쟁 관계도 포함된다.

나프탈리 보고서의 경제 민주주의 개념에 비추어볼 때 금융 민주주의의 구체적인 목표는 작업장 수준의 민주화, 금융자본과 실물자본의 힘의 균형, 이윤 동기에 따르지 않는 금융 영역의 확대(예컨대 공공은행 설립), 법규를 통한 공공적 통제의 확대, 국가의 경제정책 결정 기구에 노동, 산업, 금융의 동등한 참여를 통한 의사 결정의 민주화로 정리할 수 있다.

2. 역사적 경험

역사적 경험 속에서도 금융 민주주의 개념에 대한 실마리를 찾을 수 있다. 금융 민주주의라는 개념을 직접 사용한 것은 아니지만 금융 민주화를 위한 개혁이나 운동 사례는 여럿 존재한다. 대표적인 사례로 대공황기의 미국 금융 뉴딜, 1970년대의 평등신용기회 운동, 1990년대 이후 금융 배제에 대항하는 사회 운동, 2008년 글로벌 위기 이후 공공은행 설립 운동을 들 수 있다. 이러한 사례들은 금융 민주주의라는 용어의 사용 여부와 상관없이 그 이념을 담고 있다.

먼저 금융 뉴딜을 보자. 대공황기 미국의 뉴딜은 과소소비론에 바탕을 두고 있다. 뉴딜 세력은 과소소비가 발생한 이유를 자본과 노동의 힘의 불균형에서 찾았다. 자본과 노동 관계에서 힘이 자본으로 쏠리면서 노동자들의 임금이 줄어들고, 이것이 소비 부족으로 이어졌다는 것이다. 따라서 위기의 해결책으로 뉴딜 세력은 자본의 힘을 완화시키는 한편 노동권은 확대하고자 했다. 노동권을 강화하는 수단은 노동자들이 노동조합을 조직할 수 있도록 하는 것, 그리고 노조가 더 큰 협상력을 가질 수 있도록 실업자들을 줄이는 것이다. 자본의 힘을 완화시키는 구체적인 수단은 독점을 해체하는 것이다. 뉴딜 세력은 특히 산업과 금융의 관계에서 금융자본의 힘을 축소시키고자 했다.

그 과정에서 탄생한 것이 금융 뉴딜financial new deal이라 할 수 있다. 금융 뉴딜의 구체적인 수단은 산업과 금융의 융합 해체, 상업은행과 투자은행의 분리(글래스-스티걸 법), 은행 영업 범위의 주 단위 제한,

증권시장의 경영·회계 투명성 강화, 연준의 역할 강화를 통한 전국 차원의 금융 규제 등이었다. 뉴딜 세력이 핵심으로 삼은 것은 금융의 힘을 축소시키는 것이었는데, 실제로 금융 뉴딜에 의해 금융자본가의 영향력이 급격히 줄어든 것으로 평가된다(Davis, 2008).

또 다른 사례는 1960년대에 후반부터 미국에서 벌어진 평등신용기회 운동이다. 당시 미국에서는 '레드라이닝redlining'[14]이 사회 문제였다. 레드라이닝이란 금융기관이 특정한 지역(주로 흑인이나 비백인 빈곤층이 거주하는 지역)의 거주자에 대해서는 신용 제공을 거부하는 차별적인 관행을 말한다. 이러한 관행은 당시 민권운동 활동가들의 큰 관심을 받았다. 민권운동가들은 신용 기회를 누구든 평등하게 이용할 수 있어야 한다는 주장을 내걸고 활발한 민권운동을 전개했다. 이러한 민권운동가들의 노력은 1970년대에 '평등신용기회법'과 '지역재투자법'의 제정으로 결실을 맺었다. 두 법은 모두 신용이용 기회의 평등을 보장하는 내용을 담고 있다.

1990년대 들어서는 금융 배제 현상에 대응하려는 사회운동이 유럽을 중심으로 전개된다. 1980년대 중반부터 나타나기 시작한 금융 배제 현상은 신자유주의 금융 구조조정의 후유증이었다. 이러한 금융 배제 현상이 선진국 여러 나라들에서 광범위하게 나타났다. 활동가들은 금융 배제를 사회 배제의 한 형태로 보면서 이에 대응하는 운동을 1990년대부터 활발히 전개한 것이다. 이들은 금융 배제 문제의 해결을 민주주의 회복 차원으로 간주하면서 구체적으로 금융 이용

---

14 레드라이닝이라는 용어는 시카고대학의 사회학자였던 맥나이트(John McKnight)가 처음 사용한 것으로 알려져 있다.

기회의 평등을 주장했다. 이들의 주장은 1960년대 미국의 평등신용 기회 운동의 영향을 받은 것이었다(임수강 2010).

2000년대에 들어서면 금융 배제 문제는 세계은행과 같은 국제 기구에서도 논의되기 시작한다. 금융 배제 문제를 해결하기 위한 대안으로는 '금융 포용financial inclusion' 개념이 제시된다. 2008년 글로벌 금융위기 이후에는 이 금융포용 개념이 G20에도 수용되어 적극적으로 논의되는 단계에 이른다. 그리고 2008년 글로벌 금융위기 이후 유럽을 중심으로 금융 배제 문제에 대응하는 대안으로 공공은행을 설립하기 위한 운동도 나타난다.

금융 뉴딜이나 1960년대 말의 평등신용기회 운동, 그리고 신자유주의 시기의 금융 배제 문제에 대응하기 위한 사회 운동들은 금융 민주주의의 상을 어느 정도 구체적으로 제공한다. 그 내용은 크게 자본과 노동 사이, 그리고 금융자본과 실물 자본 사이의 힘의 불균형을 해소하는 것, 금융 이용 기회의 평등을 달성하는 것으로 정리할 수 있다.

IV. 금융 민주주의 과제

금융 민주주의에 대한 이론적 논의나 역사적인 경험은 금융 민주주의의 실현이 자본과 노동, 금융자본과 실물자본 사이의 힘의 균형에 달려 있다는 사실을 알려준다. 그런데 우리나라의 IMF 금융 체제는 금융의 힘을 보장해준다는 데에 그 특징이 있다. 따라서 우리나라의 금융 민주주의의 과제는 IMF 금융 체제의 극복, 다시 얘기해서 노동과 자본 사이, 금융자본과 실물자본 사이의 힘의 불균형을 해소하는 데에서 찾을 수 있다. 힘의 불균형을 해소하기 위한 다음과 같은 대안을 생각해볼 수 있다.

1. 의사결정 과정의 민주화

금융 민주주의를 위해 무엇보다 중요한 과제는, 작업장 수준, 산업 조직 수준, 거시 경제정책 수준에서 의사 결정 과정의 민주화를 이룩하는 것이다. 먼저 작업장 수준에서 자본과 노동의 힘의 균형을 만들어내야 한다. 이를 위해서는 이사회에 노동자 대표가 참여해야 한다. 이를 통해 비민주적인 금융기관 운영 행태, 영업 행태를 감시하고 나아가 변화를 만들어낼 수 있다. 산업 조직 수준에서 법규를 제정하는 과정에도 노동자 대표가 참여해야 한다.

국가 수준의 경제 조절 정책에서도 노동의 참여를 보장하여 노동과 자본, 금융자본과 실물자본 사이 힘의 균형이 이뤄지도록 해야 한다. 예를 들어 한국은행의 의사결정기구인 금융통화위원회에 노동자 대표의 참여를 보장하는 것이 중요하다. 금융통화위원회는 부의 분배와 흐름을 특정한 산업이나 계층에 유리하게 끌고 갈 수 있는 위치에 있다. 그렇기 때문에 힘의 균형을 고려한 금융통화위원회를 구성해야 한다. 현재의 금융통화위원회에는 금융자본과 산업자본의 대표는 들어가 있지만 노동자 대표는 들어가 있지 않다. 금융통화위원회에 노동자 대표를 포함시키는 것은 금융 민주주의를 향해 나아가는 첫걸음에 지나지 않는다. 그 밖의 다양한 경제 조절정책 기구에도 노동자 대표가 포함되어야 한다.

한편 노동세력은 금융 정책에 개입할 수 있는 능력을 키워야 한다. 오늘날 금융은 일상생활 곳곳을 깊이 파고들고 있다. 그런데 현대의 복잡한 금융을 이해하는 것은 간단한 일이 아니다. 노동 세력이 금융 의제에 개입하기 위해서는 전문적인 지식에 대한 학습이 필요하다. 노동 세력이 금융 문제에 대해 개입하지 못하고 발언하지 못하면 금융은 기술전문 관료와 금융 엘리트의 영역으로 넘어가 버린다. 고도의 정치 영역인 금융을 기술전문 관료와 금융 엘리트가 지배하는 상황에서는 금융 민주주의에 다가가는 것이 불가능하다.

2. 금융정책 자율성 확대

외환위기 이후 금융 구조조정 과정에서 우리나라 금융 정책의 자율성은 크게 줄어들었다. 가장 큰 이유는 자본 이동 자유화에 따른 대규모의 자본 이동 가능성으로 우리나라 경제가 국제금융시장의 동요에 취약한 구조를 갖게 되었기 때문이다. 더욱이 외국자본이 장악한 금융기관들을 금융 감독기구가 제대로 통제하기 어려운 사정도 정책 자율성을 약화시키는 요인으로 작용하고 있다. 정책 자율성이 줄어들면서 외국 자본 유입이 가져오는 투기 거품을 방어하거나 금융 위기에 대응할 수 있는 능력이 크게 떨어졌다.

정책 자율성을 회복하기 위해서는 금융당국이 외국자본의 유출입을 통제할 수 있는 수단을 가져야 한다. 외환거래세나 금융거래세는 외국자본 유출입을 통제할 수 있는 간접적인 수단이다. 외환 유출입을 통제할 수 있는 직접적인 수단도 다양하게 존재한다. 그러한 수단들을 금융 당국이 활용할 수 있어야 한다. 외국자본의 국내 금융기관 소유 제한도 검토해야 하는 과제이다.

3. 신용 독점 완화와 금융 배제 문제의 해결

외환위기 이후 금융 구조조정을 통해 은행들의 영업 행태가 변하면서 신용 독점과 금융 배제 현상이 두드러졌다. 사실 신용 독점과 금융 배제는 동전의 양면이다. 금융 이용 기회를 소수가 독점하니 거기에서 배제되는 계층이 생긴 것이다. 이러한 독점이나 배제는 민주주의와는 거리가 멀다. 신용 독점 완화와 금융 배제 문제의 해결은 금융 민주주의에 다가가기 위한 전제조건이다.

신용의 독점을 완화하는 데서 핵심은 부동산 대출이다. 부유층이 신용을 독점하는 이유가 자산, 특히 부동산을 늘리는 데 있기 때문이다. 따라서 신용 독점 문제를 완화하기 위해서는 금융과 부동산의 연계를 약화시켜야 한다. 무주택자들의 주택 마련을 위한 금융 지원은 장려하되, 투기를 위한 금융은 제한해야 한다. 금융 배제는 대형 금융기관들이 주도하는 바 이를 해결하기 위해서는 대형 금융기관들에게 금융 배제를 완화하기 위한 일정한 의무를 부여해야 한다.

자산 금융을 억제하고 생산 금융을 확대하는 것도 금융 민주주의의 주요한 과제이다. 외환 위기 이후 우리나라 금융이 팽창한 주요 이유는 자산 금융이 늘어났기 때문이다. 자산의 구입과 거래를 뒷받침하는 쪽의 금융이 성장하면서 전체적인 금융자산의 축적 규모가 커졌다. 그러나 금융자산의 축적은 위에서 살펴보았듯이 민주주의 가치와 어긋나는 여러 모순을 낳는다. 따라서 자산 금융을 생산 금융으로 전환시켜야 한다.

4. 비이윤 금융기관의 확대

위에서 언급한 나프탈리 보고서는 경제 민주주의 과제로 비이윤 영역의 확대를 제시하고 있다. 금융 부분에서도 이윤 논리에서 벗어난 금융 영역을 확대하는 것이 금융 민주주의 과제로서 의미를 갖는다. 외환위기 이후 금융 구조조정은 금융기관을 상업성으로 무장하는 과정이기도 했다. 은행은 일반 회사와는 달리 상업성과 더불어 공공성을 갖는 기관이지만 금융 구조조정은 금융기관들의 공공성을 해체시켰다. 이는 국제 금융자본이 요구하는 바이기도 했다. 그렇지만 금융 공공성의 해체는 신용 독점과 부동산 투기 대출, 금융 배제와 같은 여러 사회 문제를 만들어냈다.

금융 공공성의 회복은 금융 민주주의를 위한 중요한 과제이다. 금융 공공성을 회복하기 위한 수단은 다양할 것이다. 금융 기관들을 민주적인 통제의 틀 속으로 끌어들이는 것은 가장 직접적인 수단이다. 비이윤 금융기관을 확대하는 대안은 금융의 공공성을 점진적으로 강화하는 방안이라 할 수 있다. 최근 많은 논의가 이뤄지고 있는 공공은행 설립은 비이윤 금융 영역의 확대를 통해 금융의 공공성을 강화하는 역할을 할 수 있을 것이다.

V. 결론

　우리나라의 금융은 여전히 1997년의 IMF 체제를 벗어나지 못하고 있다. IMF 체제의 성격이 금융의 성장을 보장하는 것이었기 때문에 외환위기 이후 우리나라의 금융은 크게 성장했다. 그러나 금융의 성장이 실물부문과 맺는 연계가 약했기 때문에 그것은 매우 취약한 것이었고 많은 모순을 내포했다. 종속, 독점, 배제, 불평등, 투기 등은 그러한 모순들을 나타낸다.

　이러한 모순들은 민주주의 가치와 어긋나는 것들이다. 따라서 금융 민주주의를 실현하기 위한 전제조건들은 이러한 모순을 해결하는 데에 있다. 금융 민주주의에 대한 확립된 개념은 없지만 금융 민주주의보다 더 넓은 개념이라 할 수 있는 경제 민주주의에 대한 개념, 금융 민주주의를 확보하기 위한 여러 사회 운동 사례 등을 통해 금융 민주주의 개념을 유추할 수 있다. 이에 비추어 볼 때 금융 민주주의의 과제로 의사결정 참여, 정책 자율성(정책 종속성의 탈피), 비이윤 금융기관의 확대, 공공은행 설립, 독점 완화와 배제 문제의 해결, 생산적 금융 등을 제시할 수 있다.

(후기산업사회연구 제5호 2024.2.29.)

참고문헌

- 윤석헌, 「한국금융의 선진화」, 『글로벌금융리뷰』 제4권 제1호, 2023.
- 임수강, 「금융 배제 문제의 구조적 배경과 대응 과제」, 『금융정책연구』 2010-0, 2010.
- 전창환, 「1930년대 미국의 금융 뉴딜」, 『동향과 전망』, No.89, 2013.
- 정상준, 「신용과 경제성장: 대안적 접근」, 『사회경제평론』, No.36, 2011.
- 大橋昭一, 『ドイツ經濟民主主義論史』, 中央經濟社, 1999.
- Dabla-Norris, Era, and Narapong Srivisal, "Revisiting the Link between Finance and Macroeconomic Volatility.", *IMF Working Paper*, 13/29, 2013.
- Davis, G. F., "A New Finance Capitalism? Mutual Funds and Ownership Reconcentration in the United States", *European Management Review*, 5, 2008.
- Demirgüç-Kunt, Asli, & Ross Levine. "Finance and Inequality: Theory and Evidence", *Annual Review of Financial Economics*, vol. 1(1), 2009.
- G. Dymski, "Banking Strategy and Financial Exclusion: Tracing the Pathways of Globalization", *ECONOMIA*, Curitiba, v. 31, n. 1, 2005.
- Halac M. & Sergio L. Schmukler, "Distributional Effects of Crisis:The Financial Channel", *ECONOMIA*, 2004.
- IMF, https://www.imf.org/external/np/loi/120397.htm., 2024. 2. 11 검색
- Levine & Ross. "Finance and Growth: Theory and Evidence", *Handbook of Economic Growth*, in: Philippe Aghion & Steven Durlauf(ed.), 2005.
- M. Hudson, "Saving, Asset-price Inflation and Debt-induced Deflation", L.R.Wray et al. (eds.), *Money, Financial Instability and Stabilization Policy*, Northhampton: Edward Elgar, 2006.
- H.Magdoff and P.Sweezy, *Stagnation and Financial Explosion*, New York: Monthly Review Press, 1987.
- Katsiaryna Svirydzenka. "Introducing a New Broad-based Index of Financial Development", *IMF Working Paper*, WP/16/5, 2016.
- K.Marx, 김수행 역, 『자본론(III)-정치경제학비판』, 비봉, 2004.
- Mckinsey&Company, "Financial globalization: Retreat or reset?", 2013.
- A. Turner, 우리금융경영연구소 옮김, 『부채의 늪과 악마의 유혹 사이에서 - 통화, 신용, 그리고 글로벌 금융』. 해남, 2017.
- World Bank. "Finance for All? Policies and Pitfalls in Expanding Access", 2008.
- World Bank. "Measuring Financial Inclusion and the Fintech Revolution", 2018.
- World Bank Indicator.